Robert Jacobi

Amerika der Länge nach

Robert Jacobi

Amerika der Länge nach

Meine Reise auf der Panamericana

Mit 24 Seiten Farbbildteil
und vier Karten

MALIK NATIONAL GEOGRAPHIC

Mehr über unsere Autoren und Bücher:
www.malik.de

Bibliografische Information der Deutschen Nationalbibliothek
Die Deutsche Nationalbibliothek verzeichnet diese Publikation in der Deutschen Nationalbibliografie; detaillierte bibliografische Daten sind im Internet über http://dnb.d-nb.de abrufbar.

MALIK NATIONAL GEOGRAPHIC

Originalausgabe
1. Auflage November 2008
3. Auflage März 2014

Umschlaggestaltung: Dorkenwald Grafik-Design, München
Umschlagabbildungen: Robert Jacobi
Redaktion: Regina Carstensen
Kartografie: Anneli Nau
Satz: Buch-Werkstatt GmbH, Bad Aibling
Papier: Naturoffset ECF
Druck und Bindung: CPI books GmbH, Leck
Printed in Germany ISBN 978-3-492-40342-9

Das Papier wurde aus chlorfrei gebleichtem Zellstoff hergestellt.

Du musst in der Gegenwart leben,
dich in jede Welle stürzen,
und deine Ewigkeit in jedem Augenblick finden
Henry David Thoreau

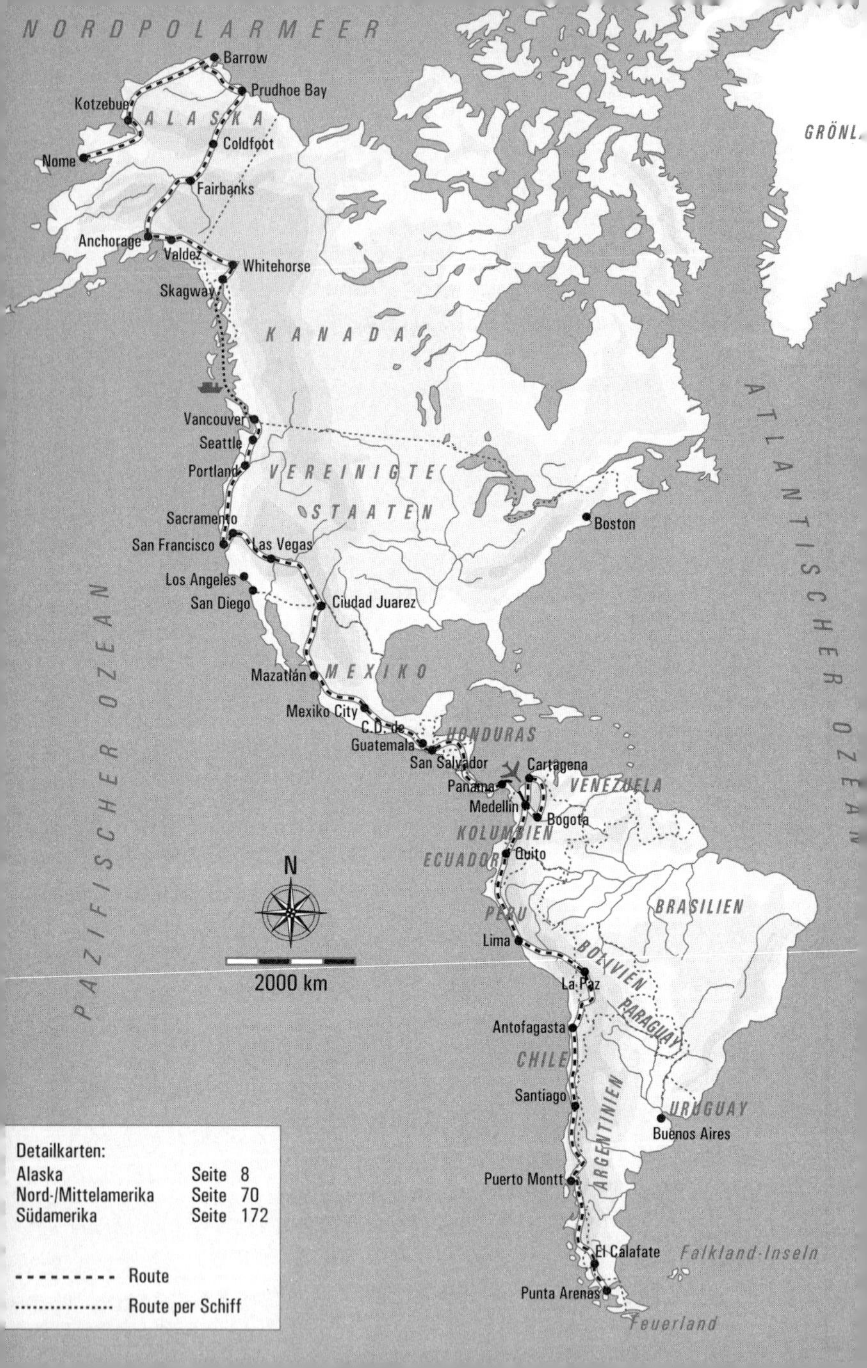
NORDPOLARMEER
Barrow
Prudhoe Bay
Kotzebue
ALASKA
Coldfoot
Nome
Fairbanks
Anchorage
Valdez
Whitehorse
Skagway
GRÖNL.
KANADA
ATLANTISCHER OZEAN
Vancouver
Seattle
Portland
VEREINIGTE STAATEN
Sacramento
San Francisco
Las Vegas
Boston
Los Angeles
San Diego
Ciudad Juarez
PAZIFISCHER OZEAN
Mazatlán
MEXIKO
Mexiko City
C.D. de Guatemala
HONDURAS
San Salvador
Cartagena
Panama
VENEZUELA
Medellin
Bogota
KOLUMBIEN
Quito
ECUADOR
N
BRASILIEN
PERU
Lima
BOLIVIEN
2000 km
La Paz
PARAGUAY
Antofagasta
CHILE
ARGENTINIEN
Santiago
URUGUAY
Buenos Aires
Detailkarten:
Alaska Seite 8
Nord-/Mittelamerika Seite 70
Südamerika Seite 172
Puerto Montt
El Calafate
Falkland-Inseln
Route
Route per Schiff
Punta Arenas
Feuerland

Inhalt

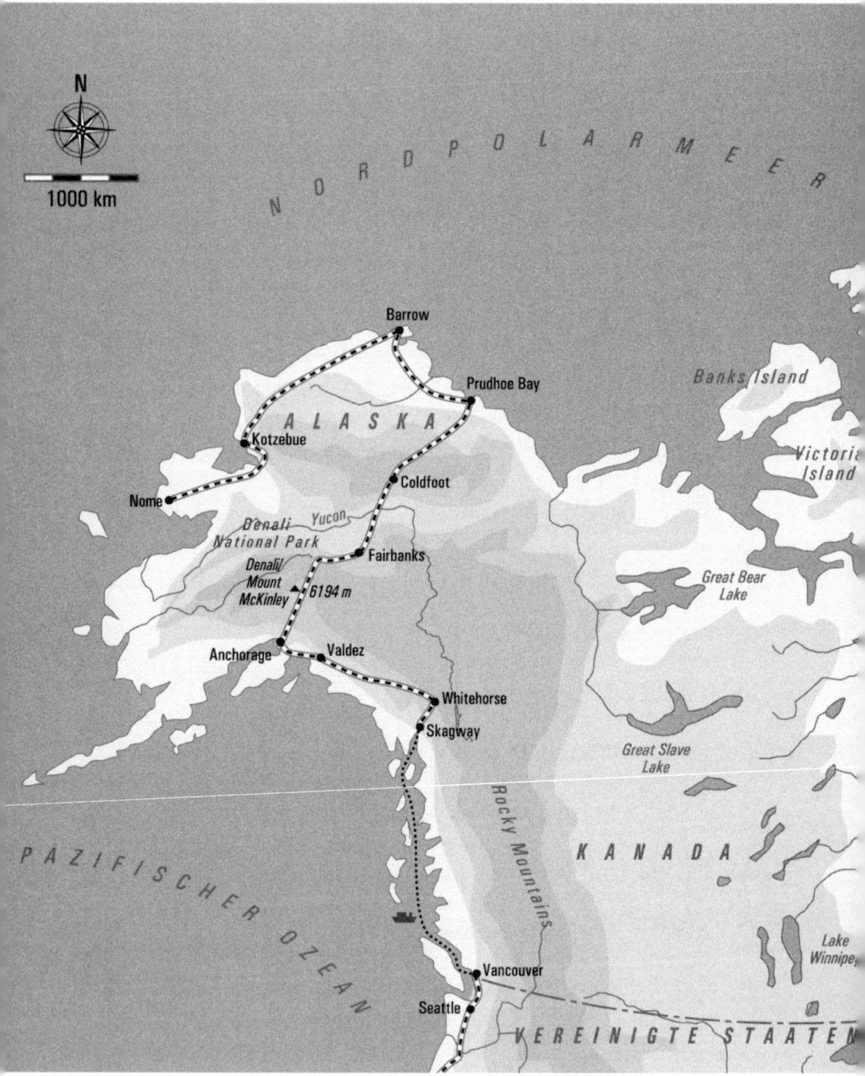
N
1000 km
NORDPOLARMEER
Barrow
Prudhoe Bay
ALASKA
Kotzebue
Coldfoot
Nome
Yucon
Denali
National Park
Fairbanks
Denali/
Mount
McKinley
6194 m
Anchorage
Valdez
Whitehorse
Skagway
Banks Island
Victoria
Island
Great Bear
Lake
Great Slave
Lake
Rocky Mountains
KANADA
PAZIFISCHER OZEAN
Lake
Winnipe
Vancouver
Seattle
VEREINIGTE STAATEN

1
Mein Leben aus dem Rucksack

Als ich am Ufer der Beringsee bei zehn Grad Celsius mein Zelt aufbaute, fiel eiskalter Regen. Im dumpfen Licht schienen das Meer und die Wolken am Horizont ineinanderzufließen. Dort hinten lag Sibirien, nur eine Flugstunde entfernt.

Neben mir deckten bärtige Männer seltsame Geräte ab, mit denen sie gerade noch den Sand gewaschen hatten, um Gold herauszufiltern – ganz so, als lebten wir in den Zeiten von Wyatt Earp, der vor hundert Jahren hier in Nome, Alaska, als Goldgräber sein Glück versucht hatte. Im Juli und August ist die Saison seiner Nachfolger, die von den hohen Preisen auf dem Weltmarkt profitieren.

Der Wind peitschte die Gischt über den Strand in mein langsam erstarrendes Gesicht. Kaum hatte ich das Zelt aufgestellt, verzog ich mich in mein neues, kleines Heim aus gelben Planen. Ungefähr ein Drittel des Platzes belegte mein schwarzer Rucksack, daneben rollte ich meine Isomatte und den Allwetterschlafsack, den ich kurz vor dem Abflug in Boston gekauft hatte.

So werde ich also die nächsten Monate zubringen, dachte ich, während ich versuchte, meinen Campingkocher in Gang zu bringen, um Wasser für einen Tee zu erhitzen. Nach einer Weile gelang es mir, unter Zuhilfenahme der Gebrauchsanleitung. Eine heiße Blechtasse in der Hand haltend, sinnierte ich darüber, warum ich mich auf diesen weiten Weg begeben hatte und welche Erlebnisse vor mir liegen würden.

Auf der Küstenstraße lärmte ein Lastwagen vorbei, wohl auf dem Weg zu einer der Goldminen in der Gegend. Mein Außenzelt flatterte so stark im Wind, dass ich fürchtete, es könnte davonfliegen. Sicherheitshalber steckte ich zwei weitere Heringe in den Sand, zog noch einen Pullover an und kroch in meinen Schlafsack, obwohl es erst fünf Uhr nachmittags war. Langsam breitete sich Wärme aus.

Einige Monate zuvor hatte ich in einem griechischen Imbiss in Cambridge, einem Vorort von Boston, vor einem Teller Gyros gesessen. Ich unterhielt mich mit Paz, einer Kommilitonin aus Spanien. Wir sprachen über unsere Pläne für den Sommer nach den letzten Seminararbeiten und Klausuren.

»Ich würde gern nach Alaska fliegen, da wollte ich schon als kleiner Junge hin«, sagte ich. »Danach, mal sehen. Vielleicht Freunde in Argentinien besuchen.«

Damals hatte ich schon entschieden, erst im darauf folgenden Jahr wieder zu arbeiten und bis dahin durch die Welt zu reisen, mit den Ersparnissen aus der Zeit vor dem Master-Studium in Internationaler Wirtschaft und Politik in Harvard, die ich als Zeitungsjournalist in Berlin zugebracht hatte.

»Das liegt ziemlich weit auseinander, Alaska und Argentinien«, sagte Paz.

»Stimmt schon«, antwortete ich, »aber ich habe auch ziemlich viel Zeit.«

In diesem Moment kam mir der entscheidende Gedanke: Warum nicht beide Ziele miteinander verbinden? Warum nicht nach Alaska fliegen und die ganze Strecke bis nach Patagonien auf dem Landweg zurücklegen? Das sollte in sechs oder sieben Monaten zu schaffen sein, dachte ich.

Die Pause zwischen zwei Kursen war vorbei, Paz und ich gingen zu unserem backsteinfarbenen Universitätsgebäude zurück. Im Hörsaal schrieb ich mechanisch die makroökonomischen Formeln von der Tafel, ohne dem Professor zuzuhören. Ich ahnte, dass sie die Welt nicht wirklich erklärten, und dachte nur noch an meinen Trip, an dem ich fortan keine Sekunde mehr zweifeln sollte.

»So etwas wollte ich auch immer machen, aber ich habe es nie geschafft«, war einer der vielen, ähnlich lautenden Sätze, die ich in den Wochen meiner Reisevorbereitungen hörte. »Aber allein, ist das nicht zu langweilig?« Ich antwortete ausweichend: »Es gibt sonst niemanden, der so viel Zeit hat.« Und ich berichtete von meinem Plan, auf der Strecke immer wieder Freunde zu treffen, um mich nicht in der Einsamkeit zu verlieren.

In Wirklichkeit war es eine bewusste Entscheidung, mich ohne Begleitung auf den Weg zu machen. Ich wollte mich treiben lassen, ohne dabei Rücksicht auf die Wünsche anderer Menschen nehmen zu müssen. Damals war ich Single, was die Angelegenheit erleichterte.

Aus meinem *Rough-Guide*-Reiseführer für Alaska suchte ich mir Nome als erstes Ziel aus, einen Ort, der nur hundertfünfzig Kilometer südlich des Polarkreises liegt. »Zu Zeiten des Goldrauschs die lebhafteste Stadt im Norden Alaskas, leben hier heute viertausend Menschen, die Hälfte von ihnen Eskimos, in einer Art subarktischem Wilden Westen«, las ich. »Die Straßen sind staubig, die Restaurants abweisend und die wackligen Häuser sehen aus, als hätten sie so manchen harten Winter erlebt. Im Sommer wird es dort nie ganz dunkel.«

Genau da wollte ich hin.

An einem Dienstag im Juli flog ich von Boston über Chicago nach Seattle. Dort stieg ich in eine Boeing der Alaska Airlines, an deren Heckruder ein Eskimo mit Fellmütze aufgemalt war. Die Maschine sollte mich in den hohen Norden bringen, nach Anchorage.

Es war früher Nachmittag, nur vereinzelt hingen Wolken am kalten, tiefblauen Sommerhimmel. Die Motoren begannen zu lärmen, wir hoben ab, drehten eine Schleife über den Pazifik und gingen auf Kurs in nordwestliche Richtung. »Willkommen auf Ihrem Alaska-Airlines-Flug nach Anchorage. Die Flugzeit beträgt zwei Stunden und vierzig Minuten«, verkündete eine der Flugbegleiterinnen über Lautsprecher. »Bitte lehnen Sie sich zurück, und fühlen Sie sich wohl an Bord.«

Ich schaute hinaus. Weit unten rollten dunkelgrüne Berge zum Meer und zerfielen in kleine Inseln. Von hier oben sahen sie aus wie Steine, die ein Kind in eine riesige Pfütze geworfen hatte. Ich hörte über meinen iPod Klaviermusik von Bach, die meine Gefühlsmischung aus Vorfreude und Ehrfurcht vor meiner schätzungsweise 25000 Kilometer langen Unternehmung verstärkte. Die Maschine wackelte, und ich schüttete mir heißen Kaffee über die Hose.

Mehr als ein halbes Jahr ohne Büros und Bibliotheken, ohne Telefon und Termine lagen vor mir. So frei würde ich mich lange nicht mehr fühlen, das war klar.

Während ich meinen Gedanken nachhing, veränderte sich die Landschaft unter dem rechten Flügel. Im Pazifik schwammen keine Inseln mehr, sondern weiße Eisblöcke, die sich von den Gletschern gelöst hatten, deren graustichige Zungen wie achtspurige Autobahnen aus dem Küstengebirge hinunterbrachen. Vereinzelt waren Schiffe zu erkennen, scheinbar regungslos. Nur die Wellen, die sie im blaugrünen Wasser hinter sich herzogen, zeigten, dass sie sich vorwärtsbewegten.

Der Flug nach Anchorage war meine vorletzte Etappe an diesem Tag. Noch einmal musste ich dort umsteigen. Jetzt standen überall auf dem Rollfeld die Flugzeuge der Alaska Airlines mit dem Eskimogesicht auf dem Ruder. Ich stellte meine Uhr um vier Stunden zurück. Eigentlich liegt Anchorage sieben Zeitzonen westlich von Boston – um aber Alaska nicht zu weit von der Wirtschaft im übrigen Land abzukoppeln, hat die amerikanische Regierung den zeitlichen Abstand einfach gekürzt. Merkt sowieso keiner: Im Winter ist es meistens dunkel, im Sommer ziemlich lange hell.

Im Flugzeug nach Nome gab es nur zehn Sitzreihen, der Rest des Rumpfs war mit einer Wand abgetrennt, um Raum für Lebensmittel und andere Transportgüter zu schaffen. Ich fühlte mich wie auf einer Expedition. Nach Nome führen keine Straßen. Im Sommer ist der Ort auch mit dem Frachtschiff erreichbar, im Winter wegen des Eises nur mit dem Flugzeug oder für Abenteurer auf Schlittenhunden: Einmal im Jahr zieht sich der Iditarod, das längste Schlittenhunderennen der Welt, von Anchorage circa 1150 Kilometer durch die verschneite Landschaft hierher.

Nach einer Zwischenlandung in Kotzebue flogen wir noch eine halbe Stunde über die sommerliche Tundra, eine braungrüne, hügelige Landschaft, in der kein einziger Baum stand, bevor wir auf der kurzen und schmalen Landebahn von Nome aufsetzten. Der Pilot bremste scharf.

Das Flughafengebäude war eine Holzbaracke, in der es nicht einmal ein Gepäckband gab. Zwei kräftige Männer luden die prall gefüllten Koffer und riesigen, blauen Plastiksäcke von einem kleinen Wagen über eine Rampe in den Warteraum. Ganze Familien schleppten die Säcke davon, in die sie ihre Einkäufe aus Anchorage verpackt hatten: Shopping mit dem Flugzeug, weil es in Nome nicht viel gibt. Als vorletztes Gepäckstück landete mein schwerer Rucksack dumpf auf dem grauen Linoleumboden der Baracke.

»Entschuldigung, aber wie komme ich denn von hier in die Stadt?«, fragte ich einen dicklichen Schalterangestellten der Alaska Airlines, der eine grün-blaue Uniform trug. »Da müssen Sie selbst schauen«, antwortete er brummig.

In Nome gibt es keine Busse und keine Taxis, das hatte ich vorher gelesen, und ich stellte mich darauf ein, meine ersten fünf Kilometer in Alaska zu Fuß gehen zu müssen.

Sicherheitshalber schaute ich mich fröstelnd auf dem Parkplatz um, aber fast jeder Pick-up füllte sich mit Plastiksäcken und mindestens drei Passagieren, die sich neben den Fahrer in die Kabine zwängten. Als der Parkplatz schon fast leer und nur graubraune Pfützen zurückgeblieben waren, entdeckte ich einen bärtigen Mann im braunen Anorak, der alleine zu seinem Chevrolet-Truck ging.

»Könnten Sie mich in die Stadt mitnehmen?«, fragte ich.

»Kein Problem«, antwortete er, und schon hatte er meinen Rucksack auf die Ladefläche geworfen, die dabei ziemlich schepperte.

»Ich bin Hank. Spring auf!«

»Danke, Hank.«

Schlamm spritzte in die Luft, erst drehten die Reifen durch, danach quietschten sie, und schließlich holperten wir auf einem Schotterweg eine kleine Anhöhe hinauf. Dort landeten wir mit einem harten Schlag auf einer Teerstraße, die schnurgerade nach Nome hineinführte.

Inzwischen war es neun Uhr abends und noch taghell. Wir fuhren an flach bewachsenen Hügeln und einer Müllkippe vorbei. Ein wuchtiger, orangefarbener Kieslaster kam uns entgegen und hüllte den Chevrolet in eine Staubwolke.

»Kennen Sie ein billiges, sauberes Hotel?«, fragte ich Hank.

»Nein«, antwortete er. »Hier gibt es nur zwei teure Läden und einen ziemlich fragwürdigen Schuppen, der nur so tut, als sei er eine anständige Unterbringung. Nicht zu empfehlen.«

Ich las ihm zwei Hotelnamen aus meinem Reiseführer vor.

»Gibt es beide nicht mehr. Hartes Geschäft hier oben. Wir finden schon was.«

Ich schaute hinaus. »Warum stehen denn alle Häuser auf Stelzen?«, fragte ich Hank. »Habt ihr hier oft Hochwasser?«

»Nein, das ist wegen des Permafrosts. Im Sommer würden die Fundamente andernfalls in den aufgeweichten Boden sinken. Im Winter, wenn alles einfriert, würden sie wie in einem Schraubstock zerquetscht.«

Hank setzte mich vor dem Nugget Inn an der Front Street ab, einem der beiden teuren Läden. Zumindest die erste Nacht wollte ich noch in einem richtigen Bett verbringen, um meine Sachen zu sortieren und mich auf mein Leben aus dem Rucksack vorzubereiten. Hinter einem engmaschigen Sicherheitsgitter saß ein dunkelhaariger junger Mann mit asiatischen Gesichtszügen an der Rezeption.

»100 Dollar pro Nacht, nur Cash, und zwar vorab«, blaffte er, bevor ich überhaupt ein Wort gesagt hatte. Aus Sorge, sofort der Polizei überstellt zu werden, verhandelte ich nicht. Die Jagdtrophäen an den Wänden schüchterten mich zusätzlich ein. Welches Recht aber hatte ich, mich zu beklagen? Südländische Gastfreundschaft durfte ich hier nicht erwarten.

Ich blaffte zurück, zahlte, erhielt den Zimmerschlüssel und schleifte meinen Rucksack hinauf in den ersten Stock. Immerhin hatte ich aus meinem Fenster einen weiten Blick über die Beringsee. Nach einer kurzen Dusche schlief ich sofort ein.

Am nächsten Morgen breitete ich mein ganzes Gepäck auf dem Bett aus. Ich hatte mir fürs Packen nicht genug Zeit genommen und dabei den Anfängerfehler der meisten Rucksackreisenden begangen: Lieber noch ein Shirt mehr, noch ein paar Socken und sicherheitshalber ein zweites Buch für lange, einsame Abende, anstatt das Gewicht so niedrig wie irgend möglich zu halten.

Mein erster Fußweg in Nome führte mich also zum Postamt, wo ich Hosen, Bücher und sogar meine kleine Zweitkamera in ein Paket nach Deutschland steckte.

Erleichtert wanderte ich danach die Front Street entlang. Der Glue Pot, eine hellblau bemalte, aber ziemlich verwitterte Hütte aus Holzbrettern, bot Softeis feil, das hier selbst im Sommer kaum jemanden zu interessieren schien. Vor der Tür lungerten zwei zwölfjährige Jungs mit dunklem Eskimohaar und rauchten Zigaretten.

Nach dem kurzen Imbiss setzte ich meinen Fußweg fort, vorbei an der Nome Evangelical Covenant Church und dem Bible Bookstore, am Chinarestaurant Twin Dragon und an der Anchor Tavern, die mit einer Budweiser-Leuchtreklame in einem kleinen, milchigen Fenster um Gäste warb. Zwei schmutzige, betrunkene Frauen mit Zahnlücken hielten mir krumme, geschnitzte Holzfiguren entgegen: *»Please buy this!«*, unbedingt sollte ich etwas kaufen. Als ich darauf nicht reagierte, drohten sie mir mit dem Zeigefinger: *»No good boy!«*

Rostende Maschinen und ausgeschlachtete Autos blockierten die Nebenstraßen. Das House of Bargains, ein Ramschladen, war geschlossen, und auch im rot angemalten City of Nome Police Department mit seiner meterlangen Antenne auf dem Dach schien niemand zu arbeiten. Gegenüber der unscheinbaren City Hall befand sich ein kleines Besucherzentrum in Igluform.

Ich trat ein. Eine ältere Dame begrüßte mich freundlich, nachdem sie ihre an einer Goldschnur hängende Brille abgenommen und mich gründlich gemustert hatte. »Schauen Sie sich einfach um, und stecken Sie bitte alle Prospekte ein, dafür sind sie da«, sagte sie. »Dann erzählen Sie mir, was Sie hier vorhaben! Ich bin übrigens Carrie.« Ihr Blick verriet große Neugier darüber, was den jungen Fremden wohl in diese entlegene Gegend gebracht hat – noch dazu allein. So genau wusste ich das in diesem Moment selbst nicht.

In der Mitte des runden Raumes stand ein schulterhohes, ausgestopftes schwarzes Tier mit geschwungenen Hörnern, das wie eine Kreuzung aus einem Steinbock, einer Milchkuh und einem Langhaardackel aussah. Wuchtig, aber eher kuschelig, nicht bedrohlich. »Das ist ein Moschusochse«, klärte mich Carrie auf. »Davon gibt es viele in der Gegend, die sind nicht gefährlich. Aber Vorsicht, wir haben hier auch viele Bären und Wölfe. Im Winter kommt manchmal sogar ein Eisbär übers Meer. Jetzt ist Sommer, da haben Sie Glück.«

Das erleichterte mich. Auf Selbstverteidigung gegen Eisbären war ich nicht vorbereitet.

Auf einem Ständer lag ein Flyer für Flüge mit Propellermaschinen ins sibirische Providencija, über die Datumsgrenze hinweg. Einer in Fachkreisen anerkannten Theorie zufolge verband während der letzten Eiszeit eine Landbrücke Sibirien mit Alaska. Auf diesem Weg sollen die Vorfahren der heutigen Eskimos und sogar der Indios in Lateinamerika auf den Kontinent gekommen sein. Ganz so kalt wie in der Eiszeit ist es heute nicht mehr – aber kalt genug, dass ein Bewohner aus Nome im Jahr 1994 direkt unter der Erde die vollständig konservierten und tiefgekühlten Überreste eines 20 000 Jahre alten Mammuts fand.

Als ich Carrie erzählte, dass ich mit einem der Mietwagen, die für den Sommer mit Schiffen nach Nome transportiert werden, die Stichstraßen rund um den Ort erkunden wollte, machte sie ein besorgtes Gesicht und reichte mir die Broschüre *Wichtige Fakten für Reisen ins Bärenland.* »Sie müssen unbedingt jemanden im Ort informieren, wohin Sie fahren und wann Sie wieder zurück sein wollen. Hier sind schon einige verloren gegangen!«, sagte sie.

So langsam gruselte es mich vor Carrie mehr als vor den wilden Tieren der Tundra. Ich steckte das Heft ein, versprach, es gründlich zu lesen, und verabschiedete mich freundlich von ihr, um meinen Rundgang durch Nome fortzusetzen. Draußen auf der Straße wehte ein scharfer Wind. Im Bärenland war es plötzlich spürbar kälter geworden.

Nebenan, in einem kleinen Supermarkt, suchte ich nach Proviant für meine Erkundungstour. Zwei Äpfel kosteten drei Dollar. Coca-Cola und Pepsi gab es nur in Minidosen. Haben die Menschen hier weniger Durst? Fürchten sie um ihre Gesundheit wegen des vielen Zuckers? Nein, die Antwort ist banal: Softdrinks sind ein Luxus, den sich die ärmeren Bewohner andernfalls nicht leisten könnten. Besonders teuer dürfte ein gemütlicher Fernsehabend kommen, denn Kartoffelchips gab es ab fünf Dollar die Tüte.

Ich ging mit etwas Brot und Käse zur Kasse. An einer Plexiglastafel hingen ungedeckte Schecks mit den Namen der Unterzeichner wie an einem Pranger, dazu der Hinweis: »Diese Menschen haben unser Vertrauen missbraucht!« Aus einem ganzen Dorf in der Nähe von Nome würden keine Schecks mehr angenommen, weil die Bank sie nicht eingelöst hatte. Meine Kreditkarte der Bank of America war der jungen Frau an der Kasse willkommen.

Warum leben die Menschen überhaupt in dieser Gegend, wenn alles so beschwerlich ist? Entweder weil sie schon immer da waren – oder weil sie möglichst weit weg von dem Ort sein wollen, wo sie hergekommen sind, aus Beweggründen, die besser im Dunkeln bleiben. Wenn das Gesetz hier oben einen Sünder finden will, dann reicht dafür nicht der übliche lange Arm, es muss schon ein Tentakel sein, so riesig und menschenleer, wie Alaska ist.

Es war früher Nachmittag. Ich holte meinen Rucksack aus dem Hotel und wanderte die Front Street entlang zum Strand, um dort mein Zelt aufzubauen. Zwei Männer auf Four Wheelers, einer Art breitem Motorrad mit vier Reifen, dem typischen Fortbewegungsmittel in Alaska, brausten an mir vorbei. Die Vorteile dieser Fahrzeuge: Anders als Autos springen sie auch bei Temperaturen weit unter dem Gefrierpunkt an. Zudem brauchen sie weniger Benzin, das trotz der Ölquellen in Alaska teuer ist, und schaffen es mit ihren dicken Reifen auch durch tiefen Morast.

Am nächsten Morgen lernte ich meine Nachbarn kennen: Scott und Buddy, Brüder aus Pennsylvania, die am Strand eine richtige Zeltstadt aufgebaut hatten, mit einer großen amerikanischen Flagge an der Spitze.

»Zurzeit sind wir die Einzigen hier draußen«, berichtete Scott. »Jeder von uns holt am Tag mindestens eine halbe Unze.« Ich begann zu rechnen. Eine Unze Gold kostete damals sechshundert Dollar. »Wir sehen davon höchstens ein Drittel, der Rest geht an Zwischenhändler«, erläuterte Scott. Bei einer halben Unze wären das also gerade mal hundert Dollar. »Das ist immer noch mehr, als wir in einer Fabrik in Pittsburgh verdienen würden.«

»Wir leben hier den ganzen Sommer«, berichtete Scott, aus dessen unrasiertem, wettergegerbtem Gesicht gelbliche Zähne hervorschauten. »Schau mal zu«, rief er gegen den Wind und führte mir vor, wie er auf einem mechanisch betriebenen Förderband den Sand siebte, bis nur noch ein kleines Häufchen Goldstaub übrig blieb. Immer wieder strich er sich seine langen, strähnigen Haare aus dem Gesicht.

Buddy, der schweigsamere der beiden, bevorzugte eine andere Suchtechnik: Er hatte sich ein motorgetriebenes Schlauchboot mit einem Gummirüssel gebaut, der wie ein Staubsauger den Sand vom Meeresboden anzog und ebenfalls in ein großes Sieb schleuderte. Am Strand lagen die Wracks einiger vergleichbarer Geräte, deren Besitzer diese mühsame Tätigkeit aufgegeben hatten.

An den nächsten beiden Tagen regnete es ununterbrochen. Von Scott und Buddy war nichts zu sehen, sie hatten sich in ihrer Zeltstadt eingegraben. Ich verbrachte die meiste Zeit in meinem warmen Zelt, und langsam begann ich, mich auf meiner Reise heimisch zu fühlen. Die Zeugnisverleihung in Cambridge, zum Abschluss der zwei anstrengenden Jahre meines Master-Studiums, und die vielen lauten, feuchten Abschlussfeiern rückten immer weiter in die Ferne.

Wenn ich Hunger hatte, ging ich die schlammige, aufgeweichte Straße entlang zum Polar Café, einer gemütlichen Stube, um dort Cheeseburger, Chili Burger oder King Size Burger zu essen. Am Fenster sitzend, las ich die *Anchorage Daily News.* Wäre ich ein Ornithologe, hätte ich vermutlich keinen Bissen herunterbekommen, so viele Riesenvögel flogen draußen vorbei. In der Zeitung war das Foto einer Braunbärenmutter abgebildet, die am Stadtrand von Anchorage verendet war, nachdem sie ein Starkstromkabel durchgebissen hatte.

In Irak waren drei Soldaten der »Alaska National Guard« umgekommen, die erst vor wenigen Wochen aus einem Nachbardorf rekrutiert worden waren. In Israel, stand auf einer Seite ziemlich weit hinten, schrieben Mädchen ihre Namen auf Raketen, bevor sie in den Libanon geschossen wurden. Nachrichten aus einer anderen, unendlich fernen Welt.

Am zweiten Tag im Polar Café, der Regen hatte nicht einen Moment lang aufgehört und Nome schien im Schlamm zu versinken, fing ich ein Gespräch mit der jungen, blonden Bedienung an, die mir immer die Burger und den Ketchup brachte.

»Ziemlich feucht draußen«, sagte ich, und bemühte mich um den ortsüblichen, muffigen Tonfall.

»Ja, schlimm hier bei uns, oder?«, antwortete sie. »Wie heißt du eigentlich? Und warum bist du überhaupt hier? Habe dich schon gestern hier sitzen sehen.«

Amber, neunzehn Jahre alt, wollte nicht glauben, dass ich in meiner freien Zeit nach Nome gekommen war, statt mich irgendwo im Süden an den Strand zu legen.

»Hast du keine Freundin, oder warum bist du allein unterwegs?«

Ich antwortete ausweichend.

Daraufhin erzählte sie mir von ihrem Freund. »Chris ist in der Nationalgarde. Viel mehr kann man hier oben nicht machen, um Geld zu verdienen. Vor drei Wochen musste er weg, in ein Camp in Mississippi, in dem die Soldaten auf ihren Einsatz im Irak vorbereitet werden. Dort soll er Transportfahrzeuge fahren und Häuser ausräumen. Eine ganze Gruppe aus Nome musste weg. Es gab viele Tränen am Flughafen.«

Amber schluchzte, dann wurde sie wütend. »Das ist dumm, sinnlos und nicht unser Krieg. Wir brauchen unsere Jungs hier. Angeblich sollen sie dort unten verhindern, dass die Menschen sich gegenseitig umbringen. Aber das stimmt nicht. Uns braucht da keiner. In Wirklichkeit geht es darum, das Land zu kontrollieren.«

Am nächsten Tag hörte es endlich auf zu regnen. Ich hatte im Aurora Inn, dem anderen teuren Hotel in Nome, für einen Tag einen Ford Explorer reserviert, um die Gegend zu erkunden. Seit den Zeiten des Goldrauschs führen drei Sackstraßen hinaus in die Tundra. Zwei von ihnen endeten laut meiner Karte in der Wildnis, die dritte führte nach Teller, einem kleinen Eskimodorf an der Küste. Ich entschied mich für die Kougarok Road, die sich geheimnisvoll ins Landesinnere zu schlängeln schien.

Scott und Buddy versprachen, auf mein Zelt und die anderen Sachen aufzupassen, die inzwischen ziemlich durchnässt waren.

»Kein Gold drin«, scherzte ich. Den Schlafsack und ein paar warme Klamotten nahm ich sicherheitshalber mit.

»*Good luck*«, rief Scott und winkte mir zum Abschied. Als ich aufbrach, war es schon zwei Uhr nachmittags, aber die Zeit drängte nicht: Ich wollte irgendwo dort draußen die helle Polarnacht erleben.

Einen Kilometer hinter meinem Zeltplatz bog ich nach links von der Küstenstraße auf die Kougarok Road, die zunächst, leicht ansteigend, geradeaus führte. Bald entdeckte ich rechts neben der Straße eine ganze Herde großer, schwarzer Tiere, zu weit weg, um sie genau zu erkennen. Ich hielt an und stieg aus, um mich anzupirschen. Sofort steckte ich fast bis zum Knie im Morast – was wie eine Wiese ausgesehen hatte, war ein Sumpf. Ich trug dummerweise Turnschuhe, nicht Gummistiefel, die in Alaskas Sommer eigentlich zur Grundausstattung gehören sollten. Mit dem Teleobjektiv machte ich dennoch ein paar Fotos und fuhr weiter.

Vereinzelte Häuser tauchten am linken Straßenrand auf; manche schienen bewohnt, andere seit Jahrzehnten verlassen. Nach einer langen Rechtskurve öffnete sich eine Talsenke vor mir, durch die sich ein schmaler Fluss krümmte. Dampfende Schornsteine deuteten auf menschliches Leben hin. Das Licht war stumpf, die Wolkendecke dicht. Rechts neben der Straße sah ich eine blonde Frau in einem gelben Anorak mit drei scheckigen Hunden spielen. Ich hielt an und öffnete das Fenster auf der Beifahrerseite.

»*Hi there*«, rief die junge Frau und näherte sich. »Was machst du denn hier?«

Ihre Hunde sprangen am Auto hoch, hängten sich ans Fenster und schauten aus großen Augen schnüffelnd zu mir hinauf.

»Nichts besonderes. Ich wollte einfach mal bis zum Ende der Straße fahren.«

»Hört sich gut an. Ziemlich schöne Fahrt. Aber nicht viel los da draußen.«

Ich zeigte ihr die schwarzen Tiere, die ich fotografiert hatte, auf dem Display meiner Digitalkamera. »Das müssen Moschusochsen sein. Ich wusste gar nicht, dass die so nahe an die Stadt kommen. Die müssen ziemlich hungrig sein.«

Moschusochsen, das lernte ich später, haben weder mit Moschus noch mit Ochsen zu tun, sondern stammen von mongolischen Bergziegen ab. Wie die Eskimos sind sie vermutlich aus Asien gekommen. Den hiesigen Verhältnissen haben sie sich angepasst, indem sie sich ein dickes Fell und abschreckende Hörner zulegten.

»Willst du nicht auf einen Tee bleiben, bevor du weiterfährst? Hier kommen ziemlich selten Leute vorbei«, sagte die Frau. Ich nickte, und sie zeigte mir, wie ich auf einem schmalen Schotterweg zu ihrem Haus unten im Tal gelangen würde. Sie selbst lief mit den Hunden den Hang hinab.

Zehn Minuten später stand ich vor ihrem Haus, wo mich Hundegebell aus vielen Kehlen empfing: Angekettet auf kleinen Holzpodesten, standen mindestens zwanzig Schlittenhunde und versuchten, sich gegenseitig zu übertönen. Die einen hatten braunes, die anderen weißes oder gestreiftes Fell. Der Reihe nach rief meine Gastgeberin die Namen der Hunde, und sofort waren sie still.

»Hey, ich bin Kim«, stellte sie sich vor. »Willkommen. Das ist mein Haus. Einfach, aber gemütlich.«

»Wie bist du denn hier gelandet?«

»Ach, das ist schon drei Jahre her. Eigentlich komme ich aus Illinois, aber ich wollte mal raus.«

»Und wovon lebt man hier so?«

»Im Sommer arbeite ich für die Gemeinde und trainiere meine Huskys, im Winter fahre ich Hunderennen. Klar, wir sind ein bisschen verrückt hier oben«, räumte sie ein. »Aber wer einmal hier ist, kommt schwer wieder weg.«

Fließendes Wasser gab es bei Kim nicht, dafür standen hinter dem Haus ein Plumpsklo und ein Generator, den sie jedes Mal anwerfen musste, wenn sie Strom brauchte. »Gehen wir nach oben.«

Wir unterhielten uns lange, bei mehreren Tassen heißem Tee. Mike, einer der jüngsten Schlittenhunde, war krank und durfte bei uns im Wohnzimmer liegen. Kim erzählte mir vom Winter in Alaska, von Wölfen, die Huskys überfallen, von toten Eisbären und von einem kanadischen Konzern, der zwei neue Goldminen mitten in der Wildnis um Nome plant.

»Wir demonstrieren regelmäßig dagegen. Viele Leute hier wollen die Minen haben, weil sie Geld bringen, aber das ist sehr kurzfristig gedacht. Der Staub, der bei den Arbeiten entsteht, legt sich auf die Gräser, auf die Häuser, und belastet Menschen und Tiere«, erklärte sie. »Um das Gold aus dem Stein zu lösen, benutzen sie Zyanid, das in die Flüsse gespült wird und unser Trinkwasser vergiftet. Nicht einmal um die Sicherheit ihrer eigenen Leute kümmern sie sich. Zwei Arbeiter sind neulich gestorben, weil sie in die Grube gefallen sind.«

Meine Fahrt in die Tundra war noch nicht vorbei, ich wollte weiter. Bevor ich mich verabschiedete, verabredeten wir uns für den nächsten Nachmittag: Wir würden uns in der Stadt treffen und anschließend durch die Tundra wandern oder Freunde von Kim besuchen.

»Wo wohnst Du eigentlich?«, fragte Kim.

»Am Strand, bei den Goldgräbern.«

»Dann pack deine Sachen zusammen. Du kannst bei mir übernachten, solange du hier bist.«

Ich stieg in meinen verdreckten Explorer und winkte ihr zum Abschied. Die Hunde bellten. Einsam zog sich die Straße durch die hügelige Landschaft. Bäume gibt es hier deshalb nicht, weil die Wurzeln nicht durch den gefrorenen Boden dringen, nur Flechten und Gräser, die zum Fluss hin dichter wurden. Als ich im Zwielicht über den schmalen Fluss fuhr, den ein Schild als »Salmon Creek« auswies, sah ich zwei Biber am Ufer entlanghuschen. Wenig später hoppelte eine Hasenfamilie verschreckt von der Straße ins Gestrüpp. Ein Polarfuchs im grauweißen Sommerfell versuchte, ein Wettrennen mit mir zu veranstalten. Es schien so, als hätten sich sämtliche Tiergattungen der Arktis verabredet, um den Besucher aus der Fremde mit einem fröhlichen Schauspiel für seinen Reiseaufwand zu entschädigen. Ein Bär war noch nicht dabei. Und wenn schon, dann wäre das auch kein Problem gewesen, ich hatte ja meine Broschüre.

Inzwischen war es wenige Minuten vor Mitternacht. Noch ein paar Kilometer, dann endete die Kougarok Road plötzlich nach einer verrosteten Stahlbrücke im Nirgendwo. Nebelschwaden verdeckten die Sicht. Zwei schwarze Raben saßen direkt vor mir auf dem Geländer, die größten, die ich jemals gesehen hatte. Das alles wirkte so, als stünde ich vor dem Eingang zur Unterwelt. Der Flusslauf war allerdings ausgetrocknet.

Auf meinem Weg war mir kein einziges Auto begegnet. Nur an einem der vielen Flüsse hatte ich zwei Pick-ups gesehen, vermutlich Angler auf der Suche nach frischem Lachs. Jetzt war ich allein, mehrere Fahrtstunden von der nächsten menschlichen Ansiedlung entfernt. Auf der Rückfahrt, es war zwei Uhr morgens, sah ich zum ersten Mal seit drei Tagen blauen Himmel. Kurz nach der Abzweigung zum Salmon Lake parkte ich den Explorer am Rand der Schotterstraße, drehte noch einmal die Heizung hoch, klappte den Fahrersitz nach hinten, wickelte mich in meinen Schlafsack und schlief ein.

Als ich wieder aufwachte, erschrak ich: Rund um das Auto war nichts zu sehen außer einer dichten Nebelsuppe. War ich wirklich in der Unterwelt? Oder schwebte ich in einer Wolke himmelwärts? Nichts davon. Ich stand am Straßenrand, von dichten Schwaden umschlossen. Das Autoradio empfing schwach einen einzigen Sender, der christliche Rockmusik spielte. Aus der Zeitung wusste ich, dass der Gründer der Radiostation, ein Jesuit, wegen jahrelangem Missbrauch eines Mädchens im Gefängnis gesessen hatte.

Nach einer Weile lichtete sich der Nebel etwas. Vorsichtig fuhr ich weiter, indem ich mich an den Spurrillen im Kies orientierte. Ich kam voran, wenn auch langsam. Eine halbe Stunde später erreichte ich das Dexter Roadhouse, eine Kneipe mitten in der Wildnis, angeblich errichtet vom Westernhelden Wyatt Earp persönlich. Im feuchten Nebel baumelten eine weiß und eine rot leuchtende Laterne an dem Bretterverschlag. Zwei schwere Pick-ups parkten vor dem Eingang. Ich wurde neugierig. Menschen hier, um fünf Uhr morgens?

Durch die Holztür betrat ich einen schummrigen Raum, in dem ich so wenig sehen konnte, als befände ich mich immer noch im Nebel. Aus der hintersten Ecke des Raumes drangen Stimmen, dort befand sich der Tresen. Als ich mich näherte, erkannte ich einen stark behaarten und tätowierten Mann hinter der Theke. Im Halbdunkel auf der anderen Seite standen alte Sofas, eine Jukebox und ein Dart-Automat.

»*Welcome*«, rief der Barmann, »trink was mit uns!«

Ich setzte mich auf einen der freien Hocker, neben einen jungen Mann in schmutzigen Arbeitsklamotten, der seinen Körper nicht mehr aufrecht halten konnte. Auf der anderen Seite saß ein älteres Paar und ein vielleicht fünfzehnjähriges Mädchen, offenbar die Tochter. Die Trinkrunde schien die Nacht durchgemacht zu haben.

»Also, was willst du?«, drängte der Barkeeper. Mein Problem: Ich wollte nicht ungesellig sein, aber ich hatte schließlich schon geschlafen und keine Lust, gleich zum Frühstück einen Scotch oder ein Bier zu trinken.

»Einen Tee.«

»Du bist nicht von hier, oder?«, fragte er grinsend

»Doch, ich lebe unten am Strand, bei den Goldgräbern.«

Sofort drehten sich die anderen Gäste neugierig zu mir um.

»Wie bitte?«, fragte der kleine, dicke Familienvater im Trainingsanzug. Ich hatte mich zwar seit Tagen nicht rasiert und sah zerzaust aus, aber das wollte mir die schwertrunkene Kneipengesellschaft dann doch nicht abnehmen.

»Auf Durchreise«, ergänzte ich.

Bald waren alle so betrunken, dass sie beschlossen, nach Hause zu fahren. Der Barmann schickte uns nach draußen, knipste die Laternen aus und verrammelte die Tür. Der Nebel hatte sich etwas gelichtet, die Luft fühlte sich nass an. Der junge Mann verschwand, und die Tochter setzte sich ans Steuer eines der Pick-ups, um ihre schwankenden Eltern heimzubringen.

Ich fuhr die letzten Kilometer hinab zu meinem Zeltplatz, packte meine Sachen und schlief eine weitere Stunde auf der Rückbank. Um den teuren Mietwagen auszunutzen, wollte ich noch mindestens eine der anderen Stichstraßen erkunden. Kaum hatte ich Nome wieder verlassen, diesmal auf der Teller Road, sprang ein mächtiger, zotteliger Moschusochse über die Straße, nur ein paar Meter vor meiner Kühlerhaube. Ich erschrak, hatte aber das Tier gerade noch rechtzeitig gesehen, um zu bremsen. Auf dem Weg ins Eskimodorf Teller öffnete sich der Himmel wieder, und die Sonne gewann endgültig die Oberhand gegen die feuchten arktischen Sommerwolken. Der Blick wurde endlos. In meinem Bauch trommelte ein Gefühl aus Freiheit und Glück, das mich mangels Alternative zur christlichen Musik im Radio singen ließ, ich schaute hinaus in die hügelige Landschaft und freute mich auf den Besuch bei Kim und ihren Schlittenhunden.

In Teller angekommen, sah ich keinen einzigen Menschen auf der Straße. Der Ort wirkte unheimlich. Ich betrat das Post Office, das einzige Gebäude, in dem Licht und Leben zu erkennen war. Ein staubiger Geruch lag in der Luft. Am Schalter gab eine Kundin gerade mehrere große Kisten ab.

»Ich ziehe weg von hier«, sagte sie erklärend dazu. »Und was machst du hier?«

»Einfach nur durch die Gegend fahren.«

»Ach so. Nicht besonders spannend, oder?«

»Für mich schon.«

Sie war Lehrerin und genauso wie Kim aus dem Mittleren Westen nach Alaska gekommen, um hier mit Schlittenhunden zu leben. Kim, so stellte sich heraus, war eine ihrer besten Freundinnen. Jetzt wollte sie zurück in die Zivilisation.

»Vergnügt euch«, sagte sie, als ich erzählte, dass wir verabredet waren.

Zurück in Nome fuhr ich direkt zum Recreation Center, einer Art öffentlicher Sportanlage mit Fitnessstudio und Sauna. Genauso wie ich an jenem Tag kamen die Menschen vor allem hierher, um sich gründlich zu waschen. Fließendes Wasser, noch dazu warm, gab es nur in den Häusern mitten im Ort, außerhalb nicht. Ich stellte mich mehrere Minuten unter den Wasserstrahl und schrubbte mich kräftig ab – die erste Dusche seit vier Tagen.

Frisch gekämmt und parfümiert stieg ich wieder in meinen Explorer, den ich dringend beim Aurora Inn abgeben musste, um nicht noch einmal die Tagesmiete zu bezahlen. Außerdem wollte mich Kim dort gegen fünf Uhr nachmittags abholen. Nur kurz musste ich vor dem Hotel warten, schon brauste sie heran. Mit meinem Rucksack und den schmutzigen Stiefeln stieg ich in ihren Wagen ein.

Das Gebell der Hunde war wie ein fernes Grollen zu hören, als wir noch mehrere Kurven von Kims Haus entfernt waren.

»Kennst du eigentlich wirklich alle mit Namen?«, fragte ich.

»Was denkst du denn«, reagierte sie ein wenig beleidigt. »Ich wohne mit ihnen zusammen.«

Auch wieder wahr, dachte ich. Heute Nacht auch noch mit mir – eine amerikanische Aussteigerin, ein deutscher Backpacker und siebzehn Schlittenhunde. An der Eingangstür hing ein Zettel in krakeliger Schrift.

»Eine Nachricht von Karlin«, freute sich Kim. »Das ist ein guter Freund, der ein paar Kilometer weiter entfernt wohnt.« Karlin schrieb, dass er vergangene Nacht mit Freunden beim Angeln gewesen sei, und lud uns ein, mit ihm einen frischen Lachs zu grillen.

»Wollen wir gleich hin?«, fragte Kim.

»Klar«, antwortete ich.

Als wir uns Karlins Blockhaus näherten, erklang auch hier ein vielstimmiges Gebell. »Seine Hunde erkennen mein Motorgeräusch«, erklärte Kim. Auf dem Hundeplatz vor dem Haus war noch mehr Getümmel als bei ihr. Die Huskys stürmten so begeistert auf uns zu, dass die Ketten fast zu reißen schienen, mit denen sie an ihre kleinen Holzhütten gebunden waren. Auf der Ladefläche von Karlins blauem Truck stand ein riesengroßer schwarzer Bottich voller glänzender Lachse.

Karlin selbst war nicht zu sehen. Wir gingen ums Haus, und da stand er, fröhlich winkend. »Hey, wie geht's? Kommt, ihr müsst mir helfen!«

Auf der Wiese hinter seinem Haus hatte er ein Holzgestell mit Schnüren aufgebaut. Einen Lachs nach dem anderen schlitzte er auf, ließ die Eingeweide in eine Tonne fallen, ritzte das Fleisch ein und hängte es zum Trocknen an die Schnüre.

»Das wird Hundefutter, für den Winter«, sagte Karlin »Aber die besten Fische sind für mich selbst.« Karlin schnitt mir ein Stück aus einem älteren Fang heraus. Ich kaute eine Weile daran herum. Es schmeckte, wenig überraschend, nach Lachs, nur eben getrocknet, und war deshalb zäh – als feine Vorspeise ungeeignet.

Nicht nur die Hunde, auch viele Menschen ernähren sich in Alaska im Winter von getrocknetem Lachs. »Früher hatten wir oft wochenlang nichts anderes«, bemerkte Karlin, der, wie er erzählte, in einer der typischen Wohnhöhlen in Barrow, der nördlichsten Stadt des Kontinents, aufgewachsen war.

Als Karlin sich aufrichtete, um uns die Hände zu schütteln, war sein Gesicht auf meiner Augenhöhe – höchst ungewöhnlich für einen Mann aus dieser Gegend. »Meine Mutter kommt aus New York«, antwortete er, als ich ihn auf seine Größe ansprach. »Ich bin nur zur Hälfte Eskimo.«

Wir zerrten den schweren Bottich von der Ladefläche des Pickups. Stolz zeigte er mir seinen besten Fang der letzten Nacht, den Königslachs, mindestens einen Meter lang, mit blauem Rücken und rot gesprenkeltem Bauch. Wir wickelten ihn in Papier ein und legten ihn zum Grillen beiseite.

Karlin bat Kim und mich in sein Wohnzimmer, während er noch schnell sein Rudel versorgte. Auf langen Brettern, die als Bücherregal dienten, standen unter anderem eine englische Ausgabe von *Das Kapital* von Karl Marx, daneben eine politische Geschichte Frankreichs und viele andere politische und historische Werke.

»Man hat hier viel Zeit, um zu lesen«, sagte Karlin lachend, als er zurückkam. »Lasst uns bei Kim kochen, da ist es ordentlicher«, schlug er vor. Wir gingen zurück nach draußen. Der Himmel leuchtete in einem aufgeräumten Blau, das ich so noch nie gesehen hatte. Ein sanfter Abendwind wehte vom Meer in das breite Tal zwischen den baumlosen Hügeln. Die Wolkenstreifen wirkten luftig und leicht, fast durchsichtig, wie weiße Federn, die gen Himmel gestiegen waren.

Während wir in Kims Küche ein paar Kartoffeln schälten, den Fisch salzten und den Ofen heizten, versuchte ich, das Verhältnis zwischen Kim und Karlin zu erkunden. Was für eine Art Freundschaft führen zwei Menschen in einer Gegend, in der fast niemand lebt? Karlin sah Kim mehrfach verträumt an. Sie behandelte ihn sehr freundlich, aber auch sachlich und etwas distanziert.

Wir tranken Dosenbier und freuten uns auf den Lachs, den Karlin gewürzt und in den Ofen geschoben hatte.

Nach dem ersten Bissen war klar: Ich hatte den besten Lachs meines Lebens serviert bekommen. »Der hat keine Hormone oder chemisches Futter gekriegt«, scherzte Kim.

Kurz nachdem wir mit dem Essen fertig waren, verabschiedete sich Karlin ziemlich plötzlich. Kim und ich blieben noch in ihrer kleinen

Sofaecke sitzen und unterhielten uns über die Vorzüge der Einsamkeit, die erst unschlagbar groß sind, aber schrittweise verschwinden, je länger sie dauert. Schließlich werden die Vorteile überlagert von verschrobenen Gewohnheiten und eigenartigen Ansichten, die einem die Rückkehr in die Gesellschaft versperren.

»Ein Jahr will ich hier noch bleiben«, sagte Kim. »Dann reicht es.«

Kim zeigte mir meine Pritsche. Im kalten Flur nahm ich sie in den Arm, wir küssten uns, und ich strich mit der Hand durch ihr langes, blondes Haar. Die Hunde bellten, der Wind schlich ums Haus und zwei Kerzenflammen flackerten auf dem Fenstersims. Draußen war es immer noch hell. Kim zog mich in ihr Zimmer, machte den Vorhang zu und wir fielen aufs Bett.

Am nächsten Morgen brachte mich Kim zum Flughafen. Wir verabschiedeten uns schüchtern. Es war die erste einer Reihe ähnlicher Begegnungen auf meiner Reise, geprägt von der Wesensverwandtschaft zweier Menschen, ihrem Bedürfnis nach Nähe und der Leichtigkeit des baldigen Abschieds.

2
The Great Nothingness

Nach Barrow zu kommen war ziemlich schwierig. Die Ansiedlung ist der nördlichste Fleck des amerikanischen Kontinents. Wer auf dem Breitengrad von Barrow einmal rund um die Erde reist, würde nicht einmal die Nordspitze von Norwegen streifen, sondern Europa verpassen und nur in Grönland und Sibirien auf festen Boden stoßen. War Nome mein letzter Zwischenstopp auf dem Weg in den hohen Norden, sollte meine Reise in Barrow erst richtig anfangen: Amerika, der Länge nach, von ganz oben nach ganz unten.

Von Nome aus hatte mich die Boeing der Alaska Airlines zunächst nach Kotzebue zurückgebracht, eine andere Verbindung gab es nicht. Drei Stunden Aufenthalt sollte ich laut Flugplan in der kleinen Stadt haben, die nach dem deutschen Seefahrer Otto von Kotzebue benannt ist. Vor fast zweihundert Jahren war Kotzebue gemeinsam mit dem Naturforscher und Dichter Adelbert von Chamisso hier vorbeigekommen, als er in russischem Auftrag nach einer Passage durch das arktische Eis in nordöstliche Richtung suchte. Gefunden hat er sie nicht.

Heute ist Kotzebue nach Barrow die zweitgrößte Eskimogemeinde der Welt. Die Eskimos hier zählen zu den Inupiat. Ich ging in den Ort hinein, um mir die Zeit zu vertreiben. Links und rechts entlang der Straße standen Lastwagen und Baumaschinen, die offenbar seit vielen Jahren vor sich hinrosteten. An manchen Lastern waren Aufkleber der »Northwest Arctic Native Association« zu erkennen, einer Art staatlich geförderter Beschäftigungsgesellschaft.

Die Häuser sahen hier noch ärmlicher aus als in Nome: eingeschossige, kastenförmige Hütten, hinter denen bunte Hemden und Jeans zum Trocknen hingen. Ein Wirrwarr von Kabeln zog sich durch den Ort. Neben mindestens jedem zweiten Häuschen befand sich ein Schiffscontainer, der als Stauraum diente, weil es wegen des Permafrosts keine Keller gibt.

Auf der Straße sprach mich ein kleiner Mann mit Schnauzbart an, dessen schwarze Augen und dunkle Haut seine Eskimo-Abstammung verrieten. Die dicken, hängenden Backen verliehen ihm einen gemütlichen Gesichtsausdruck. »Hey, wie geht's? Was machst du denn hier?«

»Bin gerade gelandet. Ich hab ein paar Stunden, bis es weitergeht, und will mir den Ort anschauen.«

Der Mann trug ein ausgewaschenes Jeanshemd, das sich über seinem Bauch spannte, und eine Schirmmütze mit der Aufschrift »Native Alaska«. In der Hand hielt er ein seltsames Gerät aus hellem Holz, das so ähnlich aussah wie ein Geigenbogen, nur kürzer und runder.

»Weißt du, was das ist, Junge?«

»Nein, keine Ahnung. Nie gesehen.«

»Das ist ein Fanggerät, mit dem wir Fische aus Löchern holen, die wir im Winter ins Eis schlagen. Kostet fünf Dollar, ist handgeschnitzt.«

»Danke, aber ich habe eine weite Reise vor mir, und mein Rucksack ist jetzt schon zu schwer.«

»Schade, Junge«, antwortete er. »Ich wünsch dir Glück!«

Zurück am Flughafen, betrat ich den kleinen Aufenthaltsraum, in dem der einzige Abfertigungsschalter des gesamten Gebäudes untergebracht war. Eine kleine, rote Propellermaschine des Frontier Flying Service sollte mich entlang der Bering- und der Tschuktschensee in nordöstliche Richtung nach Barrow bringen, mit Zwischenstopps in zwei weiteren Eskimodörfern.

Auf eine Plastiktafel hatte eine der beiden Angestellten die heutigen Flugnummern und geplanten Abflugzeiten geschrieben. Der zweite Flug war meine Verbindung, rechts daneben stand: »Wegen Schneesturm ersatzlos gestrichen.« Was tun? In Kotzebue bleiben? Hier gab es nur zwei teure Hotels, und Campen war wegen der erhöhten Eisbärengefahr verboten.

Ich erkundigte mich bei einer der dunkelhaarigen Frauen nach Alternativen. Es war Donnerstag, der nächste Flug nach Barrow sollte erst am nächsten Dienstag gehen. »Sie bekommen Ihr Geld zurück, wenn Sie möchten«, sagte sie. Der Flug hatte vierhundertfünfzig Dollar gekostet; Reisen im hohen Norden sind teuer. Auf der Tafel standen für den Nachmittag noch zwei weitere Flüge der Alaska Airlines – einer nach Anchorage und einer nach Fairbanks.

Weil das Buchungssystem am Schalter nicht funktionierte, rief ich von einem öffentlichen Telefon bei der kostenfreien Hotline der Fluggesellschaft an. Auf der Maschine nach Fairbanks gab es noch zwei freie Plätze. »Morgen früh könnten sie dann von dort nach Barrow weiterfliegen«, erläuterte mir die Dame im Callcenter. »Das kostet zusammen fünfhundertneunzig Dollar.« Es gab keine andere Möglichkeit, nach Barrow zu gelangen, und so las ich der Frau am Telefon meine Kreditkartennummer vor.

Während des Fluges über die Brooks Range, den nördlichsten Gebirgszug des Kontinents, schaute ich auf dem Display meiner Kamera die Aufnahmen an, die ich in den letzten Tagen gemacht hatte. Mein Sitznachbar schaute neugierig zu. Besonders gefiel ihm der großformatige Moschusochse, den ich auf der Teller Road fotografiert hatte. »Das ist ein ganz schöner Brummer.«

Wir unterhielten uns über die endlose Weite Alaskas, das, was die Menschen hier *the great nothingness,* »das große Nichts« nennen, und darüber, was ich in diesem Nichts vorhatte. Plötzlich unterbrach mich der Mann und deutete auf das rechte Fenster. »Dort hinten, am Horizont, der Gipfel mit dem vielen Schnee, das ist Denali«, sagte er. »Unser höchster Berg.« Wie der Thron eines Naturgottes schien er über den Wolken zu schweben. Ich musste zu ihm hin, das wusste ich. Aber erst musste ich nach Barrow.

Als ich in Fairbanks aus dem Terminal ins Freie trat, war es auf einmal sommerlich warm. An einem Schalter der Touristeninformation erfuhr ich, dass alle Hotels ausgebucht waren. Ich mietete ein Auto, fuhr aus der Stadt hinaus und schlief in meinem Schlafsack auf einem Parkplatz.

Am nächsten Morgen zuckte ich zusammen: Vor dem Auto stand eine große Elchkuh mit ihrem Kalb, beide machten seltsame Geräusche. Als ich mich bewegte, sprangen sie sofort ins Gebüsch. Ich streckte mich, schaute nach der Sonne, die gegen Mitternacht hinter der Brooks Range verschwunden war, nur um eine Stunde später ein kleines Stück weiter östlich wieder aufzutauchen, und fuhr zum Flughafen.

Diesmal klappte alles. Etwas ruckelnd setzten wir eineinhalb Stunden später und achthundert Kilometer weiter nördlich auf der Landebahn von Barrow auf. Vor dem Flughafen steckte ich sofort bis zum Knöchel im Matsch. Die Straße war nicht geteert. Schnee, Schmutz und Feuchtigkeit hatten sich zu einer klebrigen, schwarzen Masse vermischt. Ich watete durch den Schlamm, bemüht, nicht auszurutschen, hin zu einer kleinen grauen Hütte, vor der ein Schild »Kostenloser Kaffee, für Barrow-Touristen« hing. Leider war sie verrammelt. Schade um den Kaffee, dachte ich.

Schräg gegenüber befand sich das Airport Inn. Eine ältere Dame öffnete mir. »Wir sind ausgebucht«, erklärte sie entschuldigend und bat mich in einen kleinen Raum am Eingang: »Ich werde mal im Ort herumtelefonieren und schauen, ob ich etwas anderes finde.« Das Top-of-the-World-Hotel sei auch schon voll, teilte sie mir kurze Zeit später mit. Ich wurde unruhig. Nichts vorab zu reservieren, das war eigentlich ein Prinzip meiner Reise, aber in derart abgelegenen Gegenden schaffte es Probleme.

Ich hatte Glück. Im King Eider Inn an der Ahkovak Street war noch ein Zimmer frei. Die Frau wies mir den Weg, ich trug meinen Rucksack zwei Blocks weiter und stand vor meinem Hotel, das wie ein Chalet in den Rocky Mountains aussah. Die Lobby machte einen behaglichen Eindruck: Im Kamin prasselte Feuerholz, und auf den Tischen lagen schwere Bildbände über die Tierwelt, die Berge und das Nordlicht Alaskas. Auf der Theke stand, dem Namen des Hotels entsprechend, die geschnitzte Figur einer Prachteiderente mit gelbrotem Schnabel und schwarzem Gefieder.

Schnell räumte ich meine Sachen ins Zimmer, ging wieder nach draußen und folgte der Momegana Street ins Zentrum von Barrow, das direkt am Meer lag. Schon von Weitem sah ich riesige weiße Gebilde auf dem Wasser. Als ich mich näherte, stellte ich fest, dass es sich um Eisschollen handelte, die sich ein paar Hundert Meter weiter auf dem offenen Meer zu gewaltigen Eisbergen anhäuften. Der Strand bestand aus grobem Sand, der sich stellenweise zu Dünen formte. Das Wasser war so klar und durchsichtig wie das eines Gebirgsbachs in den Alpen.

An einer Bootslandestelle beobachtete ich zwei Inupiat, die gerade ihre Harpunen säuberten. Wir begannen ein Gespräch, sie stellten sich als Arnold und Ned vor – wie die meisten Eskimos hatten sie ihre Vornamen amerikanisiert.

»Schau, was wir erlegt haben«, sagten sie und deuteten auf die Ladefläche eines kleinen Trucks. Dort lag ein etwa zwei Meter langer Seehund in einer Blutlache. Seine silbrig-graue Haut glänzte in der Sonne.

»Was habt ihr damit vor?«, fragte ich.

»Was wohl? Essen!« Klar, daran hatte ich nicht gedacht.

»Darf ich mit euch rausfahren zum Jagen?«, fragte ich die beiden.

»Heute nicht mehr, wir sind fertig«, antworteten sie. »Aber wenn du möchtest, komm morgen früh gegen neun Uhr hier vorbei.«

Der Truck mit dem Seehund gehörte einem älteren Inupiat namens Jim, der an der Ladefläche lehnte. Er hatte eine hohe Stirn und weißes Haar, das in Büscheln von seinem Kopf abstand, trug eine Brille und eine dicke, hellblaue Daunenjacke. Obwohl er zurückhaltender erschien als die beiden anderen, mit seinem großväterlichen und melancholischen Gesichtsausdruck, lachte er laut auf, als er meinen Akzent erkannte.

»Meine Exfrau ist Deutsche. Sie kam als Touristin nach Barrow, hat mich kennengelernt und ist geblieben«, erzählte er. »Wir waren ein paar Jahre zusammen, dann war es ihr im Winter zu dunkel und im Sommer fehlten ihr die Bäume. Da ist sie wieder nach Hause. Aber wir hatten eine gute Zeit hier oben.«

Die Dunkelheit lastet im Winter schwer auf den Seelen der Menschen im Norden. Die Sonne schafft es in Barrow von Mitte November bis Ende Januar nie über den Horizont. Gegen Mittag herrscht dann für kurze Zeit ein fahles Licht, ansonsten erhellen nur der Mond, die Sterne und das Nordlicht die andauernde Nacht. Im Februar, dem kältesten Monat, liegt die Durchschnittstemperatur bei minus siebenundzwanzig Grad Celsius. Jetzt, im Juli, hatte es drei

Grad über null. Einige Sonnenstrahlen fielen flach ein und verbreiteten zumindest etwas Wärme.

Viele Menschen flüchten sich vor so viel Dunkelheit und Kälte in den Alkohol. Die Regierung in Washington schätzt, dass jeder zweite Eskimo in Alaska suchtkrank ist. Wie in den meisten anderen Orten im Norden Alaskas sind Bier, Wein und Schnaps deshalb in Barrow verboten. Jugendliche besorgen sich stattdessen Ersatzdrogen wie Chemikalien, die sie schnüffeln. Nome war vom Alkoholverbot ausgenommen; deshalb lungerten dort auch die Eskimos auf den Straßen, die eigens von ihren Inseln herfuhren, um sich zu betrinken.

Ich verabschiedete mich von Jim, Arnold und Ned und ging auf einer schmalen Landbrücke zwischen dem Meeresufer und einer schmutzigen Lagune in den nördlichen Teil des Ortes. Dort stand der »Whalebone Arch«, ein großer Bogen aus Pottwal-Knochen, den ich schon im Hotel auf Postkarten gesehen hatte – das Wahrzeichen von Barrow.

In der Eingangshalle des »Inupiat Heritage Center«, einer Art Kulturzentrum, sah ich Fotos von riesigen Walen, die mit aufgeschnittenem Rumpf auf dem Eis lagen. In einem Meer aus Blut quollen die Eingeweide hervor. Oben auf einem toten Tier standen Männer in Kapuzenanzügen, die ganze Scheiben aus dem Fleisch schnitten. Die Beute, erläuterte eine Hinweistafel, werde jedes Jahr nach einem detailliert ausgearbeiteten Schlüssel auf die Familien im Ort aufgeteilt.

»Ekelhaft«, sagte eine elegant gekleidete Touristin zu ihrem Begleiter.

Walfang ist ein wichtiger Bestandteil im Leben der Inupiat, und die Tiere dienen bis heute als Nahrungsquelle für den Winter. An den Harpunen und den bunten Jagdanzügen hat sich über die Jahrhunderte wenig geändert, aber es gibt inzwischen strenge Regeln: Jede Siedlung erhält für die Jagdzeiten im Frühjahr und im Herbst eine begrenzte Zahl an Fangversuchen. Wer öfter fährt, zahlt hohe Geldstrafen.

Der Einsatz von Feuerwaffen und anderen modernen Jagdutensilien ist strengstens untersagt. Allerdings benutzen die Eskimos nicht mehr nur Kanus aus Seehundhaut, sondern auch Motorboote. In der Walfangzeit veranstalten die Bewohner von Barrow ein Volksfest, bei dem sie traditionelle Tänze aufführen und überlieferte Geschichten ihrer Urväter inszenieren.

In einer Ecke des Kulturzentrums stand ein elektronischer Informationskiosk des Energieministeriums in Washington. »Folgen der Erderwärmung im nördlichen Alaska«, stand als Überschrift auf dem Touchscreen, den eine Behörde jener Regierung aufgestellt hatte, die offiziell an der Erderwärmung zweifelt. Die Inupiat in Barrow spüren deren Folgen längst: Die Jagd wird schwieriger, weil die Eisschollen, auf denen große Tiere wie Seehunde oder Robben leben, schmelzen. Ein paar Hundert Kilometer westlich von Barrow wurde bereits ein ganzes Dorf umgesiedelt, weil die Notdämme dem steigenden Meeresspiegel nicht standhielten. Die Seen in der Tundra trocknen aus, was etliche Tierarten gefährdet.

Ich ging wieder nach draußen. Als ich auf der Straße einen kleinen Jungen in einem gelben Pullover fotografierte, rannte ein grimmiger Mann auf mich zu und versuchte, mir die Kamera aus der Hand zu reißen.

»Was fällt dir ein, meinen Sohn zu fotografieren?«, schimpfte er. »Pass auf, was du tust. Wir hier in Barrow sind keine friedlichen Leute. Es gibt viele Gangster im Ort. Da bin ich im Vergleich noch harmlos.«

Ich löschte vor seinen Augen das Bild von der Speicherkarte, danach ging ich schnell weiter.

Von der unbequemen Nacht im Mietwagen in Fairbanks war ich ziemlich müde. Auch hatte ich lange nichts gegessen. An einer Straßenecke entdeckte ich mehrere kleine Restaurants. Ich entschied mich für Sam & Lee's, in dem eine Familie aus China verschiedene asiatische Gerichte servierte. Ich bestellte gebratenes Rindfleisch mit Reis und Gemüse, das fast zwanzig Dollar kostete, aber immerhin halbwegs anständig schmeckte. Nach dem Essen trank ich einen heißen Tee und unterhielt mich mit der Besitzerin. »Es ist schon sehr kalt hier in Barrow«, sagte sie, »aber wir wollen nur ein paar Jahre bleiben.

Wenn wir dann nach China zurückgehen, sind wir sehr wohlhabend.« Da helfe ich doch gern, dachte ich, und bestellte eine Nachspeise.

Zufrieden machte ich mich auf den Weg zurück zum King Eider Inn. Inzwischen war mal wieder dichter Nebel aufgezogen, der die wenigen, noch vorhandenen Sonnenstrahlen verschluckte und den Ort in ein gräuliches Licht tauchte. Ich freute mich auf mein gemütliches Hotel und beschleunigte die Schritte.

In der Lobby setzte ich mich auf die braune Ledercouch und blätterte in einem Outdoor-Magazin. Die Kissen waren aus bunten Flicken zusammengenäht. Eine Stehlampe verbreitete angenehmes, weiches Licht. Kurze Zeit später öffnete sich die Tür, kalte Luft zog durch die Eingangshalle, und herein trat ein großer, kräftiger Mann in einem braunen Anorak. Er humpelte stark und ächzte laut, als er versuchte, sich zu bücken und seine Schuhe auszuziehen.

Danach lachte er mich an und fragte, ob er sich zu mir setzen dürfte.

»Klar«, sagte ich, und schüttelte ihm die Hand.

»Ich heiße Bill West«, stellte er sich vor. »Bin schon zum dritten Mal in Barrow, mir gefällt es hier. Das da unten«, sagte er und klopfte auf sein linkes Schienbein, »ist eine Prothese. Ich war in Vietnam, da habe ich ein Bein verloren. Hast du schon etwas gegessen?«

»Ja, im Ort, in dem kleinen Chinarestaurant«, antwortete ich.

»Schade, aber hast du Lust auf einen kleinen Nachtisch?«

»Einen Kaffee vielleicht, aber willst du wirklich noch mal rausgehen, in den Nebel?«

»Nein, ich habe etwas auf dem Zimmer. Komm mit.«

Neugierig folgte ich Bill. Als er die Tür zu seinem Zimmer öffnete, schlug mir ein strenger, fischiger Geruch entgegen.

»Schnell rein, die Chefin schimpft sonst«, drängte er. Schnell? Schimpfende Chefin? Ich war gespannt, was Bill mir da vorführen wollte.

In seinem Zimmer stand eine kleine Kochzeile. Er öffnete den Kühlschrank, der Fischgeruch wurde stärker und mischte sich mit einer Note von fauligem Seetang. Bill nahm eine Dose aus dem Kühlschrank, die in Alufolie eingewickelt war.

»Das ist Maktak, eine echte Spezialität«, kündigte er an, während er das kleine Paket öffnete. »Ein Stück gefrorene Walhaut mit Lebertran. Die Inupiat essen das ständig, weil viele Vitamine drin sind, gegen Skorbut. Obst und Gemüse sind hier oben schwer zu kriegen. Magst du probieren?«

Bevor ich antworten konnte, hatte Bill das Maktak mit seinem Klappmesser in zwei würfelförmige Hälften geschnitten. »Für die Inupiat ist das wirklich ein Leckerbissen«, sagte er. Der Geruch des Würfels, der aussah wie rosafarbener Schaumstoff mit einer schwarzen Gummischicht, war abscheulich. »Jetzt weißt du, warum die Chefin nicht will, dass ich so etwas im Hotelzimmer aufbewahre.«

Ich kaute ein paar Sekunden auf der zähen Walschwarte herum, das musste reichen, und schluckte einen kleinen Bissen. Die Haut war recht salzig, der Lebertran fischig – weniger schlimm, als ich befürchtet hatte.

»Wie schmeckt es dir?«, fragte Bill.

»Gewöhnungsbedürftig, aber interessant.«

Erneut griff er in den Kühlschrank. »Ich hab noch etwas für dich«, sagte er verschmitzt. Meine Kehle zog sich zusammen, als er eine weitere Dose öffnete, aus der zwar kein besonderer Geruch strömte, die aber eine klebrige, weiße, mit braunen Flecken durchsetzte Masse beinhaltete.

»Das ist Akatak, auch Eskimo-Eiskrem genannt«, erklärte er. »Die Eskimos rühren Karibufett an, mischen Seehundöl und etwas Wasser darunter, danach Blaubeeren aus der Tundra, und zum Schluss lassen sie es gefrieren.«

Ich nahm einen kleinen Löffel und schob ihn leicht zitternd in den Mund. Auf der Zunge fühlte sich das Akatak an wie Fett mit Beerengeschmack. »Für die Kinder der Inupiat ist das ein Hochgenuss«, sagte Bill. Ich freute mich, von ihm etwas über die Essgewohnheiten der Inupiat gelernt zu haben, aber das reichte. Höflich verabschiedete ich mich von Bill und ging auf mein Zimmer, in dem ein vergleichsweise angenehmer Geruch nach chemischen Reinigungsmitteln, Duschgel und ungewaschenen Kleidern herrschte.

Obwohl ich so weit weg von zu Hause war wie niemals zuvor und zudem allein, fühlte ich mich alles andere als einsam. Ich summte eine Liedzeile der Kaiser Chiefs: »*Oh my god, I can't believe, I've never been so far away from home.*« Ja, das stimmte. Endlich hatte ich Zeit für mich selbst und konnte tun, was ich für richtig hielt. Nebenbei lernte ich sonderbare Menschen und Tiere kennen, fremde Gebräuche und eine neue Welt. Ein gutes Konzept, fand ich, und zog den schweren Vorhang zu, um das Zimmer abzudunkeln.

Für den nächsten Morgen hatte ich mir eine Wanderung zu Point Barrow vorgenommen, der allernördlichsten Landspitze. Aber erst schaute ich an der Bootslandestelle vom Vortag nach Arnold und Ned. Als sie auch eine Dreiviertelstunde nach der verabredeten Zeit nicht auftauchten, machte ich mich auf den Weg.

Ich verließ Barrow in Richtung Nordosten und begann den siebzehn Kilometer langen Fußweg, vorbei an einer Müllkippe und einer verlassenen Gasförderanlage mit einem Wirrwarr von bunten Rohren. Die Landzunge wurde immer schmaler, genauso wie die Straße, die ich entlangging.

Auf einmal hörte ich Schüsse. Nach ein paar Schritten erkannte ich mehrere Pick-ups, die am Straßenrand parkten. Als ich mich näherte, sah ich, dass einige Eskimos am Strand Campingstühle aufgestellt hatten, von denen sie mit langen Gewehren auf Enten und andere Vögel zielten, die über der Beaufortsee flatterten und nach einem Treffer steil abstürzten.

Ich dachte an etwas, das ich im Heritage Center gelesen hatte: In der Sprache der Inupiat heißt Barrow *Ukpeagwik* oder »der Ort, an dem wir Schneeeulen jagen«. Mangels Eulen mussten im Sommer wohl Enten und Möwen herhalten.

Wenig später erreichte ich das Ende der Straße. Jemand hatte hier Palmen aus Holz mit getrockneten Blättern aufgestellt, vor einem kleinen Haus, das wie eine Strandbar aussah. Auf der Veranda stand ein Plastikkaktus mit aufgemaltem Gesicht und einem Sombrero auf der Spitze. An einem Holzpflock war ein Thermometer befestigt, das 100 Grad Fahrenheit anzeigte, also 38 Grad Celsius. Eine lustige Installation. Ob wohl als Gegenstück am Äquator ein Iglu steht? Mir war kalt.

Ziemlich erschöpft stolperte ich durch die Tundra und halluzinierte von Weißbier und Schweinebraten. Ein erster, verfrühter Anfall von Heimweh? Ich war der einzige Mensch auf der Landzunge. Mal sank ich im Kies ein, mal stapfte ich wie auf einer Matratze über den weichen Boden, was ziemlich kräfteraubend war. Sogar hier oben, nicht allzu weit weg vom Nordpol, wuchsen kleine, gelbe Blütenpflanzen und struppiges Moos aus der kargen, flachen Erde. Knöterich stand neben Sauergras und Krähenbeeren.

Ich kam an einem großen, verlassenen Zelt vorbei, an dem ein Schild angebracht war: »Nicht betreten. Archäologische Ausgrabungsstätte.« Etwas weiter nördlich sah ich eine kleine Hütte, aus der eine Art Antenne ragte. Eine Aufschrift wies sie als Wetterstation des »National Weather Service« aus. Auch hier kein Mensch zu sehen. Ich hatte den nördlichsten Punkt erreicht, unter mir lag nur noch Sand und Kies und vor mir das offene Meer. Von hier also sollte es nur noch nach Süden gehen.

Plötzlich ertönte ein lautes Brummen, und hinter mir tauchte ein Ungetüm aus dem Sand auf: ein schwarzer Hummer, ein Modell jenes panzerähnlichen Jeeps, der in Moskau und New York als Statussymbol gilt und hier in der Tundra seinen wirklichen Verwendungszweck erfüllt. Das Gefährt blieb stehen. Ein schmaler Mann mit dünn getrimmtem Schnauzbart, einer Ferrari-Mütze auf dem Kopf und einer burgunderfarbenen Stoffjacke stieg aus.

»Was machst du denn hier? Bist du verrückt?«, schrie er mich an.

»Wieso?«, fragte ich verwundert. »Ich bin von Barrow auf der Straße bis hierher gewandert.« Der Hummer-Fahrer schaute mich mit weit aufgerissenen Augen an. »Hat dir niemand gesagt, dass hier draußen Eisbären leben?«

Es stimmte, in meinem Reiseführer hatte ich gelesen, dass die Landzunge zur Walfangsaison zu meiden sei. Die Inupiat legten hier Walknochen für die Eisbären aus, um sie vom Ort fernzuhalten. Jetzt, im Sommer, sei eine Wanderung aber nicht weiter gefährlich. Das diente mir als Ausrede.

»Früher war das vielleicht so«, sagte der Fahrer, der sich als Frank aus Kroatien vorstellte. »Inzwischen laufen die Bären die ganze Zeit herum, weil die Eisschollen schmelzen und auseinanderbrechen, auf denen sie normalerweise leben und jagen. Da gehen sie auf dem Festland auf Nahrungssuche.« In Zeiten der Erderwärmung lohnt es sich also noch mehr, einen aktuellen Reiseführer zu kaufen.

Erst jetzt sah ich, dass im Jeep zwei weitere junge Männer saßen. Sie stiegen aus und fotografierten sich gegenseitig. Frank erzählte mir, dass die beiden eine Tour in seinem Hummer nach Point Barrow gebucht hatten. Er war eine Art Fremdenführer, der die wenigen Besucher in Barrow auf Anfrage in die Tundra hinausfuhr. Klar, dass der mich schimpft, dachte ich, der will sich das Geschäft nicht von wandernden Touristen verderben lassen.

»Komm, steig ein«, trieb er mich an, »wir nehmen dich mit zurück nach Barrow.« Eisbären hin oder her, ich hatte nichts dagegen. Der Weg war weit, und der Wind schneidend kalt. Nachdem Frank den Motor angelassen hatte, reichte er mir einige Fotos – ganze Familien von Eisbären, mächtige Mütter und schmächtige Jungen. »Eines der Bilder habe ich erst vor drei Wochen gemacht«, berichtete er. Jetzt glaubte ich ihm.

Spätestens als mich Doreen, die Besitzerin des King Eider Inn, für verrückt erklärte, nachdem ich ihr am Abend von meiner Tour erzählt hatte, sah ich ein, dass ich ein unnötiges Risiko eingegangen war. Hungrige Eisbären hält nichts davon zurück, einen Menschen zu verspeisen – und das in nur drei oder vier Bissen, wenn der Hunger besonders groß ist. Keine angenehme Art zu sterben, dachte ich.

Am Nachmittag des nächsten Tages, kurz vor meinem Abflug, wollte ich noch einen weiteren, kürzeren Spaziergang in die Tundra unternehmen, in der viele seltene Vogelarten leben. Früher hatte ich mich nie sehr für Vögel interessiert, aber in Alaska entwickelte ich von Tag zu Tag eine wachsende Begeisterung für die Natur und ihre vielen kleinen und großen Wunder.

»Geh vorher zum Such- und Rettungsdienst und lass dir einen Satellitensender mitgeben, damit sie dich finden, wenn du dich im Nebel verläufst«, empfahl mir Doreen, als ich im Hotel meinen Proviant einpackte. Nach dem riskanten Ausflug nach Point Barrow befolgte ich ihren Rat.

In der Holzhütte des Rettungsdiensts spielten zwei bärtige Männer Karten. Lustlos hörten sie mich an, holten ein klobiges Gerät aus einem Wandschrank, stellten es ein und händigten es mir aus.

»Bleib nicht zu lange weg«, sagte einer. »Und denk dran, ganz sicher bist du damit auch nicht. Im Zweifelsfall orten wir das Gerät im Magen eines Eisbären.« Die anderen lachten, und ich lachte einfach mal mit.

Draußen fuhr ein junger Eskimo auf einem Four Wheeler an mir vorbei und hielt an. »Soll ich dich ein Stück mitnehmen?«, fragte er.

»Gern.« Während der Fahrt zum Ortstrand unterhielten wir uns kurz. Er nannte sich John Adams und arbeitete als Mechaniker. »Nicht viel zu sehen da draußen«, brummelte er, als ich abgestiegen war.

Auch diesmal begegneten mir keine gefährlichen Tiere, aber Scharen von Vögeln flatterten um mich herum. In der baumlosen Tundra bauen sie ihre Nester auf kleinen Erderhebungen. Ich wich vom Weg ab und sah links und rechts von mir zwei schwarz-weiß gefiederte Vögel, scheinbar Möwen, mit gelblichem Hals, die jeden einzelnen meiner Schritte argwöhnisch verfolgten.

Auf dem Boden vor mir wuchs Wollgras, eine heimelig wirkende Pflanze mit einem flauschigen, weißen Kopf. Graue Wolken hingen tief über mir, und ich konnte nur noch die äußerste Häuserreihe von Barrow erkennen. Plötzlich flogen die beiden lauernden Möwen auf, zogen weite Kreise über mir und rasten im Sturzflug auf meinen Kopf zu. Kurz vor dem Aufprall starteten sie durch, nur um das ganze Manöver zu wiederholen. Und noch einmal. Und ein drittes Mal. Bei jedem Anlauf kamen sie meinen Augen gefährlich näher.

Erst hatte ich noch Nahaufnahmen von ihnen gemacht, jetzt bedeckte ich mein Gesicht mit den Händen. Mein Herz pochte. Langsam stieg Panik in mir auf. Ich lief in Richtung des Ortes, kam aber kaum voran, weil ich ständig im aufgeweichten Boden einsank. Aus ihrer überlegenen Position kreischten die Vögel schadenfroh. Erst als ich schon ein paar Hundert Meter entfernt war, ließen sie von mir ab und zogen davon, sichtlich zufrieden darüber, den fremden Eindringling verjagt zu haben. Meine Schuhe waren durchnässt – und meine

Abenteuerlust vorerst gestillt. Ich atmete auf und gab meinen Peilsender schnell wieder ab.

Als ich beim Hotel ankam und Doreen auch diese Geschichte erzählte, lachte sie mich aus und holte ihr Vogelbuch. Wir verglichen die Zeichnungen im Buch mit meinen Fotos und einigten uns darauf, dass mich Skuas aus der Tundra vertrieben hatten, die im deutschen Sprachgebrauch als Spatelraubmöwen bekannt sind.

Im Lexikon stand, dass sie notorische Verbrecher sind: Sie rauben fremde Nester aus und töten andere Vögel, um sie an ihre Jungen zu verfüttern. »Genau wie andere Raubmöwen greifen sie manchmal Menschen an, die sich ihren Nestern nähern. Dabei entstehen keine ernsthaften Verletzungen, aber die Erfahrung ist furchterregend und kann sehr schmerzhaft sein«, hieß es in dem Lexikonartikel. Dann hatte ich also Glück gehabt. Ich packte meinen Rucksack, räumte mein Zimmer und ging hinüber zum Flughafen.

3
Nächtlicher Angriff auf meine Benzinvorräte

In Deadhorse beginnt die längste Straße der Welt, die dort noch nicht offiziell Panamericana heißt, sondern Dalton Highway. Für mich machte das keinen Unterschied. Ich wollte nicht peinlich genau der panamerikanischen Route bis hinab in den Süden Chiles folgen, sondern meinen eigenen Weg durch die beiden Kontinente bahnen. Und der fing nun einmal ganz oben an, hier im äußersten Norden.

Es schien, als könne ich mir eine weitere teure Nacht in einem arktischen Hotel sparen. Am Flughafen in Barrow hatte ich mich mit Mark Brown unterhalten, einem Mann mit wettergegerbter Haut, der eine enge Lederjacke trug und auf dem Weg zu einer Insel in der Beaufortsee war. In Deadhorse arbeitete er für eine Telefonfirma.

»Wenn du dort ankommst, kannst du gern in meinem Wohncontainer übernachten«, sagte er. »Steht direkt am Lake Colleen, der Schlüssel liegt unter der Fußmatte. Du gehst einfach rein und machst es dir gemütlich.« Mark malte mir noch eine Skizze mit vielen Pfeilen und kurvigen Wegen in mein schwarzes Notizbuch: »Damit du dich nicht verläufst.«

Anschließend musste ich zum Flieger.

Ich fand zwar den Container in dem Ort, aber der Schlüssel war nicht an seinem Platz. Niemand antwortete auf mein Klopfen, und auch auf den anderen Straßen der Ansiedlung, die mit ihren Werkhallen und Blechhütten wie ein spärlich bewohntes Industriegebiet wirkte, war kein Mensch zu sehen. In der Arktis bleibt man scheinbar lieber in seinen Behausungen.

Schräg gegenüber von Marks Container wies eine große Tafel die Besucher darauf hin, dass es streng verboten sei, die Wege zu verlassen oder ohne Erlaubnis das Ölfördergebiet Prudhoe Bay zu betreten: »Privatbesitz von British Petroleum – Zugang nur für Mitarbeiter. Alkohol, Drogen und Waffen nicht gestattet.« Ich kam mir unerwünscht vor und entschied, nicht länger als einen halben Tag und eine Nacht zu bleiben, wobei solche Zeiteinheiten für mich eher abstrakt geworden waren: Wegen der ständigen Helligkeit hatte ich das Gefühl für den Ablauf der Stunden verloren.

Ich schlief kaum noch, aber ein Dach über dem Kopf brauchte ich trotzdem. So mietete ich mir notgedrungen ein Zimmer im Arctic Caribou Inn, einem früheren Schlaflager für Ölarbeiter. Karibus, nach denen das Hotel benannt war, sind Rentiere, die den kurzen Sommer im äußersten Norden Alaskas verbringen, weil sie dort grasen können, ohne von Stechmücken belästigt zu werden. Im Herbst machen sie sich in Herden von mehreren Tausend Tieren auf den Weg in südlichere Gefilde, um nicht zu erfrieren. Dann fehlen jene Tiere, die von Wölfen zerfleischt oder von Eskimos erlegt wurden, um die fettige Eiskrem, die ich in Barrow probiert hatte, und andere nahrhafte Köstlichkeiten herzustellen. Ich hatte noch keine Karibus gesehen.

Als ich nach dem Einchecken im Hotel unter der Mitternachtssonne nachtwandelte, geschah es. Am Ortsrand, vor dem Eingang zu den Ölförderanlagen entdeckte ich auf einer sumpfigen Wiese hinter den Wohncontainern der Arbeiter einige Geweihe im hohen Gras. Ich pirschte mich bis auf wenige Meter heran, dann schreckten die Tiere auf und sprangen im Galopp davon. Am Horizont flackerten kleine Feuer über den Fördertürmen. Möwen starteten und landeten auf der glatten Oberfläche des Sees, und ein Truck lärmte an mir vorbei. Dann herrschte wieder Stille.

Am Frühstücksbüfett im Hotel traf ich Chaim, einen jungen Kartografen aus New York. Jeden Tag flog er im Auftrag der Staatsregierung mit dem Helikopter über die Tundra, um die Hügel, Seen und Flüsse zu vermessen. »Die Landschaft ist schön hier, aber ziemlich flach und nicht gerade abwechslungsreich«, sagte er. »Wir nehmen die Daten auf, damit die Ölkonzerne die Regierung nicht über den Tisch ziehen, wenn es um ein bestimmtes Stück Land geht.«

Nach dem Frühstück ging ich nach draußen, um auf den Kleinbus zu warten, der mich entlang des Dalton Highway nach Süden bringen sollte.

Kaum stand ich vor der Tür, brauste eine Motorradgang heran: drei Männer und zwei Frauen, die mich nach dem Weg zum zweiten Hotel im Ort fragten. Mit ihren schwer beladenen Harleys waren sie von Corpus Christi in Texas bis hierher gefahren. Ihre Gesichter waren so schmutzig, als seien sie nach einem harten Arbeitstag einer Kohlegrube entstiegen. Mein Bus war noch immer nicht da.

Als Nächstes stieg ein Radfahrer vom Sattel, klapperdürr und ähnlich verstaubt. Ich fürchtete, er würde vor meinen Augen zusammenbrechen.

»Wo kommst du denn her?«, fragte ich und stützte ihn.

»Aus Oregon.« Mehr brachte er nicht heraus.

»Das sind doch sicher fünftausend Kilometer, oder?«

»Mehr.«

Der Bus fuhr vor.

»Guten Morgen«, grüßte ich die kleine Runde beim Einstieg. Wir machten uns bekannt: Jeff, der Fahrer, und vier Rentner aus Maryland, die gemeinsam unterwegs waren. Wir rumpelten los, nachdem mein Gepäck verladen war, vorbei an einem grünen Schild, das am Ortsausgang in weißer Schrift *»No Service on the Next 293 Miles«* ankündigte, also keine Tankstelle auf den nächsten vierhundertfünfzig Kilometern. Das ist ungefähr so, so als gäbe es auf der Autobahn zwischen Frankfurt und Berlin keine einzige Raststätte, keine Toilette und keine Notrufsäule. Jeff hatte immerhin ein Satellitentelefon dabei.

Ich war von der kurzen, hellen Nacht aufgekratzt und erzählte meinen Mitreisenden fröhlich meine Geschichten von Karibus, Eisbären und Moschusochsen. Jeff löste mich mit Storys über Alaska und seinen zweiten Job in einem alternativen Plattenladen in Fairbanks ab. Immer wieder kamen uns Öllaster entgegen, die schwere Steine in die Luft schleuderten. Lärmend prasselten sie gegen unsere Karosserie, als habe sich eine brasilianische Trommlergruppe in den Kofferraum eingeschlichen.

»Wisst ihr, wie diese Hügel da hinten heißen?«, fragte Jeff und drehte sich zu uns um. »Das sind die Pingos. Lustiger Name, oder?«

Da ich das wundervolle Buch *Arktische Träume* von Barry Lopez gelesen hatte, wusste ich, wie Pingos entstehen: Im Sommer sickert

Wasser in den Boden, das im Winter gefriert, sich ausdehnt und Hügel entstehen lässt, die über die Jahre bis auf hundert Meter anwachsen können. Jedes Jahr verändert sich das Gesicht der Tundra, als ob sie an einem bösartigen Hautausschlag leidet.

Neben uns zog sich, auf Stelzen, etwa ein bis zwei Meter über dem Boden die dicke Ölpipeline über die feuchten Wiesen, jene Lebensader Alaskas, ohne deren wertvolle Fracht und ihre aufwendige Förderung der nördlichste Bundesstaat der Vereinigten Staaten noch dünner besiedelt wäre.

»Jeden Tag kommen bis zu eine Million Fässer Öl unten im Hafen von Valdez an, der wegen einer warmen Strömung das ganze Jahr eisfrei ist«, informierte uns Jeff. »Die Pipeline ist achthundert Meilen lang und hat acht Milliarden Dollar gekostet. Die Eskimos, über deren Land sie führt, hat man mit Geld ruhiggestellt, und die Tiere, deren Wanderwege das Rohr durchschneidet, konnten schlecht protestieren.« Dass die Rohre manchmal lecken und Öl in die Tundra fließt, nun, das komme halt vor, fügte er mit einem ironischen Lächeln hinzu.

Jeff war nicht mehr zu bremsen.

»Alle unsere Politiker sind korrupt«, schimpfte er auf einmal. »Gerade erst lief ein Gerichtsverfahren. Zwei Abgeordnete wurden verurteilt, weil sie Bestechungsgelder von Ölfirmen angenommen hatten. Dabei waren sie nur zu dumm, es wie ihre Kollegen zu verschleiern.« Als ich durch die staubige Windschutzscheibe nach vorn blickte, sprangen zwei Karibus über den Highway. »Vielleicht sehen wir auch Bären«, sagte Jeff.

Auf der nächsten Kuppe erhoben sich grüne Pflanzen, die aus der Ferne wie kleine Bäume aussahen.

»Wir sind so langsam raus aus der Tundra und erreichen die Taiga«, klärte mich Jeff auf, der mein Staunen bemerkt hatte. »In der Taiga gibt es ziemlich dünne, relativ niedrige Nadelbäume. Im Russischen bedeutet das Wort ›Taiga‹ in etwa ›Land der kleinen Stöcke‹. Irgendwo steht hier die nördlichste Fichte der Welt, aber sie ist abgestorben.«

Bald kamen wir an einem Wald vorbei, in dem fast alle Fichten schief nach oben wuchsen, als hätten sie über den Durst getrunken.

»Was hat das zu bedeuten?«, fragte ich Jeff.

»Das ist eine Folge der Erderwärmung. Der Permafrost taut im Sommer immer weiter auf, dadurch verlieren die schwachen Wurzeln ihren Halt und die Bäume werden schief.«

Nach fünf Stunden erreichten wir Coldfoot, einen der wenigen kleinen Orte entlang des Highways. Ich entschied mich, die Fahrt zu unterbrechen – einerseits, weil mir der Ortsname gefiel, andererseits, weil ich nicht zu schnell durch die Taiga eilen wollte. Auch musste ich nach der Fahrt mit den Rentnern aus Maryland mein Selbstverständnis als Individualreisender wiederherstellen.

Coldfoot dürfte wohl eine der kältesten Raststätten der Welt sein. Im Rekordwinter 1989 kletterte das Thermometer zwei Wochen lang nie über minus dreiundfünfzig Grad Celsius. Jetzt, im Sommer, schien die Sonne, und ich musste keine allzu kalten Füße fürchten. Das Ensemble aus Tankstelle, Gasthaus und Motel kam mir wie die perfekte Kulisse für einen Quentin-Tarantino-Film vor. Ich setzte mich an einen der kleinen Tische im Eingangsbereich, die großen waren *for truckers only* reserviert, auch wenn gerade keine da waren.

Kaum hatte ich bei der jungen, hübschen Bedienung einen Teller Chili con Carne bestellt, setzte sich ein älteres Paar zu mir und sprach mich an.

»Hey, hoffe, dir geht's gut«, sagte der Mann, der einen weißen Bart, ein löchriges Shirt und eine Trainingshose aus Kunststoff trug, die er bis zum Bauchnabel hinaufgezogen hatte.

»Ja, so weit schon«, antwortete ich. Nach den Regeln der Wildnis hatten wir mit diesem Dialog fast schon Freundschaft geschlossen.

»Das ist meine Frau Helga, ich bin Ted. Wir sind auf der Durchreise nach Deadhorse. Wo willst du hin?«

Ich musterte Helgas zerzaustes, graues Haar und ihre Brille mit ihren ziemlich großen, runden Gläsern; danach blickte ich zurück zu Ted.

»Nach Süden. Aber erst werde ich zwei Tage hier bleiben.«

»In Coldfoot?«, fragte Ted.

»Ja.«

»Nicht schlecht.«

»Was für ein abenteuerlustiger junger Mann!«, rief Helga aus und legte Ted ihre faltige rechte Hand auf den Unterarm. Ich lächelte freundlich, dann kam mein Chili.

Ich hatte ihren österreichischen Akzent erkannt.

»Kommen sie aus Österreich?«, fragte ich.

»Ja, aus Wien«, sagte sie, »aber ich war schon lange nicht mehr dort.«

In ein paar Sätzen erzählten mir Helga und Ted, der aus Arizona stammte, ihre Lebensgeschichte. Vor rund fünf Jahren waren ihre damaligen Ehepartner gestorben. Auf Anraten der Enkel buchten sie zufällig dieselbe Reise, vier Wochen mit dem Jeep durch Australien. Ein halbes Jahr später heirateten sie. Seitdem leben sie in zwei Wohnmobilen, die vor einer aufgelassenen Goldmine in Arizona stehen. Diesen Sommer war das Ehepaar zum fünften Mal mit dem Wohnmobil in Alaska.

»Uns gefällt es hier«, sagte Helga in einem jetzt unverkennbaren Wienerisch.

Ted verstand nichts, wollte auf einmal weiter. Die beiden verabschiedeten sich.

Alaska, das hatte ich inzwischen verstanden, zieht Menschen an, die es verlernt haben, sich im konventionellen westlichen Leben einzuordnen. Fast täglich traf ich auf seltsame Gestalten mit ungewöhnlichen Geschichten. Meistens spielten die Natur und das Abenteuer für sie eine wichtige Rolle, ganz so, als sei diese Landfläche, die fast fünfmal so groß ist wie Deutschland, ein riesiger Freizeitpark, der ohne Lärm und Leuchtreklame auskommt und dessen Attraktionen nicht von Menschenhand gemacht sind. Betreten auf eigene Gefahr.

Abends an der Bar lernte ich Ken, einen Hubschrauberpiloten, kennen. »Wenn du morgen nach Fairbanks willst, dann nehme ich dich einfach mit«, versprach er leicht beschwipst. Außer mir sei ein Biologe der Regierung, der den Hubschrauber gechartert habe, der einzige Passagier. Er wolle über die Brooks Range fliegen, um Bergziegen zu zählen und ihre Lebensweise zu erforschen. »Auf der Rückbank haben wir noch Platz für dich.«

»Das Angebot nehme ich an«, antwortete ich etwas zögerlich, weil ich nicht so ganz glaubte, dass sich Ken am nächsten Morgen noch daran erinnern würde. Nach Fairbanks musste ich tatsächlich: Während mein erster Besuch dort nur ein unfreiwilliger Kurzaufenthalt war, lag die neben Anchorage einzige nennenswerte Stadt in Alaska diesmal direkt auf meinem Weg nach Süden.

Caroline, die junge Bedienung aus dem Truckstop, schloss die Zapfhähne und lud mich ein, mit ihr und ein paar Freunden noch ein wenig zu feiern. Wir machten uns in tagheller Nacht auf den Weg zu einem Fluss auf der anderen Seite des Highways, vorbei an einem kurzen Rollfeld für die Kleinflugzeuge der Buschpiloten und über ein riesiges Feld lilafarbenen Feuerkrauts, jener genügsamen Pflanze, die sich nach Waldbränden als Erstes auf dem versengten Boden breitmacht.

Am steinigen Ufer schichteten wir Holz für ein Lagerfeuer auf. Noch ein paar Mädchen und zwei Jungen waren dabei, allesamt College-Studenten, die ihren Sommer in Coldfoot verbrachten, um Geld zu verdienen.

»Wir bekommen hier einen höheren Stundenlohn als anderswo, da lohnt sich die weite Anreise«, erzählte Caroline, die in New Jersey studierte. Zwei bärtige junge Männer, die in Coldfoot wohnten und als Handwerker und Hausmeister im Motel arbeiteten, setzten sich nach einer Weile zu uns. »Ohne Bart wirst du in Alaska nicht für voll genommen«, erklärte mir einer von ihnen, »und er wärmt das Gesicht.«

Um uns herum kletterte spärliches Gestrüpp die Berge hinauf, bis nur noch Felsen sichtbar war. Nach einigen Dosen Budweiser und selbst gemischten Gin Tonics beschlossen wir, auf die Pipeline zu steigen, die hinter uns den Fluss entlangführte. Als ich auf dem Rohr stand, entschied ich mich, zu einem der vermutlich wenigen Menschen zu werden, die von der Trans-Alaska-Pipeline in die Taiga gepinkelt haben.

Als ich am nächsten Morgen aufwachte, hörte ich, dass Ken seinen Hubschrauber schon angelassen hatte. Ich lief nach draußen. Der Biologe hatte nichts von mir gewusst, war verärgert und ließ es nicht zu, dass Ken mich mitnahm. Beim Frühstück sprach ich einen Trucker an, der gerade vorgefahren war, ob er mich mitnehmen könne: »Nein, das ist dienstlich verboten.« Ich wartete also auf den nächsten Bus, der zwei Tage später kam.

Auf diese Weise lernte ich eine der großen Herausforderungen einer solchen Reise kennen: Wann plane ich meinen weiteren Weg genau, und wann überlasse ich die Route eher dem Zufall? Wann fahre ich ungerührt an einem sehenswerten Ort vorbei, um mich einem anderen Ziel umso ausführlicher zu widmen? Hier in Coldfoot erschien mir die Reisezeit, die vor mir lag, noch endlos. Doch das sollte sich bald ändern.

Drei Tage später stieg ich in Fairbanks in einen Zug der Alaska Railroad um. Nach ein paar Stunden erreichte ich in strömendem Regen den Bahnhof am Rande des Denali National Park, jenes Naturreservats rund um den mit 6194 Metern höchsten Berg Nordamerikas, das ich schon vom Flugzeug aus gesehen hatte. Zwar bereiste ich seit drei Wochen ziemlich abgelegene Gegenden, aber allzu weit von Ansiedlungen hatte ich mich nie entfernt. Jetzt wollte ich mich vollständig auf die Wildnis einlassen.

Die Ranger des Denali National Park informierte ich, dass ich nach drei Tagen zurückkommen wollte. Sie händigten mir eine topografische Karte des Abschnitts aus, den ich gewählt hatte, und erklärten mir, wie ich mich gegen Angriffe von Grizzlybären wehren sollte: nicht davonlaufen, sondern direkt in die Augen schauen, sie mit Ästen und Steinen bewerfen und sich im Rückwärtsgang langsam davonbewegen.

Dann ging es los.

Abgesehen von einer Schotterstraße, die sich durch den Park schlängelt, gibt es in dieser Wildnis keine Wege. Um den unberührten Zustand zu erhalten, sollen die Besucher nicht den Spuren von Tieren oder anderen Trekkern folgen, sondern sich eigene Pfade suchen. Diese Bedingung gefiel mir gut, und ich hatte mich eigens noch einmal darin geübt, meinen Kompass zu lesen.

Ein kleiner Bus setzte mich an meinem Ausgangspunkt ab. Ich stapfte direkt in einen Wald aus niedrigen Bäumen hinein, vor allem Fichten, aber immer wieder sah ich auch Birken mit schmalen Stämmen. Das dichte, stachelige Gestrüpp, das den Boden bedeckte, machte jeden einzelnen Schritt beschwerlich. Wenigstens war mein Rucksack diesmal ziemlich leicht, weil ich alles überflüssige Gepäck in einem Schließfach im Besucherzentrum des Parks verstaut hatte. Es regnete zwar nicht mehr, aber noch immer hingen die Wolken tief über den Baumwipfeln.

Der Wald lichtete sich mit einem Mal. Ich erschrak, als ich direkt vor mir auf einem Ast eine Sperbereule entdeckte, die mich herausfordernd anstarrte. Ich blieb stehen, setzte den Rucksack ab und holte meine Kamera hervor, um das furchtlose Tier zu fotografieren. Als ich mein Bündel wieder schnüren wollte, fuhr ich noch einmal zusammen: In den Bäumen um mich herum saßen vier weitere Eulen und musterten mich ausdruckslos. Vermutlich hatte ich ihre Beute vertrieben, und sie hielten gerade lautlos darüber Gericht, ob sie sich ersatzweise mit mir beschäftigen sollten.

Mir ist nicht ganz klar, warum Eulen so einen guten Ruf haben. Sie sind, genauer betrachtet, ziemlich hässliche und brutale Jäger, die sich auf Lemminge oder Mäuse herabstürzen, sogar große Vögel im Sturzflug ergreifen und genüsslich zerhacken. Besonders gern jagen sie anderen Tieren deren frisch erlegte Beute ab – was hat das mit Weisheit zu tun? Wenigstens ließen mich die Sperbereulen in Frieden weiterziehen.

Ich watete durch den Savage River, der zu dieser Jahreszeit nicht sonderlich wild war, und baute am anderen Ufer mein Zelt auf. Es war früher Abend. Ich aß ein paar Scheiben Toast, mit Scheibenkäse und der Bologna von Oscar Meyer, einer abgepackten, typisch amerikanischen Brühwurst, die nach nichts schmeckt, aber auch im kleinsten Supermarkt zu kaufen ist. Zum ersten Mal seit drei Wochen hielt ich mich wieder in einer Gegend auf, in der es nachts halbwegs dunkel wurde, und schlief dementsprechend schnell ein.

Als ich mir am Morgen eine Tasse Tee kochen wollte, fand ich die Benzinflasche meines Campingkochers nicht. Am Abend zuvor hatte ich sie unter meinem Vorzelt verstaut, das wusste ich noch. Eine Weile suchte ich, dann fiel mir ein, dass ich nachts das Zelt verlassen hatte, um am Flussufer auszutreten. Dort hatte ich zerfetzte Plastiktüten entdeckt, die vorher nicht dort gewesen waren. Das hatte mich stutzig gemacht, aber ich war zu schlaftrunken, um mir weitere Gedanken zu machen.

In diesem Moment fügten sich die Bilder zusammen. Es handelte sich um Fetzen jener Tüten, in die ich abends meinen kleinen Benzinbehälter aus Stahl eingewickelt hatte. Hundert Meter weiter fand ich ihn im Gebüsch. Der Verschluss war angeknabbert, und das Gras roch nach Benzin, das durch kleine Löcher ausgelaufen war. Der Behälter war bis auf ein paar Tropfen leer. Während ich schlief, musste irgendein wildes Tier ihn unter meinem Zelt hervorgezogen und aufgebissen haben.

Rund um meinen Schlafplatz fand ich Bärenspuren und die haarigen Verdauungsreste eines Wolfs. Nur die Zähne dieser beiden Tiere hätten die Kraft, ein Stahlbehältnis durchzubeißen, sagten mir später die Park Ranger. »Du hättest die Flasche in den bärensicheren Container stecken sollen«, schimpften sie, »Benzingeruch zieht die Tiere an.« Meine Essensvorräte hatte ich vorschriftsgemäß in einem schwarzen, gummiverkleideten Metallbehälter hundert Meter vom Zelt entfernt aufbewahrt, den mir die Ranger ausgehändigt hatten. Dass Bären sogar Benzin erschnüffeln und zu trinken versuchen, daran hatte ich nicht gedacht.

Ich überlegte an jenem Morgen, ob ich mir einen anderen Zeltplatz suchen sollte, aber die Plane war vom Regen durchnässt, der eingesetzt hatte, und es sah nicht aus, als würde es bald aufklaren. Dadurch ging ich ein unzulässiges Risiko ein, denn hungrige Wildtiere kehren gerne an den Ort zurück, an dem sie Nahrung gefunden haben.

Einen Tag nach dem nächtlichen Angriff öffnete sich der Himmel, und die Sonne trocknete den feuchten Boden. Endlich konnte ich wandern. Erst überquerte ich einen weiteren Fluss, danach folgte ich einem Gebirgsbach in ein schmales Tal hinein. Auf einmal raschelte es: Vor mir aus dem Gebüsch erhob sich ein Elch, der mich mit seinem Geweih deutlich überragte. Er schaute kurz in meine Richtung und trabte schließlich friedlich davon.

Zwei Stunden später stand ich, geführt von meinem Kompass und der topografischen Karte, auf meinem ersten Gipfel in Alaska. Er war namenlos wie die meisten Berge hier. Auf einem Stein sitzend, schrieb ich einen Eintrag in mein kleines, schwarzes Notizbuch: »Ich befinde mich an einem der schönsten Orte meines Lebens – rundum nur schneebedeckte Gipfel, dunkelgrüne Täler und regenschwere Wolken. Und ich bin allein.«

Hier oben gab es keine Bäume, die mir die Sicht verstellten, und nirgendwo war eine Spur menschlichen Lebens zu erkennen. Ein Adler kreiste zwischen den Felsen. Auf kleinen Grasflecken wuchs gelbe Arnika, und ein Erdhörnchen machte pfeifende Geräusche. Allein war ich schon, aber nicht einsam. Jeder Mensch, der sich zu wichtig nimmt, sollte einmal im Leben hier hoch, dachte ich. Wie ist es dazu gekommen, fragte ich mich, dass viele Menschen in ihrem hektischen Leben die Natur bestenfalls bei Wochenendspaziergängen wahrnehmen?

Walden von Henry David Thoreau steckte in meinem Rucksack, der amerikanische Klassiker zum Leben in der Natur. Je mehr ich darin las, desto begeisterter war ich, dass ich mich mit meiner Reise auf mein eigenes Experiment in Freiheit eingelassen hatte. Ein paar Wochen vor meinem Abflug aus Boston hatte ich Walden Pond besucht, jenen kleinen See am Rande von Concord, Massachusetts, an dem Thoreau im neunzehnten Jahrhundert seine Einsiedlerhütte errichtet hatte.

Die Denali-Ranger hatten mir abgeraten, ohne Begleitung durch die Wildnis zu wandern, aber ich dachte wie Thoreau: »Der Mann, der alleine geht, kann heute damit anfangen, aber jener, der mit einem anderen reist, muss warten, bis dieser fertig ist.« Der Dichter und Philosoph aus Concord ruhte so tief in sich selbst, dass er gar nicht weit weg musste, um die Essenz seines Lebens zu erkennen. Ich dagegen suchte meinen Frieden in der Ferne: »Du musst in der Gegenwart leben, dich in jede Welle stürzen, und deine Ewigkeit in jedem Augenblick finden«, schreibt Thoreau. Ziemlich pathetisch, aber genau darum ging es mir.

Irgendwo hinter den Wolken befand sich Denali, nicht zu sehen, aber zu spüren. In den Landkarten ist er als Mount McKinley eingetragen, nur nennt ihn in Alaska niemand so. »Denali« ist ein Ausdruck der Ureinwohner und bedeutet »der Große«. Diesen Namen hatte der Berg schon Hunderte von Jahren, längst bevor die ersten Weißen die Gegend erreichten. Immer wieder versuchen Bürger, in Washington eine Umbenennung durchzusetzen, bisher ohne Erfolg.

Als beim Abstieg meine Beine ihren Dienst versagten, setzte ich mich erschöpft ins feuchte Gestrüpp und stopfte wilde Blaubeeren in mich hinein. Der feuchte Sommer hatte besonders große Beeren hervorgebracht, die wichtigste Nahrungsquelle für Bären und Wanderer, denen die Müsliriegel ausgegangen sind. In einem Bach füllte ich meine Trinkflasche mit frischem Wasser und setzte zwei Jodtabletten hinzu, um Bakterien abzutöten. Zumindest diesen Warnhinweis der Park Ranger befolgte ich.

Als ich am nächsten Morgen frierend aus meinem Zelt stieg, waren meine Wanderschuhe hart gefroren. Es waren die ersten Augusttage, in Alaska hatte der Herbst begonnen. Ich musste weiter, nach Süden, packte meine Sachen, ging zurück zur Schotterstraße und wartete auf den kleinen Bus, der mich auch wieder abholen sollte. Auf der Fahrt zum Ausgang des Parks querte eine Bärenmutter mit ihren zwei Jungen unseren Weg.

Noch immer entlang der Pipeline fuhr ich erst mit dem Bus nach Anchorage, anschließend mit dem Zug und einer Fähre nach Valdez, jenem Hafen, in dem das Öl in die Tanker fließt. Bevor ich die Fähre bestieg, hatte ich von einer Telefonzelle aus bei Laura angerufen, deren kleine Pension mir einer der Busfahrer empfohlen hatte. Ausnahmsweise wich ich wegen der bisherigen Schwierigkeiten bei der Suche nach Unterkünften von der Regel ab, nichts zu reservieren. Eine gute Entscheidung, denn als wir in Valdez anlegten, wartete Laura schon an der Mole auf mich und begrüßte mich herzlich.

Valdez ist eine kleine Stadt in einer großartigen Lage. Die Bucht, an die sich die wenigen Häuser und die vielen Öltanks schmiegen, ist umzingelt von den Chugach Mountains, die fast senkrecht aus dem Meer auf mehr als viertausend Meter aufragen, zerfurcht von riesigen Gletscherzungen, die sich tiefe Täler bis hinab an die Küste gefräst haben.

In den Tagen meines Aufenthalts ging in Valdez das Gerücht um, dass die Pipeline mal wieder leckt und der Umschlaghafen möglicherweise geschlossen werden muss. Für die Stadt wäre das höchst unangenehm gewesen, denn die Menschen leben hier vom Öl und nur zu einem geringeren Teil von der Fischerei und den Touristen, Anglern zumeist, die den ganzen Sommer in ihren Wohnmobilen verbringen und nach frischem Lachs jagen.

Aufregung herrschte dennoch nicht. »Wir sind hier so einiges gewöhnt, was Katastrophen betrifft«, seufzte Laura, eine fröhliche, ältere Dame, während sie mich durch ihr Haus führte. In der Garage zeigte sie mir ihren blank polierten, lilafarbenen Mustang. Danach machte sie mir einen Tee.

»Besonders gefährlich ist bei uns der Karfreitag«, sagte sie. »Da kam in den Sechzigern der Tsunami, und dann das Tankerunglück.«

»Welcher Tsunami?« Den Begriff kannte ich bisher nur aus Südostasien.

»Damals lebte ich noch nicht hier, aber viele Leute in Valdez erinnern sich gut daran. Ein Seebeben unter dem Golf von Alaska hat eine Riesenwelle ausgelöst. Das Wasser plättete den Hafen und zerstörte viele Häuser. Ein Fischkutter ist auf dem Pausenhof der Highschool gelandet.«

»Sind viele Menschen dabei umgekommen?«

»Ja, wie viele genau, weiß ich nicht, aber mehrere Kinder waren darunter, die an der Mole auf ein Schiff gewartet hatten und von der Riesenwelle fortgerissen wurden. Damals haben die Leute aus Furcht vor neuen Beben den ganzen Ort ein paar Kilometer in die Bucht hineinverlegt.«

Diese Geschichte kannte ich noch nicht, aber an die Fernsehbilder der nächsten großen Katastrophe erinnerte ich mich gut: Ich war elf Jahre alt, als sich am Abend des Gründonnerstags 1989 die »Exxon Valdez« behäbig wie ein altersschwacher Walfisch auf das Meer hinauswälzte. Nachdem der vollgesaugte Öltanker Fahrt aufgenommen hatte, ging der Kapitän von der Brücke und überließ das Steuer einem unerfahrenen dritten Offizier. Gegen Mitternacht ächzte das Metall unter Deck, und ein knirschendes Geräusch betäubte die Ohren der

Matrosen. Das Schiff war auf ein Riff gelaufen, das seit Jahrzehnten auf jeder Seekarte verzeichnet ist; ein Anfängerfehler, der eine Umweltkatastrophe unvorstellbaren Ausmaßes auslöste. Hunderttausende Vögel und Fische starben. Später gab der Kapitän zu, im Hafen kurz vor der Abfahrt ein paar Wodka getrunken zu haben. Noch heute lässt sich Schwermetall bei Lachsen nachweisen. Und auch wenn an der Oberfläche keine Ölspuren mehr zu sehen sind, trifft, wer in der Gegend die Erde aufgräbt, an vielen Stellen auf Öl, das zu Teer verhärtet ist.

Einige Wochen nach dem Ereignis stellten die Menschen in Valdez fest, dass die schwarze Flut zwar schreckliche Folgen für die Natur hatte, aber nicht ganz ungelegen kam. Der Ölpreis lag damals tief, Valdez befand sich in einer Krise, und ganz Alaska auch.

»Nach dem Leck hatte auf einmal jeder einen Job«, erinnerte sich Steve, der zu den ersten Männern gehörte, die der Ölkonzern Exxon zum Aufräumen aufs Meer schickte. An dem sonnigen Tag nach meiner Ankunft saßen wir hintereinander in einem roten Seekajak, das wir, ohne uns zuvor zu kennen, samt Führer gemietet hatten. Er war noch nie Kajak gefahren. Wackelig kurvten wir um Eisberge, die im Sommer von den Gletschern abbrechen und ins Meer hinaustreiben. In der Mittagssonne schmolz das Eis. Aus unterschiedlichen Höhen fielen Tropfen ins Wasser und erzeugten den Klang eines metallenen Glockenspiels.

Plötzlich erfüllte ein dumpfes Brausen die Luft. Das Wasser an der Meeresoberfläche kräuselte sich. Krachend stürzte nur ein paar Meter von uns entfernt ein Eisberg um, der das Gleichgewicht verloren hatte. Unter großem Kraftaufwand schafften wir es, das Kajak aufrecht zu halten.

»Holy smoke«, rief unser Führer, ein College-Student aus Seattle. »Das habe ich so noch nie erlebt.« Ich auch nicht, aber der Eisberg hatte uns glücklicherweise knapp verfehlt.

Wir kehrten um, erreichten bald friedlichere Gewässer, an denen sich Wälder entlangzogen. Zwei Seeotter reckten ihre Köpfe aus dem Wasser und schauten uns aus ihren schwarzen Knopfaugen freundlich an. Auf dem Rücken liegend, verspeisten sie kleine Krebse, die sie vom Meeresboden heraufgetaucht hatten. Ihre Bäuche dienten als Tische, und mit ihren stumpfen Fingern knackten sie die Schalen.

Das erinnerte uns an den eigenen Proviant, und wir legten an einer kleinen, versandeten Insel an. Als wir uns gerade setzen wollten, versuchte ein hässlicher Baumstachler, uns den Platz streitig zu machen. Das Tier sah aus wie eine überdimensionale, mit stachliger Schale vom Baum gefallene Kastanie und hatte den dümmlichen Gesichtsausdruck eines Bibers. In Alaska kommen sie recht häufig vor und firmieren dort unter ihrem englischen Namen *Porcupine.* Wir verscheuchten das seltsame Tier.

Nach einem entspannten Lunch paddelten wir zurück. In Lauras Pension packte ich meine Sachen; am nächsten Morgen wollte ich aufbrechen in Richtung Kanada.

4

Warum sich Japaner unter dem Nordlicht paaren

An gewisse Probleme bei der Fortbewegung hatte ich mich inzwischen gewöhnt, aber was in Valdez geschehen sollte, übertraf meine schlimmsten Befürchtungen. Der Ort liegt am Ende einer langen Passstraße, auf der keine Busse verkehren, die Fähre in Richtung Süden legt nur alle zwei Wochen ab. Ich stellte mich also mit ausgestrecktem Daumen an den Richardson Highway. Über mir thronten der dunkelblaue Himmel, waldgrüne Berghänge und eine Werbetafel für das Totem Inn Restaurant, die billige Zimmer anpries.

Nichts geschah. Ein Wohnmobil nach dem anderen fuhr an mir vorbei, ohne zu bremsen. Manche schienen sogar eigens zu beschleunigen, als sie mich sahen. Ich genoss den Blick auf die Bucht und blieb gelassen.

Nach rund zwei Stunden, die ich in meditativer Stimmung verbracht hatte, drosselte ein silberner Pick-up sein Tempo und blieb stehen. Auf der Beifahrerseite saß ein kleiner, frech aussehender Junge, der einen Comic las. Seine Mutter beugte sich zu mir hinüber und bot mir an, mich nach Brown's Creek mitzunehmen: »Das ist eine Siedlung zehn Kilometer nördlich, da wohnen wir. Nicht wirklich weit, aber vielleicht hilft es dir.«

Ich empfand es als großen Erfolg, überhaupt in Bewegung zu geraten.

»Ja, danke, ich fahre gern mit!« Ein Fehler.

Als ich in Brown's Creek wieder an der Landstraße stand, lief die Sache nicht besser als in Valdez. Die meisten Autos, die an mir vorbeibrausten, hatten schon ordentlich Fahrt aufgenommen und übersahen vielleicht sogar diesen jungen Tramper, der mit seinem Rucksack nach Glenallen wollte, wo sich der Richardson Highway mit dem nach Kanada führenden Alaskan Highway kreuzt, dem nördlichsten Abschnitt der Panamericana. An meinem Aussehen konnte es nicht liegen; ich hatte mich bei Laura frisch rasiert und ordentlich gekämmt.

Als der Verkehr am späteren Nachmittag recht dünn wurde, setzte ich mich auf meinen Rucksack und las Kurzgeschichten von Jack London.

Sobald ich Motorengeräusche hörte, sprang ich auf. Wieder nichts. Und wieder nichts. Dieses Schema wiederholte sich in den nächsten Stunden. Was sollte ich machen? Zurück nach Valdez wandern? Das wäre ziemlich frustrierend gewesen.

Abends baute ich notgedrungen auf einer Wiese am Rande des Highway mein Zelt auf und versuchte, eine Suppe zu kochen. Leider funktionierte mein Campingkocher nicht mit der neuen Benzinflasche, die ich in Valdez gekauft hatte. Ich verursachte einen kleinen Wiesenbrand, den ich mit meinen schweren Wanderstiefeln gerade noch austrat, bevor er auf eine nahe gelegene Kuhweide übergreifen konnte. Ein Großfeuer, ausgelöst von einem gedankenlosen Rucksackreisenden, das fehlte Valdez gerade noch.

Ich schlief ein paar Stunden, nur um frühmorgens erneut mit ausgestrecktem Daumen am Straßenrand zu warten. Diesmal regnete es, und kalt peitschte der Wind. Um mich abzulenken, hörte ich Musik aus meinem iPod. Auf dem Seitenstreifen tanzte ich zu Janis Joplins »Take Another Little Piece Of My Heart«. Bei Johnny Cashs »Daddy Sang Bass« sang ich lautstark mit, um mich aufzuwärmen. So langsam fürchtete ich, dass ich schon nach vier Wochen allein auf Tour zu einem Sonderling werden könnte.

Im Lauf des Vormittags resignierte ich und machte mich tatsächlich auf, um zu Fuß zurück nach Valdez zu gehen, auch wenn ich nicht wusste, was ich dort anfangen sollte. Eine halbe Stunde später erreichte ich eine Abzweigung, von der aus sich eine schmale Schotterstraße die Böschung hinaufzog. Ein Schild wies den Weg zum »Lake House«, vielleicht ein Restaurant oder ein Hotel. Ich folgte ihm, in der Hoffnung, dass es dort vielleicht jemanden geben würde, der mich mitnehmen könnte.

Tatsächlich packte ein junges Paar vor dem kleinen, gepflegten Haus gerade einen grünen Jeep voll.

»Ja, wir sind auf dem Weg nach Norden, aber wir haben keinen Platz, da müssen noch Fahrräder rein«, sagte die Frau, nachdem ich ihr mein Problem erklärt hatte.

»Trotzdem danke, und gute Reise«, antwortete ich. Ansonsten war der Parkplatz leer.

Das Lake House war ein Anglerhotel mit Blick auf einen ruhigen dunkelgrünen und fischreichen See. Weil ich durchnässt und verfroren war, mietete ich mir kurzerhand ein kleines, schönes Zimmer – ohne zu wissen, wie ich jemals von diesem Ort wegkommen würde. An meinem Fenster hingen Rüschenvorhänge, es roch nach frischer Bettwäsche und Lavendel. In der holzgetäfelten Bibliothek spielte ich abends auf dem Klavier, auf den See hinausblickend, die amerikanische Nationalhymne.

»Und, was machst du jetzt?«, fragte mich Elizabeth am nächsten Morgen. Freundlich lächelnd servierte sie mir eingeschweißten Zwieback und Blaubeermarmelade zum Frühstück. Sie war eine College-Studentin und half während der Ferien in der Pension aus.

»Weißt du, wie du weiterkommst? Ich fahre nachher in den Ort und nehme dich gern mit, wenn du willst. Vielleicht kannst du dort etwas organisieren.«

»Danke.«

Was hatte ich für eine Wahl? In Valdez gab es zumindest mehr Menschen als hier draußen, Telefonzellen und Internet. Irgendein Ausweg aus meiner Lage würde sich schon finden.

Eine Stunde später war ich also wieder dort, wo ich vor zwei Tagen gestanden hatte. Ich versuchte, nicht zu verzweifeln, und sprach an einer Tankstelle einzelne Leute an, die sich auf eine längere Fahrt vorzubereiten schienen. Vergeblich. Hinter der Tankstelle lag ein größerer Campingplatz, und ich betrat hoffnungsvoll das Büro, um zu fragen, ob vielleicht dort jemand eine Mitfahrgelegenheit anbietet. Als Bill, der Betreiber der Anlage, meine Geschichte hörte, fragte er mich, ob es mir etwas ausmachen würde, am nächsten Morgen um vier Uhr aufzustehen. »Ich muss mit einem Freund nach Anchorage, um Baumaterial zu kaufen. Du kannst mitkommen und in Glenallen rausspringen.« Nein, das machte mir gar nichts aus.

Ich baute also mein noch feuchtes Zelt wieder auf und nutzte den Abend, um in der Münzwaschanlage des Campingplatzes jedes einzelne Kleidungsstück aus meinem Rucksack zu waschen. Vom Münztelefon aus gelang es mir, bei Alaska Direct, einem Pendelbusservice auf dem Alaska Highway, einen Platz für die Fahrt nach Kanada am nächsten Tag zu reservieren. Nach dieser Erfahrung wollte ich erst einmal nicht weiter versuchen, als Tramper voranzukommen, auch deshalb, weil ich in ein paar Tagen in Seattle mit Michaela, einer Freundin aus Berlin, verabredet war. Sie hatte zwischen zwei Jobs ein paar Wochen frei und wollte mich eine Weile begleiten.

Es war noch dunkel, als ich schläfrig meinen Rucksack auf die Ladefläche von Bills Truck warf. Langsam wurde es hell.

Wir fuhren aus dem Ort hinaus in die dichten Schwaden des Morgennebels, der sich auf die Chugach Mountains gelegt hatte. Ich atmete tief durch, endlich war ich in Bewegung und ließ Valdez hinter mir.

»Das ist eine ziemlich spannende Reise, die du da machst«, sagte Bill. »Vergiss uns nicht auf Deinem Weg, denn ohne uns wärst du überhaupt nicht weitergekommen!« Das stimmte.

Glenallen war nicht viel mehr als eine Straßenkreuzung mit Tankstelle, Souvenirläden und Restaurants. Ich hatte noch zwei Stunden Zeit bis zur Abfahrt des Busses, der mich nach Tok bringen würde, zu meinem nächsten Zwischenstopp. Ich setzte mich ins Caribou Café, um ein amerikanisches Frühstück mit Rührei, Speck und dem ortsüblichen dünnen Kaffee zu mir zu nehmen, den der Kellner nach Landessitte kostenfrei nachschenkte.

»Der Richardson Highway zwischen Glenallen und Alaska ist eine der spektakulärsten Strecken in Alaska, mit atemberaubenden Blicken auf Felsgipfel, Gletscher und ausgedehnte Fichtenwälder«, las ich in meinem Reiseführer. Wegen des Nebels hatte ich davon nichts mitbekommen. Über meinem Tisch hing das Geweih eines Karibus.

Die Strecke nach Tok war kurz. Dort wartete ich wieder, diesmal an einer Tankstelle. Irgendwann, mit fast zwei Stunden Verspätung, fuhr der weinrote Ford-Kleinbus vor, an dessen Heck ein Alaska-Direct-

Schriftzug geklebt war. Das Gefährt hatte sehr dicke Reifen und eine mächtige Stoßstange, ganz so, als müsse es regelmäßig Tiere und andere Hindernisse auf dem Highway beiseiteschieben.

»Hi, ich bin Dave«, sagte der Fahrer und schüttelte mir die Hand. Er trug einen Vollbart, hatte eine tiefe Stimme und blickte mich aus seinen dunkelblauen Augen an, als könne ihn nichts aus der Ruhe bringen. Mit seiner rechten Hand strich er sich über den Bauch. An die Brusttasche seines schwarz-rot gemusterten Holzfällerhemds war eine Anstecknadel mit der kanadischen Flagge geheftet.

»Dann mal los, wir sind schon spät dran.«

Dave wies mir einen Platz auf der Bank vor einem älteren Paar zu. Danach startete er den Motor, der behäbig zu brummeln begann. Das Paar und ich waren die einzigen Passagiere. Vor uns erstreckte sich der Alaska Highway, der in Nordamerika einen geradezu mythischen Ruf besitzt: eine mehrere Tausend Meilen lange Schotterstraße, die durch menschenleere Gegenden führt und die die einzige Möglichkeit ist, auf dem Landweg von Alaska über Kanada in die Vereinigten Staaten zu gelangen.

Vor mir lagen zwölf Stunden auf dieser staubigen, holprigen Strecke, errichtet vom amerikanischen Militär als Nachschubroute für jene Einheiten, die von Alaska aus versuchten, die Sowjets zu bedrohen und abzuhorchen. Hier oben war der Kalte Krieg besonders kalt.

Dave war für nördliche Verhältnisse sehr gesprächig und dankbar für einen Zuhörer. »Eigentlich komme ich aus Whitehorse im Yukon, aber habe auch viel Zeit in Alaska verbracht«, erzählte er, ohne seinen leicht melancholischen Gesichtsausdruck zu verändern. Obwohl die Sonne unseren weinroten Bus kräftig aufheizte, behielt er seine Baskenmütze aus grauem Tweed auf. Vermutlich war sein Schädel oberhalb des säuberlich geschnittenen dünnen Haars, das aus der Mütze hervorlugte, kahl. Auch Menschen in einsamen nördlichen Provinzen haben ein Grundrecht auf Eitelkeit.

»Was hast du in Alaska gemacht?«, fragte ich ihn.

»Das ist eine lange Geschichte. Du würdest sie sowieso nicht glauben.«

»Was denkst du denn? Erzähl!«

»Als ich noch jung war, hatte ich mit einem Freund die Idee, ein Boot aus Sperrholz zu bauen und den ganzen Yukon River flussabwärts zu paddeln, quer durch Alaska, bis zur Mündung in die Beringsee. Kurz vor unserem Ziel froren wir im Eis ein und mussten das Boot aufgeben«, erinnerte er sich. »Am Ufer entdeckten wir einen kleinen Ort namens Pilot Station, in dem fast nur Inupiat wohnten. Meinem Freund gefiel es dort nicht, und er flog mit dem nächsten Versorgungsflugzeug nach Anchorage. Ich dagegen blieb dort und wollte auf den Winter warten, um mit Schlittenhunden die Tundra zu überqueren. Im Herbst kommst du da nicht durch, weil du bei jedem Schritt einsinkst. Ziemlich schnell fühlte ich mich in dem Dorf heimisch.«

Zunächst hatten nur Dave und ich miteinander gesprochen, jetzt aber folgte auch das ältere Paar auf der Rückbank der Erzählung unseres Fahrers: »Ich habe dort eine Eskimofrau kennengelernt, in die ich mich verliebte – und sie sich in mich. Wir haben geheiratet und zwei Söhne bekommen. Damals versuchte ich mir, soweit es ging, die Kultur der Inupiat anzueignen. Ich half den Menschen im Dorf, stabilere Häuser zu bauen, und unterrichtete an der kleinen Schule Englisch. Nach ein paar Jahren ernannte mich der Dorfrat von Pilot Station sogar zum Bürgermeister.«

Plötzlich unterbrach Dave seine Lebensgeschichte und bremste scharf. Höchstens hundert Meter vor uns war ein Grizzlybär auf den Highway gelaufen und stand ungerührt auf der Fahrbahn. Forsch blickte er in unsere Richtung. Sein Fell glänzte golden in der Mittagssonne und sein Körper schien zu pulsieren, als habe er gerade einen Dauerlauf hinter sich. Wir starrten das riesige Tier durch die Windschutzscheibe an.

»Keine Sorge, Bären sind ganz normal in dieser Gegend, ich sehe bei fast jeder Fahrt einen Grizzly«, beruhigte uns Dave. »Aber der ist schon ziemlich groß, ein richtiges Prachtexemplar. Ich werde langsam auf ihn zufahren, dann bekommt er Angst und läuft davon.« Genauso geschah es, und Sekunden später war von dem Tier nichts mehr zu sehen. Ich rieb mir die Augen.

»Warum bist du aus Pilot Station weggegangen?«, fragte ich Dave, als ich mich wieder gefasst hatte.

»Irgendwann hat alles nicht mehr gepasst. Wahrscheinlich war mir das Leben dort doch zu schwierig, so weit weg von jeglicher Zivilisation. Jedenfalls bin ich nach Whitehorse zurückgekehrt, wo ich seither lebe. Jetzt mache ich alle möglichen Sachen, vor allem Bus fahren«, sagte er und lachte mit seiner rauchigen Stimme. »Dreimal die Woche fahre ich hinauf nach Alaska und am nächsten Tag zurück. Einen Tag habe ich frei. Rund 1000 Kilometer ist die einfache Strecke lang.«

Ich begann zu rechnen. Hin und zurück waren das also 2000 Kilometer und insgesamt 6000 Kilometer pro Woche.

»Unfallfrei«, betonte Dave. »Schau mal auf den Tacho!«

Ich las die Zahl 416 000.

»Das sind aber nicht auch noch Meilen, oder?«

»Nein, das Auto ist in Kanada zugelassen. Wir rechnen in Kilometern.«

Trotzdem war das ein später Triumph für Henry Ford. Dave setzte wieder seine nachdenkliche Miene auf.

»Wisst ihr, das Leben ist wie eine Lotterie, man muss nehmen, was kommt, wenn überhaupt was kommt. Mein Sohn wohnt mit einer Eskimofrau auf Nelson Island, es ist so, als ob er mein früheres Leben fortsetzt.«

Die Gegend um uns herum war wild und weit und wundervoll. Berge ohne Namen, Wolken ohne Form, Seen ohne Ufer. Dann kam Kanada. Wenn ich in ein Land einreise, in dem ich noch nie war, fühle ich ein leichtes Prickeln im Bauch, genauso wie früher als kleiner Junge am Morgen meines Geburtstags, bevor ich das Wohnzimmer betreten durfte, in dem die Geschenke lagen.

Die Formalitäten waren schnell erledigt: Wir mussten aus dem Bus aussteigen, ein Einwanderungsformular ausfüllen und auf der anderen Seite des Gebäudes wieder einsteigen, nachdem ein Grenzbeamter lustlos unser Gepäck durchsucht hatte. Ein Schild wies darauf hin, dass die Uhren eine Stunde vorzustellen seien und die Geschwindigkeitsbegrenzung ab sofort in Kilometern angegeben sei.

Wir fuhren weiter, es war das zweite Land meiner Reise. Rund ein Dutzend, schätzte ich, würde noch folgen: Mexiko, anschließend die vielen kleinen Länder in Mittelamerika, die Andenstaaten, schließlich Chile und Argentinien. Als ich sah, wie sich der Highway endlos über die spärlich bewachsene Ebene schlängelte, bekam ich ein Gefühl dafür, wie lang dieser Weg sein würde.

Einen Ort gibt es entlang dieser Teilstrecke des Alaska Highways nicht, nur Truckstops. Dave erledigte hier einen Nebenjob: Regelmäßig hielten wir, damit bei ihm bestellte Tageszeitungen, Kaffeebohnen oder DVDs abgegeben werden konnten. Jeder freute sich, wenn der Bus vorfuhr. Dave sprach mit allen Leuten, als seien sie seine besten Freunde, und die Hunde sprangen ihn fröhlich bellend an.

»Ihr seht, das ist mein Highway«, scherzte er. Als Passagiere spielten wir eine unbedeutende Nebenrolle in diesem alltäglichen Roadmovie. Bei Kilometer 1164 setzte ein älteres Ehepaar, das in einer Holzhütte am Straßenrand wohnte und in einem kleinen Laden Schnitzereien verkaufte, Dave einen Teller Borschtsch vor. Abgesehen davon nahm er während der zehnstündigen Fahrt nichts zu sich.

»Sonst würde ich am Steuer einschlafen«, erklärte er.

Sehr beruhigend, dachte ich. Die ältere Dame im Fond blickte ihn sorgenvoll an.

Inzwischen hatte ich mich auch mit meinen Mitfahrern bekannt gemacht. Sie stammten aus Alabama und waren auf einem Kreuzfahrtschiff von San Francisco nach Alaska gefahren. Dort entschieden sie sich, auf einem anderen Weg in die Heimat zurückzukehren. »Sonst hätten wir nur Wasser gesehen und nichts von dieser großartigen Landschaft«, sagte der Mann.

Als ich erzählte, dass ich angefangen hatte, für eine Zeitung über meine Reise zu schreiben, lachte er auf: »Da musst du unbedingt ein Buch draus machen! Meine Frau ist auch Schriftstellerin, sie hat sich auf Kinderbücher spezialisiert.«

»Ja«, ergänzte sie , »ich veröffentliche schon seit vielen Jahren Bilderbücher. Ich heiße Fay Gibbons.«

Fay empfahl mir, mich mit dem Schreibstil von Stephen King zu beschäftigen. »Das ist das Beste, was es heutzutage gibt.« Ich konnte mich allerdings nicht dazu durchringen, im nächsten Buchladen *Shining* oder *Misery* zu kaufen. Beide Bücher hatte ich als Teenager gelesen und nicht sonderlich gut in Erinnerung.

Während wir uns weiter unterhielten, bremste Dave, um eine dunkelhaarige, kleine Frau in einem weiten braunen Umhang aussteigen zu lassen, die wir kurz vor der kanadischen Grenze mit ihrem kleinen Sohn mitgenommen hatten. An der Zollstation hatte sie im Bus sitzen bleiben dürfen und auch keinen Ausweis vorzeigen müssen. In unverständlichen Wortfetzen verabschiedete sich Dave.

»Sie ist aus dem Stamm der Northern Tutchone, der in dieser Gegend ein größeres Reservat hat«, klärte er uns auf, während wir in einer lang gezogenen Linkskurve um einen riesigen See fuhren, auf dessen Oberfläche die untergehende Sonne ihre warmen Farben tanzen ließ. »Weil sie schon hier waren, bevor es unsere Länder und Grenzen gab, dürfen die Indios ohne Kontrolle ein- und ausreisen.«

Die Gespräche versiegten, Müdigkeit übermannte die kleine Reisegesellschaft. Dave versuchte, sich mit Musik aus zwei scheppernden Lautsprechern wach zu halten. Erst hörten wir eine Kassette der mir bisher unbekannten amerikanischen Rockband Georgia Satellites, deren Musik wie eine Mischung aus AC/DC und texanischen Countrysongs klang. Als Nächstes schob er ein Best-of-Album von Johnny Cash ein, und kurz bevor die Dunkelheit hereinbrach, liefen Vivaldis *Vier Jahreszeiten*. Ich schlief ein.

Als ich aufwachte, standen wir an einer roten Ampel. Rechts und links der Straße reihten sich Tankstellen an Supermärkte und Imbissstuben. Wir hatten Whitehorse erreicht, die Hauptstadt des Yukon-Territoriums, über das ich nicht viel wusste, weil ich keinen Reiseführer für Kanada dabeihatte. »Whitehorse ist die größte Stadt, dreißigtausend Leute vielleicht, und trotzdem kennt hier jeder jeden«, sagte Dave.

Wir hielten vor einem Hotel, das seinem Erscheinungsbild nach weit über meinem Budget lag, und ich verabschiedete mich freundlich von dem Ehepaar aus Alabama, das hier reserviert hatte.

»Na, die sind wir schon mal los«, meinte Dave scherzhaft. »Wo schläfst du eigentlich?«

»Weiß ich noch nicht.«

»Du kannst dich bei mir einquartieren, wenn du möchtest. Ich habe ein Gästezimmer.«

Wieder eine Einladung, die ich gern annahm. Daves kleiner Bungalow stand nur einen Block von der Hauptstraße entfernt. Wir parkten den Bus vor dem Haus, und er zeigte mir mein Zimmer – holzgetäfelt, mit einem schmalen Bett, darauf eine orangefarbene Decke mit einem Muster aus Sonnen und Monden. An der Wand hing ein Poster der White-Pass-Yukon-Railway-Linie, die früher Goldgräber ins Yukon-Gebiet brachte und heute als Touristenattraktion dient. »Mach's dir gemütlich«, forderte Dave mich auf. »Ich gehe unter die Dusche und danach sofort ins Bett.«

Nach meinem Nickerchen im Bus war ich unternehmenslustig und ging nach draußen. Im Caribou Pub an der Hauptstraße trank ich ein »Yukon Gold« und ein »Canadian«. Ein Bier schmeckte fader als das andere. Als ich am Rand der Tanzfläche an einer Säule lehnte, lächelte mir eine junge Frau mit kurzen, gestylten Haaren zu. Plötzlich ging das Licht an und die Musik aus: Sperrstunde.

Vor der Tür traf ich die Frau mit dem Kurzhaarschnitt wieder. Sie hieß Angelina und stammte aus einer der größten Familien der Southern Tutchone.

»Mein Großvater war der Führer unseres Stammes«, erzählte sie später, als wir mit ihren Freunden in einem auch nachts geöffneten Chinarestaurant saßen. Angelina sah aus wie eine Mischung aus Hale Berry und Björk. Sie redete sehr laut und hektisch, mit einer hohen Stimme.

»Wir kommen aus Haines Junction, das ist ein Reservat ganz in der Nähe. Eigentlich arbeite ich in Calgary und bin nur fürs Wochenende nach Hause geflogen. Vor ein paar Jahren war ich übrigens Miss Yukon«, fügte sie stolz hinzu.

»Was machst du in Calgary?«, fragte ich und trank von meinem grünen Tee. Alkohol durfte um diese Uhrzeit nicht mehr verkauft werden.

»Die kanadische Regierung hat sich verpflichtet, eine bestimmte Zahl von Leuten aus den ›First Nations‹, wie wir uns selbst nennen, zu beschäftigen, damit es so aussieht, als dürften wir mitreden«, antwortete Angelina. »Ich arbeite in einer Behörde für Energieversorgung. Viel habe ich da nicht zu tun, werde aber trotzdem gut bezahlt. Manchmal denke ich, diese Jobs sollen eine Wiedergutmachung dafür sein, dass die Weißen uns so viel Land weggenommen haben.«

Eine Freundin von Angelina kam ins Restaurant; die beiden begrüßten sich kreischend und unterhielten sich ein paar Minuten lang.

»Können wir vielleicht bei dir übernachten?«, fragte Angelina später, als nur noch wir beide und einer ihrer Cousins übrig waren. »Ich weiß nicht, wie wir um diese Uhrzeit noch nach Haines Junction kommen sollen.«

Ich zögerte kurz, weil ich bei Dave selbst nur zu Gast war, dachte dann aber an seine Vorliebe für die Tutchone und schob meine Bedenken beiseite. »Das wird schon gehen«, antwortete ich, und wir gingen ein paar Blocks, bis wir Daves Bungalow erreichten. Ich verteilte die doppelte Matratzenschicht auf dem Boden, und alle hatten Platz.

Nach einer kurzen Nacht huschten Angelina und ihr Cousin frühmorgens aus dem Haus. Dabei liefen sie Dave über den Weg, der im Pyjama über den Flur schlappte. Verlegen winkten sie ihm zu.

»Nicht übel«, zog er mich nachher auf. »Ich glaube, ich habe die Frau schon mal gesehen. Aber wohin habt ihr eigentlich den Jungen geschickt?«

Ich lachte und entschuldigte mich für den ungeladenen Besuch.

»Kein Problem, trinken wir erst mal einen Tee. Auf dem Tisch liegen ein paar Schokokekse. Bedien dich!« In der Küche sah es aus, als hätten am Vorabend ein Dutzend Leute eine wilde Party gefeiert, doch dies schien ein Normalzustand zu sein. Dave wohnte ohne Familie in seinem Bungalow und war ständig unterwegs. Da war das kein Wunder.

Auf einem Stuhl lag ein Stapel leicht vergilbter Astronomie-Magazine. »Das ist noch ein anderer Job von mir«, sagte er, als er bemerkte, dass ich eine der Zeitschriften durchblätterte. »Ich habe mich darauf spezialisiert, Nordlichter zu fotografieren. Früher wurden meine

Bilder sogar veröffentlicht. Schade, dass jetzt Sommer ist. Wenn du noch ein paar Wochen bleiben würdest, könntest du das Nordlicht sehen. Wirklich faszinierend.« Er schenkte mir heißes Wasser für den Tee ein.

Ich war noch etwas verträumt, hörte nur mit einem Ohr zu und fragte mich, ob ich mich in Angelina verliebt hatte. Allein unterwegs zu sein, das öffnet die Sinne und verwirrt die Gefühle, so viel war mir inzwischen klar.

»Eine Saison lang habe ich sogar von dem Geld gelebt, das mir ein Bildschirmschoner mit Polarlichtfotos gebracht hat. Zwei Souvenirshops haben ihn verkauft, vor allem an Japaner, die eigens wegen dieser Erscheinung in den Yukon fliegen und im Winter alle Hotels belegen.«

»Warum Japaner?«, fragte ich. »Wieso kommen die hierher?«

»Sie glauben, dass in Nächten, in denen das Nordlicht am Himmel schwebt, männliche Nachkommen gezeugt werden.« Dave stürzte seinen Tee in großen Schlucken hinunter, während ich mir vorstellte, wie eine japanische Reisegruppe unter Pelzdecken in einer Polarnacht Gruppensex veranstaltet.

Von Whitehorse aus wollte ich der historischen Route der Goldgräber in umgekehrter Richtung folgen: über den White Pass hinunter nach Skagway und dort auf eine Fähre, die sich drei Tage lang durch die kleinen Inseln und schroffen Felsen der berühmten Inside Passage schlängelt. Zufällig musste Dave am Pier in Skagway zwei Frauen abholen und nach Whitehorse bringen, bevor er am nächsten Tag wieder mit ihnen nach Alaska fahren würde.

»Komm einfach mit, du musst nichts dafür bezahlen. Da habe ich etwas Unterhaltung auf der Fahrt«, ermunterte er mich.

KANADA
VANCOUVER
SEATTLE
Portland
Florence
Trinidad
Yosemite National Park
VEREINIGTE STAATEN
Sacramento
Berkeley
Bridgeport
SAN FRANCISCO
Zion National Park
St. George
Las Vegas
Grand Canyon
Albuquerque
LOS ANGELES
San Diego
El Paso
Ciudad Juárez
MEXIKO
Chihuahua
Durango
Mazatlán
Isla de Mexcaltilan
GOLF VON MEXIKO
CD. DE MÉXICO
PAZIFISCHER
OZEAN
Oaxaca
Puerto Escondido
CD. DE GUATEMALA
Antigua
SAN SALVADOR
León
La Fortuna
Bocas del Toro
SAN JOSÉ
N
1000 km

5
Es brodelt unter dem Vulkan

In Skagway ging ich auf die Fähre durch die Inside Passage. Ich schlief auf dem Oberdeck in einem Liegestuhl, direkt unter einem Wärmstrahler, fest in meinen Schlafsack eingewickelt. Tagsüber schaute ich den Walen zu, wie sie aus dem Wasser sprangen, und den Seeadlern, die erhaben über den kleinen Inseln kreisten. Das Ziel der Überfahrt war Prince Rupert in British Columbia.

Der erste Teil meiner Reise, vier Wochen in der Wildnis Alaskas und Kanadas, lag hinter mir, und ich sortierte meine Erlebnisse. Die Konfrontation mit der ungezähmten Natur und die Begegnungen mit den verschrobenen, aber aufrichtigen und gastfreundlichen Menschen im Norden würden mich verändern, das ahnte ich. Ich fühlte mich unabhängiger als jemals zuvor, und wusste zugleich, dass ein freies Leben ganz ohne Freunde und Familie nicht glücklich macht.

Ich musste ein paar Stunden in dem kleinen, hübsch gelegenen, aber langweiligen Städtchen Prince Rupert warten, bis ich am frühen Abend einen kanadischen Greyhound besteigen konnte, der mich in einer Nacht und einem Tag vorbei an dunkelgrünen Wiesen und steilen Canyons nach Vancouver brachte. Dort mietete ich mich in einem großen, anonym wirkenden Hostel in der Nähe des Bahnhofs ein. Morgens machte ich einen kurzen Spaziergang durch die Stadt, die wegen der Olympischen Winterspiele 2010 einer einzigen Baustelle glich – fast wie Berlin in den Neunzigerjahren.

Ich nahm mir vor, eine gründliche Besichtigung von Vancouver und British Columbia irgendwann nachzuholen, denn Michaela wartete in Seattle schon ungeduldig auf mich. »In ein paar Stunden bin ich da«, versicherte ich ihr von einem öffentlichen Telefon aus.

»Da bin ich aber sehr gespannt«, antwortete sie, hörbar verärgert, und ich spürte, dass die nächste Etappe unter schwierigen Vorzeichen stand.

Wir hatten uns vor sechs Jahren kennengelernt, während eines Austauschjahrs an der American University in Washington. Tagsüber besuchten wir die Seminare, abends die vielen Kneipen und Clubs der amerikanischen Hauptstadt. Später, zurück in Deutschland, blieben wir eng befreundet.

Im Jahrhundertsommer reisten wir drei Wochen lang durch Schweden, Norwegen und Dänemark. Das hatte gut funktioniert – vielleicht, weil wir nie eine Beziehung miteinander hatten. Als ich meine lange Fahrt begann, wechselte Michaela, die im Bundestag arbeitete, gerade in einen anderen Job. Dazwischen hatte sie ein paar Wochen frei und geplant, Freunde in den Vereinigten Staaten zu besuchen. So kam es, dass wir beschlossen, eine Weile miteinander zu reisen.

Ursprünglich wollten wir uns in San Francisco treffen und von dort durch die Wüste und die Canyons fahren. Ich war in Alaska aber ziemlich lange hängen geblieben und musste sie darum bitten, mir entgegenzufliegen. Als sei das nicht schon genug, hatte ich mich um weitere zwei Tage verspätet.

»Ich habe wirklich ein schlechtes Gewissen, aber allein in den letzten Tagen bin ich mehrere Tausend Kilometer gereist«, warb ich abschließend um ihr Verständnis.

Es war neun Uhr morgens, als ich an einem Dienstag am Busbahnhof in Seattle ankam. Schon jetzt schickte sich der Tag an, ziemlich heiß zu werden. Das war ich nach den Wochen im hohen Norden nicht mehr gewohnt.

Auf der Straße erlitt ich einen Schock. Ich fühlte mich wie ein Maulwurf, der sich gemütlich durch die Erde gräbt und versehentlich ein Loch auf dem Mittelstreifen einer Autobahn aufwirft. Fahrzeuge brausten in allen Richtungen an mir vorbei, hupten laut und bremsten scharf, ohne dass ich wusste, warum. Ein dichter Lärmteppich lag über mir, und zwischen den steilen Hochhäusern öffnete sich nur ein schmaler Streifen grauen Himmels. Die Luft war schlecht.

Vor lauter Schreck vergaß ich meine Wanderschuhe im Gepäckfach des Greyhound, ein großer Fehler, der sich einige Wochen später rächen sollte. Ich rätselte. Ein Monat in der Einsamkeit, und schon hatte ich mich vom Großstadtbewohner in einen Naturfreak verwandelt?

Im ersten Starbucks setzte ich meinen Rucksack ab und trank einen doppelten Espresso, um mich für eine Herausforderung zu stärken, deren Dimension ich gerade erst erkannte: die Rückkehr in die Zivilisation.

Schwitzend suchte ich nach dem Kings Inn, unserem Hotel an der Fifth Avenue, die in Seattle deutlich weniger prachtvoll ausfällt als in New York. Michaela hatte es ausgesucht und wartete dort auf mich – hochgewachsen und dunkelblond wie sie war, gefiel sie mir an jenem Morgen besonders gut. Wir begrüßten uns herzlich, der Ärger schien sofort verflogen. Ich legte nur schnell meine Sachen ab, dann machten wir uns auf eine wichtige Mission: Ich hatte mich entschieden, ein gebrauchtes Auto zu kaufen, weil das Trampen nicht zu funktionieren schien und ich unabhängig sein wollte von den Greyhounds, die in den Vereinigten Staaten nur auf den breiten Highways zwischen den größeren Städten verkehren.

Ganz Seattle kenne ich zwar nicht, aber die Aurora Avenue liegt im Ranking der unangenehmsten Straßen der Stadt sicher weit vorn. Ein Taxifahrer hatte uns dort hingebracht, nach einem Umweg über einen Geldautomaten, denn mein Geschäft ließ sich am besten mit Bargeld erledigen. Vier Spuren dichter Verkehr zogen sich über die Ausfallstraße, immer geradeaus, mehrere Hundert Blocks. An beiden Seiten spuckten riesige Supermärkte, Möbelhäuser und Elektrohändler Kunden aus, die prall gefüllte Tüten und stapelweise Kartons in bullige Autos luden. Das Röhren von Presslufthämmern an den vielen Baustellen mischte sich mit dem Donnern von Schwerlastwagen, die frische Ware anlieferten, zu einer anstrengenden Lärmkulisse.

Inzwischen brannte die Mittagssonne unbarmherzig auf uns herab. Ich wusste recht genau, was für ein Auto ich suchte: möglichst billig, lieber amerikanisch als japanisch, gern etwas älter, aber stabil und stilvoll. Der erste Versuch scheiterte: Ein ziemlich verrosteter, orangefarbener Volvo-Kombi, der einer verspäteten Hippie-Familie mit drei Kindern, zwei Hunden und vier Katzen gut gestanden hätte, sprang nicht einmal an. Als ich den Schlüssel zurück ins Büro brachte, reagierte der Verkäufer mit einem Achselzucken: »Dann nimm ihn halt nicht.«

Auch bei den nächsten Autohändlern sah es nicht besser aus. Entweder waren die Wagen zu teuer, oder sie befanden sich in einem schrottreifen Zustand. »Lass uns Mittagspause machen«, schlug ich Michaela vor, die bereits sichtlich genervt war. Ich nötigte sie, mich zu Taco Bell zu begleiten, nach dessen billigen Burritos und Tacos ich süchtig bin. Michaela schätzt gesunde Ernährung und kaufte sich an der Frischetheke eines Supermarkts ein Sandwich mit Käse und Schinken, aus dem große Salatblätter hervorragten.

Die Hitze quälte uns, während wir entlang der Aurora Avenue weiterzogen. Mehrfach wurden wir angehupt, Fußgänger sind an einer solchen Ausfallstraße nicht vorgesehen. Nach zwei weiteren Stunden Suche entdeckten wir bei Emerald Auto Sales endlich einen Wagen, der meinen Wünschen entsprach: ein Ford Thunderbird in der Originallackierung aus den Achtzigerjahren, in einem Bordeaux-Farbton und mit beigefarbenem Dach. Ein Schriftzug wies ihn als »Town Landau« aus, es handelte sich demnach sogar um die Luxusausführung.

Die Sitze waren mit dunkelrotem Samt überzogen, das Armaturenbrett mit Kunstholzpanelen verkleidet. Das Radio hatte einen silbernem Drehknopf und die Uhr große, grüne Digitalziffern. Alles sah sehr gepflegt aus. Auf dem Kühlergrill, über den Klappscheinwerfern, glänzte ein stilisierter Donnervogel in der Sonne.

»Willst du dich reinsetzen?«, fragte mich der junge Verkäufer. »Der Wagen hatte nur einen Vorbesitzer, einen älteren Mann, der kaum damit gefahren ist«, warb er. Ich probierte den Fahrersitz aus, der genauso weich und bequem war wie eine durchgesessene Wohnzimmercouch, und ähnlich schlecht für meinen Rücken. Leider war dieses schöne Auto zu teuer, fast zweitausend Dollar sollte es kosten, und beim Preis war angeblich nichts zu machen. An der Universität hatte ich einen Kurs in Verhandlungsstrategie belegt. Meine Taktik war, mich vorsichtig interessiert zu zeigen, aber das Geschäft zunächst abzulehnen.

»Großartiger Wagen, aber wir schauen erst weiter. Vielleicht kommen wir später noch mal vorbei.«

»Gut, ich freue mich darauf«, verabschiedete sich der Verkäufer.

»Willst du nicht einfach ein normales Auto kaufen?«, fragte mich Michaela mit ihrem skeptischen Gesichtsausdruck, den ich bereits kannte. »Die Karre ist zwar ganz hübsch, aber so alt wie die ist, da würde ich mich nicht darauf verlassen. Schluckt sicher viel Benzin, und geht bald kaputt.«

»Mal sehen«, antwortete ich ausweichend.

Beim nächsten Händler entdeckten wir einen weißen Corolla, der etwas billiger war und weitgehend rostfrei. Ich hatte zwar von der recht positiven Pannenstatistik von Toyota gehört, wollte aber den Wagen nicht einmal näher betrachten: zu schlicht, zu harmlos und zu japanisch. Wir suchten noch eine Weile weiter, fanden aber keine passenden Angebote in meiner Preiskategorie.

Insgeheim störte mich das nicht, denn ich hatte mich längst in den Thunderbird verliebt und rechnete aus, ob ich mir den Klassiker mit einem kleinen Rabatt nicht doch leisten könnte. *Thelma und Louise,* die beiden Ausreißerinnen aus dem gleichnamigen Film, stürzen sich in einem Thunderbird aus den Fünfzigerjahren auf der Flucht vor einem riesigen Polizeiaufgebot in den Grand Canyon, anschließend folgt der Abspann. James Bond jagte in dem Wagen über die Leinwand, und die Beach Boys haben dem »T-Bird«, wie die Amerikaner ihn nennen, sogar ein Lied gewidmet.

Ich schob meine Bedenken beiseite. Hier stand ein Auto, das Freiheit auf langen Highways im Wilden Westen verhieß – genau das, wonach ich suchte.

»Michaela, ich glaube, ich muss den Thunderbird kaufen; es gibt ja gar nichts anderes.« Ich bemühte mich um einen schmerzverzerrten Gesichtsausdruck.

»Na, dann mach halt, was du nicht lassen kannst, es ist ja dein Geld«, sagte sie, als wir zurück zu unserem jungen Freund bei Emerald Auto Sales gingen. Der für einen Autohändler ungewöhnlich poetisch klingende Name bezog sich auf Seattles offiziellen Beinamen »The Emerald City«, die smaragdfarbene Stadt. Dieses Attribut hat sie nicht wegen der Aurora Avenue erhalten, sondern wegen der vielen leuchtend grünen Bäume, die es angeblich in den umliegenden Gebirgswäldern gibt.

Meine wohlüberlegte Strategie hatte funktioniert: Der Preis für den Thunderbird war inzwischen um dreihundert Dollar gesunken.

»Mein Vater will euch entgegenkommen, weil der Wagen schon eine Weile hier herumsteht«, sagte der Verkäufer in seinem grünen Shirt und stellte sich als Jonathan vor.

Ich kurvte einmal um den Block, alles schien zu funktionieren. Wenige Minuten später besaß ich also ein Auto aus jener Zeit, in der Ronald Reagan das Land regierte und Michel Jackson mit »Thriller« die Hitparaden anführte. In einem kleinen, smaragdfarben angestrichenen Bürohäuschen unterschrieb ich den Kaufvertrag und blätterte den Betrag in kleinen Scheinen auf den Tisch. Nummernschilder hatte der Wagen keine, aber Jonathan versprach, ihn auf meinen Namen anzumelden und sie mir postlagernd nachzuschicken. Danach spritzte er den Thunderbird mit einem Schlauch gründlich ab und polierte den Lack, der frei von Kratzern und Dellen war.

Der mächtige Motor unter der Haube sah aus wie neu, und als ich acht Zylinder zählte, zweifelte ich nicht mehr daran, dass mich das Benzin selbst zu amerikanischen Preisen teuer zu stehen kommen würde. Warum nicht mal unvernünftig sein, dachte ich, und nahm die Schlüssel entgegen.

»Also, steig ein«, forderte ich Michaela auf, die abfällig lächelte und ihre langen Beine unter das Handschuhfach zwängte. Der Motor brummte, und wir suchten den Weg zurück in die Innenstadt. In dem tiefen, samtenen Sessel kam ich mir vor wie Jack Kerouac auf einem seiner Roadtrips, bis mich eine Starbucks-Filiale und ein Wal-Mart an die Gegenwart erinnerten. Jenseits der Brücke leuchtete die Space Needle, das Wahrzeichen Seattles und der vielleicht hässlichste Sendeturm der Welt.

Äußerst sorgfältig fuhr ich den Thunderbird in die enge Tiefgarage des Kings Inn. An einem Computer im Hotel, das mit seiner kitschigen, hellblauen Fassade hervorragend zu unserem neuen Auto passte, buchte ich mit meiner Kreditkarte und meinem amerikanischen Führerschein, den ich vor ein paar Wochen nach einer zehnminütigen Fahrprüfung in Boston erhalten hatte, eine billige Versicherung. Die Fahrt konnte beginnen.

Am Tag nach dem Autokauf schlenderten Michaela und ich durch die Stadt. Der international gute Ruf Seattles erschien mir als Irrtum, auf mich wirkten die Straßen unangenehm, eng und bedrückend. Wir kamen an den Markthallen vorbei, am Pioneer Square und an jenen zwei Kreuzungen, die wegen ihrer Backsteingebäude als historisch gelten – nichts als Touristenfallen, in denen es überteuerten Billigkram zu kaufen gab. Auf eine Fahrt mit dem Aufzug zur Spitze der Space Needle verzichteten wir, weil sie pro Person sechzehn Dollar kostete.

Nicht einmal das Seattle Art Museum interessierte mich. Immerhin interpretierte ich die geschrumpfte Version von Jonathan Borofskys »Hammering Man« vor dem Gebäude als einen freundlichen Gruß aus der Heimat: Kurz vor dem Abitur hatte ich zwei Jahre in der Nähe von Frankfurt gewohnt, wo eine andere Variante der Stahlskulptur vor dem Messegelände hämmert. Auf einer Plakette las ich die Interpretation des Künstlers, seine Figur stehe »für den Arbeiter in uns allen«. Deshalb hämmert er nicht abends oder nachts, sondern nur tagsüber, mit vier Schlägen in jeder Minute.

Wir rasteten im Athenian Inn, einem Pub, der auf seiner Speisekarte mit einem Foto von Tom Hanks warb. Im Film *Schlaflos in Seattle* trinkt er ein Bier an dieser Theke und blickt auf das blaue Wasser des Puget Sound. Hoffentlich hat er nichts dazu gegessen, denn mein Chili Burger Deluxe schmeckte deutlich schlechter als jeder Burger, den ich hoch oben im Norden Alaskas, weitab von Rinderweiden und Salatfarmen, gegessen hatte. Michaelas Sandwich war genauso schlecht.

»Schnell raus«, sagte ich und verlangte die Rechnung.

Zwischen dem Hafen und der Promenade zog sich ein zweigeschossiger, jeweils sechsspuriger Freeway entlang, der schwerer zu überqueren schien als die Chinesische Mauer.

»Findest du es auch so schlimm hier?«, fragte ich Michaela, als wir zum Hotel zurückgingen.

»Ja, irgendwie schon; hatte mir die Stadt anders vorgestellt.«

Wir gaben ihr noch eine Chance und fuhren mit dem Thunderbird in das alternative Wohn- und Kneipenviertel Capitol Hill. Das änderte wenig an meinem Eindruck, eher nervte mich der in Naturkostläden und Cafés aufdringlich vermittelte Lebensstil der Menschen, die Veganertum und das Tragen von Plastiksandalen als einzige Lösung für die Probleme der Welt zu betrachten schienen. Zugleich fliegen sie, wenn der Kontostand es hergibt, einmal im Jahr nach Indien, um mit ihrer geschundenen Seele ins Reine zu kommen – meistens mit einer Boeing. Dabei unterstützen sie immerhin einheimische Produkte: Genauso wie Starbucks, Microsoft und Amazon hat Boeing seinen Firmensitz in den Vororten Seattles.

»Ist schon gut, wir fahren weiter«, sagte Michaela, die meinen spöttischen Tonfall nicht mehr ertragen wollte. »Ich bin sowieso nur wegen dir hierhergekommen.«

Wir verließen also die Stadt auf der Autobahn in Richtung Südosten.

»Wirklich wundervoll an Seattle ist die Umgebung«, hatte uns eine Verkäuferin im North Face Store gesagt, als ich dort nach neuen Wanderschuhen suchte. Es war Freitagnachmittag, und wir gerieten in einen dichten Stau. Nichts ging mehr, die Autos standen auf fünf Spuren. »Lass uns ganz von hier verschwinden«, schlug ich vor.

In ein paar Stunden hätten wir auf einer freien Autobahn Portland erreichen können. Ich wollte aber zurück in die Natur, und wir nahmen einen Umweg durch die Cascade Range, einen Teil der pazifischen Küstenkordillere, die in Alaska beginnt und sich über Kalifornien und Mexiko bis zu den Anden zieht, immer wieder durchsetzt von wuchtigen und zerstörerischen Vulkanen. Michaela, die erst ein einziges Mal beim Bergsteigen war, und das noch mit ihren Eltern, gefiel diese Idee nicht so sehr. Wir hörten Musik von Bob Dylan, was sie an ihren mir unbekannten Exfreund erinnerte. Alles nicht so einfach im Leben, dachte ich, und lächelte.

Nach einer guten Stunde auf der Landstraße stand der Mount Rainier am Horizont – ein unwirklicher Anblick, wie ein riesiges, weiß lackiertes Raumschiff, das versehentlich im Wald gelandet ist. Schroff steigt er von Meereshöhe auf knapp fünftausend Meter auf und ist das ganze Jahr mit Eis und Schnee überzogen. Die Indianer nannten ihn »Tahoma«, Mutter des Wassers, und erfanden Geschichten von Göttern und Riesen, die in seinen Höhlen hausten und von dort die Welt überwachten.

»Hättest du Lust, im Nationalpark um den Berg zu wandern und im Zelt zu übernachten?«, fragte ich Michaela kurz vor einem Ort mit dem lustig klingenden Namen Puyallup.

»Wahrscheinlich wirst du dabei keine Freude mit mir haben. Aber wenn du unbedingt willst, können wir es ja probieren.«

Wir hatten verabredet, dass wir zwei Wochen zusammen unterwegs sein wollten, aber nicht, wie wir diese Zeit verbringen würden. Das war ungeschickt, denn ich war auf der Reise meines Lebens und nicht dazu bereit, mich von meinen Vorstellungen abbringen zu lassen. Ein gewisser Egoismus meinerseits war aber nicht zu leugnen, und ein ernsthafter Streit schien nur eine Frage der Zeit zu sein.

Die Straße führte in einen dichten Buchenwald, in dem die flach einfallenden Strahlen der Abendsonne einen Lichtertanz aufführten, als habe jemand lauter Scheinwerfer zwischen die Bäume gehängt. Es war kaum Verkehr. Mount Rainier sahen wir nicht mehr, aber allein die Ahnung, dass sich seine Eiswände nicht weit entfernt von uns aus diesen Wäldern erhoben, verursachte ein Gefühl von Ehrfurcht – ganz so, als sei der Berg eine ordnende Macht, der die Natur willenlos gehorchte.

Bald erreichten wir den Eingang zum Nationalpark. Ein Schild warnte vor extrem gefährlichen *mountain lions*. Ich hatte noch nie von Berglöwen gehört und hielt das für einen Scherz, bis uns der ungepflegte Park Ranger, bei dem wir die Eintrittsgebühr bezahlten, aufklärte: »In den Bergen der ganzen Westküste leben Pumas, insgesamt sind es mindestens achttausend, und in den letzten Jahren haben sie sich sogar ziemlich vermehrt.«

Pumas bewegen sich unsichtbar und lautlos, den Menschen betrachten sie normalerweise nicht als Beute. Seit dessen Siedlungen aber immer näher an die angestammten Jagdgebiete der Berglöwen rücken, fühlen sie sich bedroht, und die Zahl der Angriffe auf Menschen ist auf rund vier pro Jahr in der ganzen Region gestiegen. Kinder sind besonders gefährdet. Ein Puma setzt seinen tödlichen Nackenbiss genau zwischen Rückenmark und Rückenwirbel an.

Michaela und mir liefen während unserer Wanderung entlang des Wonderland Trails, der um den mächtigen Berg herumführt, nur zwei große, aber harmlose Murmeltiere über den Weg. Abends kochten wir uns mit Wasser aus einem klaren Gebirgsbach eine Nudelsuppe.

»Du schnarchst«, weckte sie mich mitten in der Nacht.

Ich drehte mich um und schlief weiter. Sonst schnarche ich nie, dafür gibt es Zeugen, aber an jenen Tagen war ich von der Klimaanlage im Hotel erkältet.

Als wir zurück zum Parkplatz kamen, sprang der Thunderbird erst nach mehreren Versuchen an. Ich ignorierte das Warnzeichen, und wir fuhren weiter durch dichte Wälder, bis wir am Fuße eines nicht ganz so hohen, aber gefährlicheren Artgenossen des Mount Rainier landeten. Die Straße schlängelte sich zwischen abgeknickten Bäumen und versengten Böden den Berg hinauf, als habe hier kürzlich ein Waldbrand gewütet, dabei ist das Ereignis schon ziemlich lange her: Mount Saint Helens, ein weiterer allein stehender Vulkan der Cascade Range, war am 18. Mai 1980 ausgebrochen. Der Hitzeschwall löschte damals alles Leben im Umkreis von fünf Kilometern aus. Siebenundfünfzig Menschen starben; die Vulkanasche flog bis nach Idaho. Der Gipfel stürzte in den Krater hinein, und seither ist der Berg fünfhundert Meter niedriger.

Ich empfand Ehrfurcht, als wir uns dem tief im Inneren noch immer brodelnden Ungetüm näherten. Die untergehende Sonne tauchte den Fels in ein rötliches, feuriges Licht. Geologen erwarten, dass Mount Saint Helens der nächste Vulkan ist, der in Nordamerika aktiv sein wird. An jenem Tag war er ruhig, und wir wagten es, für die Nacht unser Zelt in der verbotenen Zone unterhalb des Kraters aufzustellen.

Als die Sonne aufging und den Berg diesmal rosafarben erleuchtete, kam ich mir vor, als hätten wir auf dem Mars übernachtet. Ein kleines rotbraunes Eichhörnchen freute sich mit uns an der überwältigenden Aussicht.

»Fahren wir weiter«, mahnte Michaela zum Aufbruch. Das Gebirge war wirklich nicht ihr Ding, sie hielt sich lieber in Innenstadtcafés auf.

Mittags machten wir in Eagles Cliff einen Stopp, einem Campingplatz mit Tankstelle und Kiosk mitten im Wald, um uns und unsere Kleider zu waschen. Wir lernten Kevin kennen, den Besitzer des kleinen Freizeitensembles.

»Wollt ihr nicht vielleicht die Anlage kaufen?«, fragte er. »Ich ziehe mit meiner Frau und meinen Kindern nach Neuseeland, um dort eine Pension aufzumachen. Sie kommt von dort, und die Verabredung war, dass wir erst fünfzehn Jahre hier leben, danach die nächsten fünfzehn Jahre in ihrer Heimat.«

»Keine schlechte Idee«, antwortete ich. »Aber wir müssen erst unsere Reise zu Ende bringen. Vielleicht können wir später noch mal drüber reden.«

Als wir durch enge Kurven hinab zum Tal des Columbia River fuhren, der die Grenze zwischen den Bundesstaaten Washington und Oregon markiert, eskalierte die Situation zwischen Michaela und mir.

»Erst kommst du viel zu spät, und dann fahren wir tagelang durch irgendwelche menschenleeren Wälder«, schimpfte sie. »Wir hatten das anders abgesprochen.«

Ich konnte mich an solche Absprachen nicht erinnern. Ich wollte mir meine Reise nicht verderben lassen und drohte: »Wenn das so weitergeht, setze ich dich in Portland am Flughafen ab.« Der Versuch, gemeinsam zu reisen, war anscheinend gescheitert. Aus zwei unterschiedlichen Welten waren wir in Seattle angekommen, anders als damals, als wir zusammen in Berlin aufgebrochen waren. Es war, als befänden wir uns im selben Auto, aber auf verschiedenen Reisen. Die nächsten Kilometer schwiegen wir, jeder schmollte vor sich hin. Harte Worte waren gefallen, die sich nicht so einfach aus der Welt räumen ließen. Immer noch zog sich die schmale Straße in Serpentinen ins Tal hinab, dann öffnete sich der Wald und gab den Blick frei auf die tiefe Schneise, durch die der türkisgrün schillernde Columbia River über mehrere Staustufen in Richtung Pazifik floss.

Ich freute mich, als ein älteres Ehepaar auf einem Parkplatz mein neues Auto bewunderte. »Wo hast du das her? Wir wollen sofort tauschen!« Anschließend drehte sich das Gespräch noch um die sicherlich vorhandenen Vorzüge des Pinot Noir aus Oregon, und wir fuhren weiter. Kurz vor Portland öffnete sich das weite Flussdelta.

Michaela und ich hatten uns halbwegs beruhigt; zu schön war die Gegend, um stundenlang zu grollen. Wir fuhren in die Stadt hinunter, die in einem engen Talkessel liegt. Im Gegensatz zu Seattle war Portland wundervoll entspannt. *»Practice Happiness«* stand auf einem riesigen Werbeplakat auf einer Hauswand, und Glück schien an diesem Sonntagnachmittag tatsächlich in der Luft zu liegen.

In einem Outdoor-Geschäft in der Innenstadt kaufte ich mir neue Wanderschuhe, vermeintlich in der richtigen Größe. Michaela ging unterdessen einen Kaffee trinken. Wir sprachen wieder miteinander. Ich versuchte, die harten Worte zu verdrängen, und nahm mir vor, mich etwas friedfertiger und verständnisvoller zu verhalten.

6
Rodeo im Schatten der Sierra Nevada

So sauber und ruhig ist es in Florence, dass eine Rentnerzeitschrift den Ort im Bundesstaat Oregon vor zwei Jahren zum besten Ruhestandssitz in den Vereinigten Staaten erklärt hat. Nach Portland war es Michaelas und meine nächste Station. Momentan herrschte Friede zwischen uns, aber gemeinsam zur Ruhe setzen würden wir uns kaum.

Zu sehen gab es in dem Freiluftaltenheim wenig, abgesehen von den meterhohen Sanddünen nördlich der Stadt, in denen wir herumstiefelten, bis uns lärmende Buggyfahrer vertrieben. Zudem gab es noch einen von Vogeldreck überzogenen Felsen mit einem alten Leuchtturm, hinter dem die Sonne in einem pastellfarbenen Lichterspiel zum Geschnatter der Meergänse unterging.

Am nächsten Morgen fuhren wir weiter, und am Ortsausgang von Florence wartete ein Anhalter am Straßenrand. Ich bremste. Nach meinen verzweifelten Versuchen in Alaska empfand ich es als meine Pflicht, den Helden der Landstraße zu helfen, wann immer es ging. Michaela betätigte den elektrischen Fensterheber auf der Beifahrerseite, und die Scheibe senkte sich schwerfällig nach unten.

»Wohin willst du?«, rief ich dem älteren Mann zu, der etwas zerzaust aussah. Er hatte einen kleinen Rucksack bei sich und einen Gitarrenkasten.

»Nach San Francisco.«

»Ganz so weit fahren wir nicht, aber die Richtung stimmt.«

»Na, dann komm ich gern mit!«

Michaela blickte ein wenig skeptisch, öffnete aber die Tür, stieg aus, klappte ihren Sitz nach vorn und wies unserem Fahrgast die purpurfarbene Rückbank zu. Ich beschleunigte, und wir setzten unsere Reise zu dritt fort.

»Wie heißt du denn?«, fragte ich unseren Begleiter, während ich sein sonnengegerbtes Gesicht im Rückspiegel musterte. Den Gitarrenkasten hielt er fest umschlungen auf seinem Schoß, behütet wie ein Baby.

»Rollende Schildkröte«, erwiderte er mit ernster Miene. Michaela und ich blickten uns ratlos an. Gefährlich schien er nicht zu sein, aber auch nicht ganz klar im Kopf.

»Hast du keinen normalen Namen?«

»Doch, Paul, Paul Cavitt, aber alle nennen mich ›rollende Schildkröte‹, das ist mein Künstlername. Hat mit den Indianern in dieser Gegend zu tun. Was genau dahintersteckt, das darf ich nicht sagen. Die Geschichte ist geheim.«

»Dann wollen wir dich auch nicht ausquetschen«, sagte ich.

Paul hatte einen dünnwüchsigen, braungrauen Bart und wirkte schlecht ernährt. »Während des Semesters arbeite ich als Geschichtsdozent an einem öffentlichen College hier in Oregon«, klärte er uns auf. »In den Sommerferien reise ich die Küste entlang und trete mit meiner Mandoline in Kneipen auf. Ein Abschiedsgeschenk von meiner dritten Frau. Früher war ich auch mal Taxifahrer.«

Im Autoradio lief erneut Bob Dylan, das schien Paul zu gefallen, denn er trommelte den Takt auf Michaelas Rückenlehne mit. »Ich bin auf dem Weg zu einer Jam Session, die Neil Young in ein paar Tagen südlich von San Francisco veranstaltet«, verriet er.

Einen kurzen Moment überlegte ich, ob Paul uns auf den Arm nehmen wollte. Wie auch immer, zumindest lieferte er ganz gute Unterhaltung. Auf meinem iPod, den ich mit dem Autoradio verbunden hatte, wählte ich als nächsten Song Neil Youngs »Heart Of Gold«. Paul und ich begannen mitzusingen:

I've been to Hollywood
I've been to Redwood
I crossed the ocean
for a heart of gold
I've been in my mind
it's such a fine line
that keeps me searching
for a heart of gold.

Nach einer Stunde Fahrt kamen wir an einem Schild vorbei, demzufolge wir gerade den Breitengrad überquerten, der exakt zwischen dem Polarkreis und dem Äquator liegt. Wenn die Angaben stimmten, dann hatte ich etwa ein Viertel meines Reisewegs zurückgelegt, der auf der Weltkugel einmal von oben nach unten führen sollte.

Der Tag war ziemlich heiß. Immer wieder öffnete sich der Blick auf die menschenleere Felsküste. Das Wasser des Pazifik ist in Oregon leider auch im Hochsommer zu kalt, um darin zu baden. Danach fuhren wir durch Wälder, die ziemlich licht waren, weil die Holzindustrie sie jahrzehntelang geplündert hat, ohne sich über die Aufforstung größere Gedanken zu machen.

Kurz nach der Ruine eines riesigen, rostigen Sägewerks – nach den Bäumen verschwand schrittweise auch die Holzindustrie – erreichten wir Bandon, eine weitere beschauliche Kleinstadt. Wir hielten an, um Mittagspause zu machen. Auf der modernen, hässlichen Hafenpromenade aus lackierten Holzpaneelen setzten wir uns an einen Tisch und teilten unseren Proviant mit Paul, der sich reichlich bediente und uns dafür auf seiner Mandoline vorspielte. Er war also wirklich ein wandernder Musiker, mit nicht viel mehr als seinem Instrument im Gepäck und einer großen, getönten Sonnenbrille auf der Nase.

Bevor wir wieder in den Thunderbird stiegen, fotografierte ich Paul neben einer hölzernen Riesenschildkröte, die vermutlich eine lokale Gestaltungskommission zum Beifall der örtlichen Presse auf die Bretter der deshalb nicht schöner gewordenen Promenade gestellt hatte.

»Das Bild musst du mir schicken, ich werde es als Cover für meine nächste Platte verwenden«, scherzte Paul und schrieb in krakeliger Schrift seine Adresse in mein Notizbuch. Mehrfach musste er innehalten, um seine langen, graubraunen Haare beiseitezuschieben und die Gischt abzuwischen, die der Meerwind in sein Gesicht blies.

Als wir rund zwei Stunden später die Grenze von Oregon nach Kalifornien erreichten, drosselte ich die Geschwindigkeit und hielt auf dem Standstreifen, um meinen feierlichen Gefühlen freien Lauf zu lassen. Vom kalten Alaska bis zum »Golden State«, das war schon was, und ich hatte wenigstens ein Etappenziel erreicht. Vor einer Willkommenstafel mit den gelben Blüten des hochgiftigen Goldmohns, der offiziellen Blume des Bundesstaats Kalifornien, posierte ich mit dem *Victory*-Zeichen. Die Amerikaner haben eine große Freude an Wahrzeichen, und die Kalifornier meinen es besonders gut. Neben der Blume gibt es noch etliche weitere Staatssymbole:

Staatsbaum: Riesensequoia
Staatstier: Kalifornischer Grizzlybär
Staatsmeeressäugetier: Grauwal
Staatsvogel: Kalifornische Wachtel
Staatsreptil: Wüstenschildkröte
Staatsinsekt: Kalifornischer Hundsgesicht-Schmetterling
Staatsfisch: Goldforelle
Staatsmeeresfisch: Garibaldi

In Crescent City, der ersten größeren Stadt in Nordkalifornien, verständigten Michaela und ich uns mittels Blickkontakt, dass wir die Schildkröte wieder alleine rollen lassen wollten, um uns in Ruhe nach einem Quartier umsehen zu können.

»Von hier kommst du weiter, oder?«, fragte ich Paul.

»Ja, wird schon gehen. Vielen Dank für eure Hilfe, und noch eine schöne Zeit. Denkt immer daran, dass Gott die Menschen geschaffen hat, damit sie friedlich miteinander leben!« Hatte Paul etwas von den Spannungen zwischen Michaela und mir erspürt? Er nahm seine Mandoline, winkte zum Abschied und trottete mit seiner Sonnenbrille davon.

Wir fuhren ein paar Kilometer aus der Stadt heraus, bis wir den Redwood Forest erreichten, den Wald der Mammutbäume, einer der fünf kalifornischen Nationalparks. Die Sequoias, wie die Riesenfichten in der Fachsprache heißen, werden bis zu hundert Meter hoch, obwohl sie flachere Wurzeln haben als eine deutsche Eiche. Und weil ihre dicke Rinde sie vor Insekten und Waldbränden schützt, sind manche der Bäume in dieser Region mehr als zweitausend Jahre alt. Meine Reise hatte mich also aus einem Land ohne Bäume ins Land der höchsten und ältesten Bäume geführt.

Die Abendsonne ließ die Nadeln hellgrün und die Rinden weinrot leuchten. Zwischen den dicken Stämmen der Riesenfichten färbte sich der Himmel, und ich fühlte mich wie eine Ameise, die tief unten zwischen Moos und Farnen herumkrabbelt.

»Schön hier«, sagte Michaela und lächelte. Ja, wirklich, sie lächelte! Die Fahrt mit Paul hatte uns von unseren Streitereien abgelenkt, und wir waren in halbwegs fröhlicher Stimmung.

»Lass uns einen Campingplatz suchen, es wird schon bald dunkel«, sagte ich.

Kurz vor Trinidad, einer Küstenstadt, die ihren Namen von einem spanischen Seefahrer erhalten hat, der die Bucht an einem Dreifaltigkeitssonntag entdeckte, bogen wir hinter einem Hinweisschild zum »Redwood Camping« auf einen Teerweg ab, der uns tief in den Wald hineinführte. Nach der ersten Kurve bot sich uns ein ungewöhnliches Bild: Wir kamen an Sträflingen vorbei, in orangefarbenen Anzügen, die aneinandergekettet waren und unter strenger Aufsicht von zwei Wärtern den Straßenbelag mit schwerem Gerät erneuerten. Zwei Drittel der Männer waren schwarz. Ich fürchtete, einer Sinnestäuschung zu erliegen oder in die Zeit der Sklaverei versetzt worden zu sein.

In dem kleinen Kiosk am Eingang des Campingplatzes zahlten wir zehn Dollar für den Zeltplatz und fünf Dollar für ein dickes Bündel Feuerholz. Unter einigen besonders hohen Sequoias fanden wir eine gute Stelle für die Nacht. Michaela baute das Zelt auf, während ich einen Holzhaufen errichtete und versuchte, das Feuer in Gang zu bringen.

Die Scheite waren nicht ganz trocken, und um die Sache zu beschleunigen, schüttete ich etwas Benzin aus meinem Campingkocher darüber. Das war nicht so gut. Binnen weniger Sekunden entzündete eine Stichflamme mein linkes Bein. Gerade noch rechtzeitig gelang es mir, die dunkelblaue North-Face-Nylonhose abzustreifen und auf dem Waldboden auszutrampeln. Die Flammen hatten nur ein paar Beinhaare versengt. Das Material war an mehreren Stellen in sich zusammengeschmolzen und stank schrecklich. Michaela war zunächst erschrocken, dann lachte sie mich wegen meiner Ungeschicklichkeit aus. »Sieht so aus, als essen wir heute kalt«, sagte sie. Ich machte das feuchte Holz für die Panne verantwortlich.

Kaum hatten wir Brot, Käse und Gemüse ausgepackt, näherte sich aus dem Halbdunkel ein dicklicher Waschbär mit spitzer Schnauze und weißen Streifen im Gesicht. Alles andere als menschenscheu trippelte er bis an unsere Füße heran. Ich verscheuchte ihn, ohne ihm etwas zuzuwerfen, schließlich hatte ich in den vielen Broschüren der von mir besuchten Nationalparks gelesen, dass man wilde Tiere auf gar keinen Fall füttern darf. Das müsste doch auch für Waschbären gelten, vermutete ich. Unser Freund trottete schließlich weiter.

Ein paar Minuten später leuchteten gleich mehrere Augenpaare aus einem Gebüsch. Unser erster Besucher hatte seine Waschbärenfamilie zum gemeinsamen Angriff geblasen! Hungrig scharten sich die kleinen Allesfresser um uns und verdrückten sich erst, als sie merkten, dass es bei uns wirklich nichts zu holen gab. Wahrscheinlich waren sie gar nicht mehr wild, sondern hatten sich dauerhaft auf dem Zeltplatz angesiedelt, von den Almosen der Camper lebend.

Bald gingen wir schlafen, denn im dunklen Wald gab es nichts weiter zu tun. Immerhin hielten wir es noch zusammen in meinem eher kleinen, gelben Zelt aus.

Am nächsten Morgen hatten wir ein Problem, das nichts mit uns zu tun hatte, wenigstens nicht direkt: Ich drehte den Autoschlüssel um, aber der Thunderbird sprang nicht an. Nur ein dumpfes Schlucken war zu vernehmen. Ziemlich ärgerlich war das, denn wir befanden uns mitten im Wald, im hintersten Winkel eines abgelegenen Campingplatzes.

»Wie sollen wir denn die Karre jemals hier herausbekommen?«, seufzte ich. Michaela sagte nichts, aber ich ahnte, was sie dachte, hatte sie mich doch in Seattle dazu gedrängt, einen langweiligen, aber neueren Toyota zu kaufen. Dunkel erinnerte ich mich an den Parkplatz am Mount Rainier, wo der Wagen ebenfalls gestottert hatte, aber schließlich doch noch angesprungen war. Diesmal ging auch nach mehreren Versuchen nichts.

Der Weg zum Ausgang führte über Schotter, holprige Wurzeln und durch einen schmalen Bachlauf. Ein Abschleppwagen hatte da keine Chance, zu uns vorzudringen. Mein Thunderbird, verendet im Redwood Forest? Eigentlich ein schöner Tod, dachte ich, aber wir brauchten den Wagen noch.

In zunehmender Verzweiflung gingen wir von einem Zelt zum nächsten und fragten die Nachbarn, ob sie ein Starterkabel besäßen und Zeit hätten, uns zu helfen. Leider Fehlanzeige, zumindest in dieser Kombination. Auch an dem kleinen Kiosk fand sich niemand.

Zufällig kam die Besitzerin des weitläufigen Campingplatzes vorbei. »Redet einfach mit Paul. Ihm fällt immer was ein«, riet sie uns.

»Wer ist Paul?«, fragte ich, und dachte an unseren letzten Begleiter zurück.

»Das ist unser Hausmeister, er hat sicher das nötige Werkzeug.«

Wir atmeten auf, und schon im nächsten Moment brauste ein weißer Pick-up heran. Heraus sprang Paul, ein dürrer, jugendlich wirkender Mann mit einer Zigarette im rechten Mundwinkel und einer grünen Baseballmütze auf dem Kopf. Die Campingplatz-Inhaberin schilderte ihm kurz unser Problem.

»Jump on!«, rief er, und schon saßen wir zwischen irgendwelchen Geräten und Zigarettenstummeln auf der Vorderbank. »Ich muss noch schnell etwas Brennholz schlagen und ein paar Toiletten putzen, danach lösen wir euer Problem«, sagte er und erkundigte sich neugierig, wie wir auf diesem Campingplatz gelandet waren. »Trinidad ist doch so ein langweiliges Nest, ihr solltet schnell weiter!«, sagte er, nachdem wir ihm Auskunft gegeben hatten.

»Und woher kommst du?«, fragte ich Paul.

Er nahm einen tiefen Zug aus seiner selbstgedrehten Kippe und begann zu erzählen. »Eigentlich bin ich aus New Jersey, aus einer guten Familie. Bin als Jugendlicher an die Westküste, wollte Medizin studieren. Ein Semester lang hab ich's geschafft. Dann war mir dieses Auswendiglernen zu dumm. Oben in Washington habe ich ein paar Jahre als Park Ranger gearbeitet, wollte aber zurück nach Kalifornien.«

Plötzlich bremste er ruckartig, stieg aus und schlug auf einer Lichtung ein paar schwere Holzblöcke klein. Anschließend ließ er den lauten Motor wieder an und berichtete weiter. »Hier in der Gegend hat mich eine Indianerfamilie aufgenommen, bei der ich eine Weile lebte. Hatte dort auch eine Frau. Dann wurde es mir zu viel, und seitdem arbeite ich auf dem Campingplatz.«

»Schön, dass ihr da seid«, fügte er hinzu, »aber bleibt nicht zu lange. Amerika ist ein schreckliches Land geworden, genauso wie alle anderen zivilisierten Länder. Da gibt es nur eine Antwort: Ein paar Jahre lang so viel Geld wie möglich verdienen, eine Familie gründen und dann in ein einsames Haus irgendwo auf einem Berg ziehen, mit Quellwasser und Sonnenstrom. Alles andere macht einen doch kaputt.«

Glücklicherweise war momentan nur der Thunderbird kaputt. Wir erreichten unseren Zeltplatz. Erst bewunderte Paul ausführlich den Wagen und seinen polierten Motorraum mit den acht Zylindern, dann schaffte er es nach mehreren Versuchen, ihn mit dem Überbrückungskabel zu starten.

»Also, los geht's«, verabschiedete er sich mit einem Handschlag. »Sofort weiterfahren, bevor die Maschine wieder schlappmacht. Und ab in die Werkstatt!«

Diesen Rat befolgten wir, und ich ließ in Eureka, der nächsten größeren Stadt, bei einem Fordhändler eine neue Lichtmaschine einbauen.

Irgendwann wurde uns der schmale Highway entlang der Felsküste zu kurvig, und wir bogen ab in Richtung Autobahn. Kurz bevor die Sonne unterging, leuchteten die Weinberge des Sonora Valley in feurigen Farben, und die Gutshäuser wachten über die Hügel wie romantische Burgen im Rheintal. Es wurde dunkel, und auf den Autobahnschildern sank die Entfernungsangabe nach San Francisco schnell. An einer Mautstation zahlten wir fünf Dollar und fuhren über die Golden Gate Bridge.

Im ersten Motel nach der Brücke mieteten wir uns ein billiges Zimmer, genau dort, wo die Richardson Avenue zur Lombard Street wird, die sich von den Parks im Stadtteil Presidio über mehrere Meilen bis nach North Beach zieht. Dort fällt sie in jenen Serpentinen ab, die sie zur angeblich kurvigsten Straße der Welt machen, und führt hinüber zum Telegraph Hill mit dem Coit Tower – eine seltsame Struktur aus den Dreißigerjahren, die aussieht wie ein Elefantenpenis, errichtet mit dem Geld einer exzentrischen Dame der Oberschicht namens Lillie Hitchcock Coit, die zu ihren Lebzeiten auf den Löschwagen der Feuerwehr als Maskottchen mitfuhr.

In San Francisco hatte ich mich schon bei einem früheren Besuch wohlgefühlt, gerade in North Beach, wo es trotz des vielversprechenden Namens keinen Strand gibt, dafür aber unzählige italienische Restaurants, zweideutige Etablissements, gemütliche Cafés und kleine Buchhandlungen. Die Straßenzüge erwecken noch immer den Eindruck, als würde gleich Jack Kerouac mit seinen Freunden Allen Ginsburg und William Burroughs um die Ecke biegen. Gemeinsam machten sie in den Fünfzigerjahren den Stadtteil zum Ausgangspunkt für ihre wilden Nächte, die Kerouacs Alter Ego in *On the Road* ausführlich schildert: »Inzwischen fuhr ich öfter nach San Francisco; ich versuchte alles, was man sich vorstellen kann, um ein Mädchen zu bekommen. Ich verbrachte sogar eine ganze Nacht mit einem Mädchen auf einer Parkbank, ohne Erfolg. Sie war blond und kam aus Minnesota.«

Wenig später verlässt er wehmütig die Stadt, nachdem er sich während eines Abendessens mit seinen Freunden angelegt hat: »Das war's mit Frisco; und den schönen Frauen, die, in weißen Türrahmen stehend, auf ihre Männer warteten; und dem Coit Tower, und dem Embarcadero, und der Market Street, und den elf strotzenden Hügeln. Ich drehte mich um mich selbst, bis mir schwindlig war; ich dachte, ich sei tief gefallen, wie in einem Traum, frei von der Felsklippe.«

Auch zwischen Michaela und mir kam es am Abend zu einem heftigen Streit, auf den das endgültige Zerwürfnis folgte. Schon als wir über die Brücke gefahren waren, hatte sie – für mich erst einmal nicht verständlich – vor sich hingeschmollt. Und als wir gerade das Motelzimmer beziehen wollten, nahmen die Dinge ihren Lauf.

»Was soll ich eigentlich schon wieder hier?«, fuhr sie mich an. »Wie du weißt, war ich erst vor einigen Tagen in San Francisco!«, sagte sie und stemmte schlecht gelaunt ihren Rucksack aus dem Kofferraum. »Eigentlich wollten wir uns bekanntermaßen hier treffen, nicht in Seattle, aber das hat der Herr ja nicht auf die Reihe bekommen.«

»Und was ist an San Francisco so schlimm?«, fragte ich

»Dass ich in einer Woche nach Berlin zurückfliege, und zwar von Phoenix aus, und ich keine Ahnung habe, wie wir es schaffen sollen, in dieser Zeit dort zu sein!« Das wusste ich auch nicht, aber irgendwie würde es schon klappen.

»Du, ich lass mir nicht von dir die Freude an meiner Reise nehmen«, sagte ich kühl. »Mach es, wie du willst. Du bist ja selbstständig genug, allein weiterzureisen.«

»Aha. So also. Du bist einfach nur peinlich und egoistisch. Und du denkst, du könntest machen, was du willst«, konterte sie. Sie hatte recht, zumindest teilweise, aber das war mir in diesem Augenblick egal. Ich mietete mir ein zweites Zimmer im gleichen Motel, bevor ich ihr den Autoschlüssel gab, damit sie ihre restlichen Sachen aus dem Kofferraum holen konnte.

Das war's also mit Michaela. Bis heute haben wir uns nicht wieder gesehen.

Am nächsten Tag streifte ich ohne genauen Plan durch die sonnige Stadt, von einem der elf Hügel, die Kerouac erwähnt, zum nächsten. Es gelang mir, den Ärger vom Vorabend zu verdrängen, und ich war eher erleichtert als betrübt. Einen kurzen Moment lang überlegte ich, Michaela im Motel anzurufen, tat es aber nicht. Die wiedergewonnene Unabhängigkeit fühlte sich zu gut an.

Unter blauem Himmel fuhr ich am darauffolgenden Tag über die zweigeschossige Bay Bridge nach Berkeley, in dieser Richtung leider auf der unteren Fahrbahn der zweigleisigen Brücke und deshalb ohne gute Aussicht. Ich wollte die Universität besichtigen, an der ich mich vor einiger Zeit auch mal für einen Studienplatz beworben hatte, aber abgelehnt wurde. So viel fröhlicher schienen die Studenten dort zu sein als auf meinem Campus in Harvard, auf der entgegengesetzten Seite dieses riesigen Landes. Ich machte einen kleinen Rundgang, trank einen Kaffee und fuhr weiter.

In Sacramento, der Hauptstadt von Kalifornien, musste ich einen kurzen Zwischenstopp einlegen, weil in einem Paketlager des United Parcel Service die Nummernschilder für meinen Thunderbird warteten. Bisher war ich mit einem an die Heckscheibe geklebten Pappkarton übers Land gefahren, auf den ich mit einem schwarzen Edding die vorläufige Zulassungsnummer geschrieben hatte.

In einem rechten Winkel führte die Interstate auf die Hochhäuser Sacramentos zu, ich aber bog in ein Gewerbegebiet ab, um nach der Lagerhalle zu suchen. In dem Motel, in dem ich das letzte Mal mit Michaela abgestiegen war, hatte ich einen Anfahrtsplan aus dem Internet ausgedruckt, um mich zu orientieren, aber hier sah jede Kreuzung gleich aus, und Straßenschilder fehlten. Auf hohen Pfählen drehten sich Sicherheitskameras, um die flachen, modernen Firmengebäude hinter ihren hohen Zäunen zu überwachen.

Es war kurz vor sechs Uhr abends, und niemand lief über die Straße, den ich hätte fragen können. Kurz nachdem ich noch einmal abgebogen war, entdeckte ich einen Parkplatz, auf dem mindestens hundert braun glänzende UPS-Transporter standen, aufgereiht wie Rinder in einem Viehstall. Am Abholschalter zeigte ich einem großen, jungen Mann, der mich mit seinen linkischen Bewegungen an Jim Carrey erinnerte, meinen Ausweis. Er brachte mir aus der hintersten Ecke des Raumes ein flaches Paket. Ich packte es aus.

Das Design der Nummernschilder gefiel mir: Auf das rechteckige Blech war die Silhouette des Mount Rainier gedruckt, darunter stand »The Evergreen State«, das Motto des Bundesstaates Washington, in dem Seattle liegt – und in den mein altersschwacher Thunderbird niemals zurückkehren sollte. Ich schraubte die Schilder mit meinem Taschenmesser an und gab wieder Gas.

Im Sacramento Hostel, einer fast schon vornehmen Jugendherberge, die sich in einer viktorianischen Villa aus dem neunzehnten Jahrhundert befand, welche zwischenzeitlich als Begräbnisinstitut gedient hatte, stieg ich das breit geschwungene, dunkel getäfelte Treppenhaus hinauf. Im Schlafsaal für Männer belegte ich die untere Matratze eines Stockbetts. Danach ging ich nach draußen und streifte durch die frühabendlich ruhige und gepflegte Stadt, vorbei am Hilton Hotel, vor dem gerade eine Wagenkolonne wartete. Arnold Schwarzenegger wohnt hier, der Gouverneur aus Österreich, wenn er gerade Kalifornien regiert. An Wochenenden verlässt er die Bürokratenstadt und fliegt mit dem Hubschrauber zurück nach Los Angeles, wo er mit seiner Frau und den vier Kindern lebt.

Ein paar Blocks weiter erhob sich zwischen Palmen, Zedern und Orangenbäumen das Kapitol – deutlich kleiner, aber ansonsten fast baugleich mit dem neoklassizistischen Vorbild in Washington, der Bundeshauptstadt am Potomac. Aus allen Winkeln strahlten kräftige Scheinwerfer die Kuppel an, als sollten Außerirdische für einen intergalaktischen Staatsbesuch herbeigelotst werden. Mächtige Regierungsgebäude umrahmten den Vorplatz. Sie waren mit Inschriften im antiken Stil versehen, darunter: *»Bring Me Men to Match My Mountains«*, der Wunsch Gottes, man solle ihm Männer heranschaffen, die mit seinen Bergen mithalten können. Vielleicht haben die Kalifornier deshalb Arnold gewählt?

Den nächsten Tag verbrachte ich auf der California State Fair, einer Mischung aus Vergnügungspark, Zuchtschau und Musikfestival, die einmal im Jahr drei Wochen lang in Sacramento stattfindet. In jedem Bundesstaat gibt es ein solches Fest, aber nirgendwo ist es so opulent wie in Kalifornien.

Ich war im echten Amerika angekommen. Unter stahlblauem Himmel wehten die *Stars and Stripes* und warfen changierende Schatten auf einen temporär aufgestellten Gedenkstein für die gefallenen Soldaten des Irakkriegs, vor dem eine Familie betete. Von verrückten Campingplatzwärtern, reisenden Mandolinenspielern und anderen Zivilisationsflüchtlingen war nichts zu sehen. Hier herrschte der Mainstream.

An einem Grillstand aß ich eine Truthahnhaxe, die rötlich wie ein Granatapfel glänzte und mit süßlicher Barbecuesoße überzogen war. Den Geschmack des faserigen Fleisches spülte ich mit einem Bier zum prohibitiven Preis von sieben Dollar ohne Pfand hinunter. Hinter mir mischten sich der Lärm der Fahrgeschäfte und die Musik der Wurfstände und Tombolas zu einer Kakophonie, die mich betäubte. Der Geruch aus heißem Fett, Popcorn und Zuckerwatte, der über den vielen bunten Ständen schwebte, tat sein Übriges: Mir wurde schwindlig und im Magen flau, ich musste mich setzen.

Als ich mich wieder berappelt hatte, lief mitten im Getümmel ein leibhaftiger Ronald McDonald an mir vorbei, originalgetreu ausgestattet mit weiß geschminktem Gesicht, roter Perücke und gelber Latzhose. Ein kleiner Junge ließ sich mit ihm fotografieren. Eine gute Idee, dachte ich mir, und bat ebenfalls um ein Bild.

»Bist du nicht zu alt dafür?«, fragte der Clown.

»Nein, auf gar keinen Fall.«

Ich reichte dem Vater des Jungen meine Kamera, grinste, und er drückte ab. Heute gehört das Foto zu meinen wertvollsten Reiseerinnerungen.

In den großen, flachen Hallen am Rand des Festgeländes wurden die Erfolge der kalifornischen Viehzucht vorgeführt. Es roch nach Heu, Mist und chemisch angereichertem Tierfutter, was meinen Magen erneut auf Achterbahnfahrt schickte. Ein Geblöke und Muhen schallte von der Decke und den Wänden zurück, als feierten die Zuchttiere gerade Karneval. Das Angusrind »Lucy in the Sky« stand neben einem wohlgeformten schwarzen Bullen der Firma Precision Genetics, der unter seinen geschwungenen Hörnern bedrohlich dreinschaute.

Ich freundete mich mit einer Gruppe Langhaarziegen an, die mich erst ziemlich blöd anstarrten, dann aber zutraulich ihre Schnäuzchen durch das Gitter reckten. Leider hatte ich keinen Salzklotz dabei.

Wieder draußen an der frischen Luft, kam ich an einer Bühne vorbei, auf der ein Hypnotiseur mehrere Menschen gleichzeitig durch Handauflegen zum Einschlafen brachte. Meine Sinne waren bereits überlastet. Ich taumelte dem Ausgang entgegen.

Kurz nach Einbruch der Dunkelheit fuhr ich davon. Im Rückspiegel begleiteten mich die glänzenden Lichter des Riesenrads noch lange.

Um mich von dem erschöpfenden Tag zu erholen, ging ich ins »Streets of London«, einen Pub in der Innenstadt, den mir ein Mexikaner an der Rezeption meiner Jugendherberge empfohlen hatte. Kaum stand ich an der Theke, sprach mich ein älterer Mann in einem dunkelgrünen Cordsakko an.

»Wir gehen bald unter.«

»Wer geht unter?«

»Wir, das ganze Land, Amerika. Du bist nicht von hier, oder?« Er hatte meinen deutschen Akzent erkannt.

»Ich bin Tom«, sagte er und schüttelte mir die Hand. Tom war Journalist bei der *Sacramento Bee,* der führenden regionalen Zeitung. Vielleicht machte er sich deshalb so viele trübsinnige Gedanken. Hinzu kam: Seine Frau hatte sich kürzlich von ihm scheiden lassen, sein Sohn wollte nichts mehr mit ihm zu tun haben, und jetzt saß er hier.

»Die Zeit der amerikanischen Herrschaft ist vorbei«, dozierte er weiter, und ich dachte an Paul auf dem Campingplatz. »Unser Land hat sich erschöpft mit seinen Kriegen. Die Gesellschaft ist moralisch zerstört. Ganz egal, wer regiert, es ist zu spät. Die Zukunft gehört euch Europäern.«

Tom empfahl mir ein politisches Buch, das seine These bestätigte. »Kauf es gleich morgen!« Seine vernebelt wirkenden Augen flehten mich an, als sei ich ein Heilsbringer.

»Noch zwei Newcastle«, rief ich dem Bartender zu. Viel konnte ich nicht für Tom tun, aber immerhin versuchen, ihn mit einem frisch gezapften europäischen Bier aufzuheitern.

Kurz darauf gesellte sich eine junge Frau zu uns, die sich beim Dartspiel mit ihren drei lauten, angetrunkenen Freunden offenbar gelangweilt hatte.

»Hey, was macht ihr hier?«, fragte sie uns, während sie die Hüfte schwang, was ihren Oberkörper betonte, über den sie ein hautenges Shirt gezogen hatte. »Ich bin Allison.« Tom und ich unterbrachen unser schwergewichtiges Gespräch.

»Das ist Robert, der hat es gut, er kommt aus Deutschland«, seufzte Tom und deutete auf mich.

»Wow, Germany«, sagte Allison, und schaute mich mit gespieltem Erstaunen aus grünen und kräftig geschminkten Augen an. »Ich habe am College in einem Kammerchor gesungen. Es gab ein paar Konzerte in Europa. Wir haben dafür sogar ein deutsches Lied einstudiert.«

Sie begann zu singen, in schrägen Tönen und mit starkem Akzent. Es war »Der Mond hat eine schwere Klag erhoben«, eine alte italienische Weise, von Hugo Wolf ins Deutsche übertragen.

Gipfel in Wolken: Mount McKinley, in Alaska gelegen und von den Menschen dort »Denali« genannt, ist der höchste Berg Nordamerikas (6195 Meter).

An einem Hochsommertag unternehme ich eine kurze Wanderung auf dem Polarkreis.

Ein Wolf quert ungerührt die einzige Straße im Denali National Park.

In Alaska hängen die Eskimos Lachs zum Trocknen auf, um sich und ihre Hunde durch den Winter zu bringen.

Das Haus von Kim und ihren Schlittenhunden in der Tundra bei Nome

Noch eine schnelle Wäsche, dann sollte dieser Ford Thunderbird aus den Achtzigerjahren mir gehören.

San Francisco, North Beach, dahinter die Bay Bridge: In diesem Viertel vergnügten sich die Literaten der Beat Generation.

Beim Rodeo in der Sierra Nevada holt ein Nachwuchsstar mit dem Lasso aus – dabei hat der Vater das Kalb längst gefangen.

Beim Sonnenuntergang über dem Pazifik vermitteln sogar kalifornische Bohrinseln und Öltanker eine gewisse Romantik.

Auf Angels' Landing im Zion National Park. Engel traf ich keine, dafür Matthew aus Arizona, der den Weg besser kannte als ich.

Shoppinggelegenheit im Monument Valley. Heute leider geschlossen.

In Mexiko verkaufte ich den Thunderbird und mietete für ein paar Tage ein deutsches Modell. Leider mogelte sich ein Backpacker aus den USA aufs Bild.

Westernkulisse auf dem heiligen Land der Navajo-Indianer an der Grenze von Utah und Arizona

In Chava's Bar bei Guadalajara bekommt jeder seine Dose »Modelo«-Bier.

Land unter an der mexikanischen Küste: Eine Kuh leidet an den Folgen von Hurrikan »Lane«.

Straßenverkehr in venezianischem Stil: Auf der Isla de Mexcaltitán waren alle Gassen überschwemmt.

Schnell aufspringen und gute Geschäfte machen: In Guatemala müssen Busreisende nicht hungern.

Dienstagmorgen in Santa Ana, El Salvador. Egal ob Coca-Cola oder Salva Cola, gezahlt wird in Dollar.

Wanderer über den Wolken: In Kolumbien erheben sich die ersten Höhenzüge der Anden.

Ein typisches Bild für Lateinamerika: In León, Nicaragua, stehen koloniale Prachtbauten und Wellblechhütten nebeneinander.

Im Dschungel von Panama, beim Stamm der Embera, verfolgte ich ein Fußballspiel – und holte mir Dengue-Fieber.

Traditionelles Fortbewegungsmittel in Ecuador ist das Lama. Dieser ecuadorianische Bauernjunge saß ziemlich hoch im Sattel.

Nach zweitägigem, beschwerlichem Aufstieg blicke ich auf fast 6000 Meter Höhe in den Krater des Cotopaxi.

»Aber ich kann kein einziges Wort Deutsch sprechen«, fügte sie hinzu, nachdem sie ihre Nummer beendet hatte. Wir applaudierten. »In deinem Land war es ziemlich lustig. Wir haben viel gefeiert. Einmal standen wir in einer Kneipe, da waren außer uns nur Metal-Fans. Sie trugen Jacken mit Stickern von Def Leppard. Ständig stießen sie mit kleinen Fläschchen an, riefen ›Apfel Alkohol‹ und warfen die Flaschen über die Schulter gegen die Wand.«

Schön, was man in Deutschland so alles erleben kann, dachte ich. Tom schaute mich befremdet an. Ich zog meine Schultern hoch und spürte eine gewisse Verlegenheit in mir aufsteigen. Allison war nicht mehr zu bremsen.

»Ach, und wir haben in Bad Reichenhall das Salzbergwerk besichtigt.«

»Ich komme aus München, das ist nicht weit von Bad Reichenhall«, unterbrach ich den Redeschwall.

»Oh, how lovely!«

Gemeinsam tranken wir noch einige Newcastle und Gin Tonic. Es wurde spät, sehr spät. Die Haustür der Jugendherberge war seit Mitternacht abgesperrt, und ich musste in Allisons unordentlicher Wohnung übernachten. Am nächsten Morgen brachte sie mich zurück zu meinem ungenutzten Stockbett in der Jugendherbergsvilla, wo ich meine Sachen packte und die Stadt in Richtung Südosten verließ. Ich freute mich darauf, der Zivilisation wieder den Rücken zu kehren. In Höchstgeschwindigkeit fuhr ich in Richtung Yosemite-Nationalpark. Auf meinem Weg wollte ich später den Grand Canyon durchwandern, dafür musste ich in den Bergen trainieren. Einmal hielt ich kurz, um etwas zu essen, mangels Alternative bei McDonald's: zwei Hamburger und eine kleine Tüte Pommes, für drei Dollar plus Mehrwertsteuer. Ich rollte einen Ein-Dollar-Schein zusammen und steckte ihn in die Sammelbox für wohltätige Zwecke, als verspätetes Fotohonorar für den Clown in Sacramento.

Das fette Essen machte mich müde, und ich schaffte es nicht ganz bis nach Yosemite. Auf einem abgelegenen Parkplatz übernachtete ich neben dem Auto, unter einem Firmament, das so greifbar zu sein schien wie der künstliche Sternenhimmel in einem Planetarium.

Am nächsten Morgen zahlte ich an einer Mautstation die Eintrittsgebühr und fuhr hinein in das amerikanische Naturheiligtum: Yosemite ist der älteste Nationalpark des Landes. Es war inzwischen Anfang September, und das Touristengetümmel der Sommermonate vorbei. Später Löwenzahn, Grashalme und Baumkronen reckten sich in einer letzten, frühherbstlichen Kraftanstrengung noch einmal der schräg stehenden Sonne entgegen.

Gleich am Tag meiner Ankunft wollte ich Half Dome besteigen, jenen treffend benannten Berg, der eine von der Erosion abgeschliffene, halbierte Felskuppel ist. Zwei Amerikaner waren in diesem Jahr schon beim Klettern von der Felswand gestürzt, die mehr als anderthalb Kilometer im rechten Winkel zwischen Himmel und Erde aufragt. Ich entschied mich, von der flacheren Seite aus hinaufzusteigen. Das war auch nicht ganz leicht.

Gegen Mittag marschierte ich los, um am Gipfel den Sonnenuntergang zu erleben. Ein schmaler, steiniger Weg führte zwischen Coloradotannen, Douglasfichten und Weihrauchzedern bergan. In der Luft hing ein Geruch nach frisch gefallenen Nadeln und feuchtem Moos. Eine Ameisenstraße querte in strenger Ordnung vor meinen Füßen den Pfad, und von einem Stein blickte mir ein blauer Diademhäher mit seinem prächtigen Kopfschmuck entgegen.

Durchs Gestrüpp hörte ich mal lauter, mal leiser das Plätschern eines Gebirgsbachs, das nach einer halben Stunde zu einem Crescendo anschwoll. Auf einer Holzbrücke überquerte ich den Merced River, der auch zu dieser Jahreszeit, nach einem in Kalifornien eher trockenen Sommer, lärmend ins Tal toste.

Bald gelangte ich an den Fuß eines Wasserfalls, den meine Karte als Vernal Falls auswies. Die schäumende Gischt brach das Sonnenlicht in den Farben des Regenbogens. Steile Felsstufen führten fast senkrecht hinauf, und mehrmals überholte ich schwerfällige Wanderer, die nach Luft schnappten. An der oberen Kante des Wasserfalls rastete ich kurz. In einem Bergkessel öffnete sich ein großes, ovales Becken klarsten Wassers, umstanden von Erdbeerklee und Kornlilien.

Die anderen Wanderer gingen von hier aus nicht weiter, sondern ließen sich auf großen Steinen nieder, die das Wasser glatt gespült hatte. Auf meinem weiteren Weg nach oben war ich allein, bis auf einen Maultierhirsch, der im Unterholz stöberte und sich nicht von mir stören ließ.

Bald lichteten sich die Fichten, und Latschenkiefer bedeckte den Boden, gelegentlich durchsetzt von Astern und Arnika. Kurz darauf war nur noch blanker Fels zu sehen. So langsam ging mir die Luft aus. Die letzten hundert Meter musste ich mich an dicken Drahtseilen, die dauerhaft ins Gestein geschraubt waren, auf die Kuppel hinaufziehen. Ich war recht zügig marschiert, und als ich die Kante erreichte, zuckten scharfe Krämpfe durch meine Beine.

Der einzige andere Mensch auf dem Felsen war Alvin, ein verschwitzter, älterer Amerikaner mit offenen Schnürsenkeln und Bauchansatz. Er half mir, meine Beine zu dehnen, und wir fotografierten uns gegenseitig in einer kargen Mondlandschaft. Der dichte Wald des Yosemite-Tals lag in unwirklichem Nebel tief unter uns.

Alvin stieg schließlich ab, und als die Sonne unterging, war ich allein. Zwei Raben gesellten sich zu mir, pickten ungeniert nach den Bröseln der belegten Brote, die ich eingepackt hatte, und schienen ein Gespräch anfangen zu wollen. Ich verstand sie nicht, aber stellte ihnen jene Frage, die mir in diesem Moment durch den Kopf ging: Warum ist die Welt so schön? Die Raben flogen davon.

Als ich in der Dämmerung von Half Dome hinunterkletterte, verlor ich trotz Stirn- und Taschenlampe den Weg. Ich wusste, dass ich bergab gehen musste, nur durfte ich dabei nicht versehentlich über die Felskante fallen. Erst nach einigem Stolpern bemerkte ich, dass ich den einzigen Pfad nach unten wiedergefunden hatte. Ein paar Kurven später sah ich Alvin mit einem zweiten Wanderer auf einem Baumstamm sitzen.

»Hey, bleib mal stehen, du bist viel zu schnell unterwegs!«, rief er mir entgegen. »Das ist mein Kumpel Fred, wir machen kurz Rast.«

»Na, ich würde sagen, eine lange Rast«, presste Fred ärgerlich zwischen den Zähnen hervor. »Alvin hat sich übernommen. Wir sind beide keine Profis im Bergsteigen.« Nicht so nett von Fred, dachte ich mir, den lieben Alvin alleine dort oben auf dem Felsen sitzen zu lassen.

Ich gesellte mich zu ihnen, und wir beschlossen, mit der gebündelten Strahlkraft unserer Leuchten gemeinsam ins Tal hinabzusteigen. »Wir sind schon seit fünf Tagen in der Gegend und haben fleißig trainiert, um es heute hier hoch zu schaffen«, schnaufte Alvin. »Vorgestern sind wir nur bis zum Wasserfall gekommen. Heute haben wir es endlich geschafft. Morgen bin ich bestimmt tot.«

»Ich auch, da kannst du Gift drauf nehmen«, ergänzte Fred mit seiner tiefen Stimme. Er wirkte in der Dunkelheit ziemlich groß und bullig. Über uns flatterte ein schwerer Vogel in den Baumwipfeln, ein weiterer Rabe vielleicht, und ein kurzes Gekrächze war zu hören. Die Natur bereitete sich auf die Nacht vor.

Während des Abstiegs versuchte Alvin seine Erschöpfung mit einem Schwall von Worten zu überspielen. »Wir arbeiten beide in Fresno. Ich bin Gärtner für den gesamten Schuldistrikt und kümmere mich darum, dass es auf den Pausenhöfen nicht so trist aussieht. Fred ist dort Elektriker.« Alvin blieb schon zum zweiten Mal stehen, angeblich, um sich die Schnürsenkel zu binden.

Auf ungefähr der Hälfte der Strecke, kurz vor dem Wasserfall, trat ein großer Schatten vor uns auf den Weg. Ich erschrak. Ein Bär? Nein, dafür war die Gestalt zu schmal.

»Hey da«, rief der Schatten uns zu. »Wartet!«

Wir leuchteten in seine Richtung und entdeckten einen Teenager in kurzen Hosen und Basketballstiefeln, dessen Beine schlotterten. »Ich habe meine Freunde verloren, und nun finde ich nicht runter. Es wäre schön, wenn ihr mich mitnehmt, dann muss ich nicht auf dem Klo übernachten.«

Tatsächlich, einige Schritte entfernt von ihm stand ein Toilettenhäuschen für Tagestouristen. Der Junge stellte sich als Mike vor, nachdem wir ihn ein wenig aufgemuntert und in unsere Gruppe aufgenommen hatten.

Am Wasserfall füllten wir unsere Trinkflaschen auf. Die Jodtabletten waren mir bereits beim Aufstieg ausgegangen. Als wir kurz nach Mitternacht das Tal erreichten, kam uns ein Polizeiwagen mit Suchscheinwerfern entgegen. Die mürrischen Beamten hielten bereits Ausschau nach Mike. Als sie ihn sahen, forderten sie ihn auf, gleich in den Wagen einzusteigen. Es stellte sich heraus, dass Alvin und Fred auf demselben Campingplatz wohnten wie ich. Dort angekommen, wünschten wir uns eine gute Nacht und verabredeten uns für den nächsten Morgen zum Frühstück.

Als ich nach einer kurzen Nacht aus meinem Zelt kroch, konnte ich mich kaum bewegen. Alvin bereitete gerade Rührei auf seinem Kocher zu, Fred reichte mir eine Tasse Instantkaffee. Wir unterhielten uns noch kurz über die Ereignisse der vergangenen Nacht, danach wollte ich weiter.

Über die Hochwiesen von Toulume fuhr ich in die trockene Ebene zwischen der Sierra Nevada und den Rocky Mountains. Unter mir lag der rötlich schillernde Mono Lake, ein Monument der Umweltzerstörung. Weil zu viel Grundwasser für die Einwohner von Los Angeles abgeleitet wurde, ist die Oberfläche des Sees immer weiter abgesunken. Auf diese Weise ist ein seltsames Naturschauspiel entstanden: Albtraumhafte Gewächse aus Tuffstein, früher tief unten auf dem Grund verborgen, ragten wie groteske Märchenfiguren aus dem See.

Das verbliebene Wasser ist zehnmal salziger als der Pazifik. Essbare Tiere gibt es in dem See nicht mehr, einzig eine urzeitliche Krebsart, die nirgendwo sonst überlebt hat. Die Menschen, die am Mono Lake wohnen, haben aus ihrem vertrocknenden See eine Touristenattraktion gemacht: Wenn die Sonne untergeht, leuchtet der Tuffstein in vielen Farben, gespenstisch schön und postkartentauglich.

Nicht weit vom See machte ich Halt in Bodie, einer Geisterstadt aus der Zeit des Goldrauschs, in deren verfallenen Holzhäusern vor mehr als hundert Jahren hektische Betriebsamkeit und lasterhaftes Leben herrschte. Die Kirche und das Pfarrhaus stehen noch, das Bordell in der Virgin Alley ist abgebrannt.

Die Menschen, die einstmals hier wohnten, sind ein paar Kilometer weitergezogen, nach Bridgeport. Ich folgte der staubigen Straße in diese Stadt. Es war Sonntag, und am Ortsrand, unter den verschneiten Gipfeln der Sierra Nevada, veranstalteten die Landwirte aus der Gegend ein Rodeo, nicht etwa als Spektakel für Touristen – denn die gab es in diesem versteckten Winkel nicht –, sondern aus Tradition.

Die Bauern hatten ihre Kälber im Viehwagen herbeigebracht und ließen sie in einem Gehege laufen. Vom Pferd aus versuchten sie, die ängstlichen Tiere mit dem Lasso einzufangen. Sobald das geschafft war, brannten die Besitzer zu den Jubelrufen der Zuschauer ihre Initialen in das Fell. Der Sinn dieser Übung: In der endlosen Prärie gibt es keine Weidezäune, und im Streit um ein kräftiges Rindvieh soll im Wilden Westen schon so mancher tödliche Schuss gefallen sein.

Ich schlug mein Zelt an einem kleinen Weiher auf, der ein paar Kilometer von der Stadt entfernt lag. Frühmorgens setzte ich entlang der Sierra Nevada meine Fahrt fort, um vier Stunden weiter südlich das Death Valley und die Grenze zum Bundesstaat Nevada zu erreichen, ein Wüstental aus ockerbraunen, karmesinroten, orangefarbenen und mattgelben Gesteinsformationen und Sanddünen. In den letzten hundert Jahren wurden hier die höchsten und die niedrigsten Temperaturen in Nordamerika gemessen.

Dort stellte ich mein Auto auf dem Parkplatz eines der beiden Hotelkomplexe ab. An der Bar im Restaurant arbeitete Steve, der sichtlich erfreut war, mal wieder einen Menschen zu sehen. Niemand hielt sich in diesem Moment in dem großen, dunklen Wirtsraum auf. Ein Billardtisch verstaubte friedlich unter einem Messingleuchter, die Tische waren so blank poliert, als seien sie noch nie benutzt worden.

Steve erzählte mir, dass er in Florence, Oregon, aufgewachsen war, und seine Eltern noch immer dort wohnten.

»Da war ich gerade erst«, unterbrach ich ihn, und er lächelte, während er seine Halbglatze kratzte. »Ein schöner Ort! Wann fährst du wieder hin?«

»Mal sehen. Weißt du, ich bin ein reisender Bartender, arbeite mal hier, mal dort, da freut man sich sehr über jemanden, der die Heimat kennt.« In einer Bar auf Hawaii hatte er im vergangenen Jahr seine Freundin kennengelernt, eine Philippina. Ungefragt zeigte er mir ein Foto.

»Wir heiraten bald. Dann bekommt sie ein Visum und kann hier wohnen.«

Es war dunkel geworden. Die Nacht war klar und warm. Ich zahlte, holte meine Badehose aus dem Kofferraum und schlich in den Pool der Anlage, um mich zu erfrischen. Eigentlich hatten nur Hotelgäste Zutritt zu diesem Bereich. Auf dem Rücken im sonnenbeheizten Wasser liegend, versuchte ich Sternbilder zu erkennen. Ich ärgerte mich, weil ich nicht sonderlich gut darin war.

In der feuchten Badehose und mit nacktem Oberkörper fuhr ich noch ein paar Kilometer weiter durch die Nacht, zu einem abgelegenen Parkplatz. Direkt neben den Thunderbird legte ich meine orangefarbene Isomatte, um zu schlafen.

Am nächsten Morgen fuhr ich aus dem Tal hinaus und setzte die Tour durch den amerikanischen Westen fort, von dem ich geträumt hatte, seit ich als kleiner Junge vor den Werbeplakaten der Raiffeisenbank stand: »Wir machen den Weg frei!« Endlose Straßen ohne Kurven, kaum Verkehr, rechts und links davon nur Wüste mit staubigen Hügeln, auf denen ein paar Kakteen und kratzig aussehendes Gestrüpp wuchsen. Mein schwerer, langer Thunderbird passte so gut in diese Landschaft wie ein Smart in den werktäglichen Innenstadtverkehr. Mehr Freiheit geht nicht, dachte ich mir, und die Hitze verstärkte meinen ziemlich aufgekratzten, fast schon euphorischen Gemütszustand. Es ging geradeaus bis zum Horizont, kein anderes Auto war unterwegs.

Bald schränkten zwei Probleme diese Freiheit ein: Ich hatte Durst, und der Tank war so gut wie leer. In diesem Moment erlebte ich die erste Fata Morgana meines Lebens. Ich hätte schwören können, dass schräg vor mir das Wasser eines riesigen Sees, umstanden von Kokospalmen, in der Morgensonne schillerte. Das kann nicht sein, mitten in der Wüste, sagte mir die Vernunft. Aber sollte ich meinen Augen nicht trauen können? Je näher ich kam, desto weiter entfernte sich der See, und ein paar Sekunden später war er verschwunden, als wäre er nie da gewesen. Schade.

Ich vergnügte mich damit, mal auf den Mittelstreifen, mal auf die Gegenspur auszuscheren, oder einfach mitten auf der Straße stehen zu bleiben, um den weiten Wüstenkessel zu bestaunen. Zwischendurch rief ich Schimpfwörter in die drückend heiße Luft, wissend, dass mich niemand hören konnte. Ein paar Meter vor mir überquerte eine Vogelfamilie die Straße, offenbar auf einem Ausflug. Später identifizierte ich sie anhand eines Fotos als Roadrunner, Rennkuckucke, die auf dem Boden bis zu dreißig Stundenkilometer schnell unterwegs sind, aber mit ihren kleinen, hellbraunen Flügeln kaum fliegen können.

Ich hatte immer noch Durst, aber kein Wasser, und der Benzinzeiger war nur noch Millimeter vom unteren Anschlag entfernt. Was sollte ich tun? Weiterfahren.

Wenig später überquerte ich die Grenze zu Nevada. Ein großes neonfarbenes Schild, auf das ein Mann mit einem Pickel zum Silberschürfen gemalt war – das Silber hatte überhaupt erst Menschen in diese unwirtliche Region gelockt –, hieß mich im Silver State willkommen. An diese Form amerikanischer Höflichkeit war ich langsam gewöhnt, da ich schon mehrfach über Bundesstaatsgrenzen gefahren war. Hier, in der Einsamkeit, wirkte diese Zuvorkommenheit fast schon persönlich, und ich fragte mich, ob der fleißige Mann gleich von der Tafel hinabsteigen und mir die Hand schütteln würde.

Ich bog auf die Interstate von Reno nach Las Vegas. Dort herrschte etwas mehr Verkehr. Ich fuhr langsam, um Benzin zu sparen. Ein Lastwagen nach dem anderen überholte mich.

Endlich machte ich im Dunst eine Ansiedlung aus. Diesmal keine Fata Morgana, dort standen wirklich ein paar Bretterbuden. Sogar eine Tankstelle entdeckte ich, aber die war verlassen und verfallen. Die verrosteten Zapfsäulen machten den Eindruck, als seien sie schon seit Jahrzehnten nicht mehr benutzt worden. Im Fenster des Ladens hing ein Schild *»For sale«*, mit einer Telefonnummer, so ausgebleicht, dass sie nicht mehr zu entziffern war.

Ich wollte keine Tankstelle kaufen, sondern nur ein paar Liter Benzin. Die Wüste von Nevada ist nicht der richtige Ort, mit leerem Tank stehen zu bleiben, so viel ahnte ich.

Nach fünfzehn weiteren Kilometern erreichte ich endlich einen Truckstop mit Tankstelle. Ich parkte unter einer Werbetafel, auf der eine überlebensgroße Blondine in rosafarbenem Bikini und silbernen

High Heels für den Kingdom Gentlemen's Club warb, mit dem Slogan *»Full Liquor, Full Nudity, Full Menu«*.

Aus diesem Angebot sprach mich momentan nichts an. Als ich aussteigen wollte, drückte mich ein heißer Luftschwall zurück ins Auto. Ich fühlte mich, als betrete ich eine etwas zu trockene Sauna. Das Thermometer stand auf über vierzig Grad Celsius.

Ich tankte voll, kaufte eine kühle Dose Cola und warf erfolglos ein paar Quarters in einen einarmigen Banditen, der in einer langen Reihe von Glücksspielautomaten an der Eingangstür stand. Das war also Nevada. In dem dünn besiedelten Bundesstaat dürfen die Amerikaner alles, was sie sonst fast nirgendwo dürfen: bezahlten Sex haben, ihr Haus am Roulettetisch verspielen und in der Prärie private Schießübungen mit schweren Kalibern veranstalten.

Ich startete den Motor und fuhr mit quietschenden Reifen und vollem Tank davon. Über ein paar hellbraune Hügel zog sich die Interstate noch, bis vor mir die Hoteltürme von Las Vegas aus dem kargen Boden wuchsen. Ich hatte mich mit Margaret, einer Freundin aus New York, und einigen Bekannten, die zufällig in der Gegend waren, für eine Partynacht verabredet.

Wir wollten eine Tour durch die besten »Locations« machen, so nannte Margaret das. Leider trugen ein Italiener und ein Chilene aus der Gruppe kurze Hosen, weshalb wir in keinen Club eingelassen wurden. Schließlich setzten wir uns an eine Bar im Bellagio, dem berühmten Casino-Hotel des Milliardärs Steve Wynn.

Ich war schlecht gelaunt. Ein schwitzender Mann fiel neben mir in einem kurzärmeligen grauen Hemd in einen Ledersessel. »Du siehst müde aus«, sagte er. Ich schaute ihn gelangweilt an, er sprach weiter: »Weißt du, dass du aussiehst wie Mick Jagger?« Ich reagierte nicht. »Willst du Kokain kaufen?«

Ich lehnte ab. Wir tranken mit dem Typen noch einen Gin Tonic, dann war es fünf Uhr morgens. Eine Putzkolonne schob uns aus der Bar, und ich ging ins Bett, in der Gewissheit, Las Vegas bald wieder zu verlassen.

7
Von Stinktieren und einer Springflut

Ziemlich gewaltsam müssen die Menschen die Autobahn aus dem rötlichen Fels gesprengt haben, auf der ich von Las Vegas hinüber in den nächsten Bundesstaat fuhr, nach Utah. Mehrere Hundert Höhenmeter überwindet sie in ihrer tiefen Schneise. Mit einem kurzen Druck aufs Gaspedal zog ich gleich an mehreren Chevrolets und Toyotas vorbei, die sich in gemächlicherem Tempo fortbewegten.

Ein schönes Gefühl, aber vorsichtshalber drosselte ich die Geschwindigkeit bald wieder. Schon zweimal war ich von einer amerikanischen Polizeistreife angehalten worden, die plötzlich grell blinkend in meinem Rückspiegel auftauchte und ihre Sirene kurz aufheulen ließ. In beiden Situationen gelang es mir, ohne Bußgeld davonzukommen – mit flehendem Blick und dem Verweis darauf, dass man in Deutschland auf den Autobahnen so schnell fahren dürfe, wie man will. Die Polizisten waren begeistert.

An diesem Tag entdeckte ich nirgendwo einen Streifenwagen. Nach einer weiteren Viertelstunde öffnete sich ein breites Tal, über dem die Hitze flimmerte. Am rechten Straßenrand wuchsen Joshua Trees, die mit ihren stacheligen, verwachsenen Ästen wirkten, als hätte ich sie bei einem vertraulichen Gespräch gestört. Ich nahm die nächste Ausfahrt, die mich nach St. George führte.

Trotzig hatte sich die Kleinstadt mit ihren vielen weißen Häusern auf die feindliche, felsige Wüstenlandschaft gelegt. Die ersten Siedler, die sich hier niedergelassen haben, müssen unerschrockene Menschen gewesen sein. Von der Autobahn aus gelangte ich auf eine großzügige, vierspurige Ausfallstraße mit Matratzen-Outlets, Billigkaufhäusern und Elektrofachmärkten. An Drahtseilen hingen Ampeln und Verkehrsschilder über mir, völlig regungslos, denn an diesem glühend heißen Tag blies nicht der leichteste Wind.

Ich hielt vor einem Coffee Shop, kaufte mir einen doppelten Espresso und setzte mich ans Fenster. Der Wassermangel schien die Bewohner nicht daran zu hindern, die Innenstadt mit Rasenflächen und Blumenkästen aufzuwerten. Elegant gekleidete Frauen gingen vorbei, blieben stehen, unterhielten sich und zogen mit ihren Einkaufskörben weiter. Es war kurz nach elf Uhr vormittags an einem Dienstag. In St. George lief der Alltag ab, und das ziemlich gemächlich.

Ich schlenderte an wohlgeordneten Vorgärten vorbei. In der Auslage einer kleinen Buchhandlung fanden sich weder Romane noch Sachbücher, nur religiöse Werke mit grellen Umschlagseiten. Die gesammelten Werke des Propheten John Smith waren um zwanzig Prozent reduziert, und mir wurde bewusst: Ich befand mich im Land der Mormonen. Smith hat der Gründungslegende zufolge das *Buch der Mormonen,* eine Art Bibel, um das Jahr 1820 von dem Engel Moroni auf Goldplatten überreicht bekommen.

Von der Autobahn aus hatte ich einen strahlend weißen Kirchenbau gesehen, inmitten einer saftgrünen, von Nadelbäumen umstandenen Gartenanlage, mit Spitzbögen und verschnörkelten Türmchen, die sich zu einem wilden Stilmix formierten. Warum nicht eine Mormonenkirche besichtigen, dachte ich mir. Ich wusste nicht viel über Mormonen, außer, dass sie in schwarzer Kleidung und mit Namensschildern versehen auch in Deutschland missionieren und dass ihre Fundamentalisten in Vielweiberei leben.

Erst vor ein paar Wochen war Warren Jeffs verhaftet worden, der Anführer einer polygamistischen Mormonensekte. Er stand auf Platz sechs der zehn meistgesuchten Verbrecher Amerikas. Ein Streifenpolizist hatte auf der Autobahn bei Las Vegas einen Kleinbus angehalten, dessen Nummernschilder nicht erkennbar waren. Einige Zeti später sollte Jeffs wegen Inzest und sexuellem Missbrauch Minderjähriger zu einer langen Haftstrafe verurteilt werden. Der Mann kannte es nicht anders: Er selbst hatte sechzig Geschwister, und sein Vater war mit zwanzig Frauen gleichzeitig verheiratet. Immerhin hat sich die Hauptkirche der Mormonen schon vor über hundert Jahren von solchen Absonderlichkeiten gelöst und Polygamisten ausgeschlossen.

Ich fuhr also zu dem Kirchengebäude, das von einem hohen gusseisernen Gitter umgeben war. Nicht gerade einladend. Mehrere Schilder führten mich zu einem schmalen Besuchereingang am südwestlichen Ende des Grundstücks, und ich vernahm das Surren von Überwachungskameras. Ich musste eine Sicherheitsschleuse passieren, anschließend betrat ich einen kleinen, weißen Vorbau. An einem Tisch saßen zwei ältere, ungeschminkte Frauen und lächelten mich an.

Aus dem Hintergrund löste sich eine schlanke, hochgewachsene junge Dame mit langen, braunen Haaren, klar gezeichneten Wangenknochen und verträumten grünen Augen. In Kalifornien hätte sie vermutlich eine Bikinischönheit abgegeben, aber hier verhüllte sie ihre Reize mit einem dunkelgrauen, knöchellangen Rock und einer auberginefarbenen Bluse, die bis auf die zierlichen Hände und den Hals kein einziges Stück Haut freigab, was, zugegeben, meine Fantasie anregte.

»Herzlich willkommen in unserem Besucherzentrum. Ich bin Schwester Braithwaite«, sagte sie und reichte mir ihre Hand. Ihr breites Lächeln öffnete den Blick auf ihre Zahnreihen, die so weiß strahlten wie die Fassade des Kirchenbaus. Ich war versucht, sie wie eine gute Freundin mit einem Wangenkuss zu begrüßen, aber das hätte wahrscheinlich den Sicherheitsdienst alarmiert und mir lebenslanges Hausverbot für alle Einrichtungen der »Church of Jesus Christ of the Latter Day Saints« eingebracht. Dann hätte ich Schwester Braithwaite nie wieder gesehen.

»Hallo, ich würde gern diese Kirche besichtigen«, sagte ich. Das war eindeutig eine Ersatzhandlung. Im selben Moment wurde mir bewusst: In meinen ausgebleichten Jeans und dem blauen Shirt mit dem gelben Schriftzug der eher liberalen Berkeley-Universität war ich recht unpassend gekleidet.

»Das geht leider nicht«, antwortete Schwester Braithwaite. »Nur geweihte Mitglieder haben Zugang.«

Sollte ich mich schnell weihen lassen? Nein, das wäre dann doch zu viel spontane Zuneigung, dachte ich mir. Stattdessen ließ ich mich von Schwester Braithwaite durch das Besucherzentrum führen.

»Ich stamme aus einer mormonischen Familie, die in Texas lebt«, erzählte sie. »Meine Eltern sind sehr gläubig, sie haben uns im Sinne der zwölf Apostel erzogen. Wir beten vor jeder Mahlzeit, und als Kinder durften wir keine Hollywoodfilme anschauen. Schwarzen Tee, Kaffee oder Süßigkeiten gab es ebenfalls nicht. Kurze Röcke oder Bikinis sollten wir als Mormonen nicht tragen. Unvorstellbar, oder? Ich würde trotzdem sagen, dass ich eine glückliche Kindheit hatte.«

»Und was machst du jetzt? Bist du so eine Art Nonne? Gibt es so etwas bei euch?«

»Nein«, antwortete sie, und lachte. »Ich bin auf Mission, wie fast alle Mormonen in meinem Alter. Die Jungs müssen das zwei Jahre lang machen, die Mädchen nur, wenn sie noch nicht verheiratet sind. Viele gehen dafür ins Ausland, ich wollte lieber hierbleiben. Ansonsten studiere ich Kunstgeschichte an der Brigham Young University. Nach der Missionszeit werde ich dort meinen Abschluss machen.«

Brigham Young war, das erfuhr ich auf einer der Informationstafeln im Besucherzentrum, ein Urvater der Mormonen. Er brachte seine Anhänger um 1850 von der Ostküste nach Utah, einst mexikanisches Territorium, weil sie wegen ihrer Polygamie und anderer von der puritanischen Tradition abweichender Lehren verfolgt wurden.

»St. George ist der älteste Mormonentempel in Utah, älter als die Gebäude unseres Hauptsitzes in Salt Lake City«, raunte Schwester Braithwaite mit weihevoll gedämpfter Stimme in mein rechtes Ohr, während ich die historischen Fotos und Bibelausgaben in den Schaukästen betrachtete. Eigentlich war mein Interesse gestillt, aber die Gesellschaft der reizenden Schwester war höchst angenehm, genauso wie die klimatisierte Luft. »Unsere Kirche wächst ständig, insgesamt gibt es auf der ganzen Welt dreizehn Millionen Mitglieder. Wir finanzieren uns, indem jedes Mitglied, wenn es sich das leisten kann, ein Zehntel seines Einkommens abgibt«, sagte sie.

Jeder Versuch eines kleinen Scherzes, den ich unternahm, perlte am Lächeln der Schwester ab wie Spülwasser an einer Teflonpfanne. Wir blieben vor dem Foto einer Musterfamilie mit Mann, Frau und drei Kindern stehen, die den erwünschten mormonischen Lebensstil symbolisierten. Unter dem Bild stand: »Während der Vater tagsüber einer Erwerbsarbeit nachgeht, kümmert sich die Frau um den Haushalt und die Kindererziehung. Abends wird gemeinsam gebetet.«

»Das willst du streng befolgen?«, fragte ich.

»Ja, das ist bei uns der Normalfall. Ich selbst kann mir überhaupt nicht vorstellen, einen Mann zu heiraten, der kein Mormone ist. Aber es gibt Fälle, da lassen sich die auserwählten Partner nach reiflicher Überlegung zu Mormonen weihen.«

Ohne Zeremonie standen meine Chancen also schlecht, und ich verlor endgültig die Lust an dem Rundgang. Unter höflichen Ausflüchten näherte ich mich dem Ausgang. Dabei kamen wir an einem riesigen Touchscreen mit Fotos der zwölf aktuellen Kirchenführer vorbei, die den Status von Propheten besitzen und sich »Apostel« nennen dürfen. »Jeder von ihnen hat eine persönliche Botschaft hinterlegt. Ich spiele dir die vor, die ich am liebsten mag«, sagte sie und drückte auf das Gesicht von Dieter Uchtdorf, einem früheren Lufthansa-Piloten, der in der Mormonenkirche Karriere gemacht hat. Mit starkem deutschen Akzent klärte er uns über seine Vorstellungen von ewiger Liebe und dem Willen Gottes auf.

Jetzt wollte ich wirklich nur noch raus. Überhastet verabschiedete ich mich und vergaß dabei, Schwester Braithwaite nach ihrer E-Mail-Adresse zu fragen. Aber vielleicht war das Internet den Mormonen als Kommunikationsmedium gar nicht erlaubt, tröstete ich mich. Im Schatten der Sandsteinberge fuhr ich zurück zur Autobahn.

Die Nacht nach meiner persönlichen Einführung in den Mormonenglauben verbrachte ich im Zion-Nationalpark, dessen weiße, rosafarbene und gelbgrüne Berge ihre Namen von Mormonen bekommen hatten. Einen dieser Gipfel erklomm ich, Angel's Landing, ein für die Gegend typischer Kegel, dessen Spitze irgendwann abgefallen war. Er hatte eine struppig bewachsene Plattform hinterlassen, groß wie ein Hubschrauberlandeplatz, und war für tief fliegende mormonische Engel nicht zu übersehen.

Von der Nordseite näherte ich mich nach dieser kleinen Tour endlich dem Grand Canyon, meinem nächsten großen Ziel. Die schmale Straße zog sich aus der Wüste in scharfen Kurven hinauf ins Gebirge. Erst wuchsen nur Flechten auf dem trockenen Fels, danach lichtes Gebüsch, schließlich umgaben mich dicht stehende Nadelbäume, als ich auf über zweitausend Höhenmetern angelangt war. Dort oben fällt sogar in Utah genug Niederschlag, um durstige Wurzeln zu nähren.

Die Zweige warfen zittrige Schatten auf meine Motorhaube. Einzelne, taubengraue Wolken zogen auf, die sich binnen einer halben Stunde von flauschig-lockeren Daunen in einen lückenlosen Teppich verwandelten. Die Höhenluft roch harzig. Nach einer Weile schloss ich das Fenster des Wagens. Es war in der Zwischenzeit deutlich kälter geworden.

Ein paar Kurven später überrollte ich die blutigen Überreste eines Hasen. Ein Reh sprang über die Straße. Auf einer langen Strecke hatte ein Waldbrand die Bäume versengt.

Es war schwer vorstellbar, dass ein paar Kilometer weiter, an einer Felskante, alle Wege ihr Ende finden und sich eine der lautesten, feurigsten und wütendsten Landschaften der Welt öffnen sollte. Auf meinem iPod wählte ich Johann Sebastian Bachs »Toccata und Fuge in d-Moll« und folgte einem Wegweiser hinauf zum Point Imperial, der höchsten Stelle am Rand der Schlucht aller Schluchten, auf mehr als dreitausend Metern über dem Meeresspiegel. Die göttliche Orgel schepperte aus den Boxen. Eine letzte Kurve noch.

Ich stellte den Wagen ab, hielt den Atem an, näherte mich dem Rand – und sah nichts. Oder genauer, ich sah schon etwas, nur nicht das, was ich erwartet hatte: Vor mir lag ein Wolkenmeer, so dicht wie der Schaum einer heißen Badewanne, in dem der Grand Canyon, den ich nur von Fotos kannte, verschwunden war.

In diesem Moment schlug einen Meter neben mir ein Blitz ein. Blau tanzte die elektrische Ladung auf dem Eisengitter der Aussichtsplattform, zischend wie eine abbrennende Wunderkerze. Ich trug Turnschuhe mit Gummisohlen, und meine Hände steckten in den Hosentaschen. Das hätte auch meine letzte Station sein können.

Außer mir hielt sich noch eine junge Familie auf dem abgelegenen Point Imperial auf. Die Eltern stürzten herbei und klopften mir auf die Schulter, als sie sahen, dass mir nichts passiert war. Vermutlich war mein Blick noch etwas verwundert.

»Machen Sie vielleicht ein Foto von mir?«, fragte ich den Vater.

Das gäbe eine lustige Postkarte, dachte ich mir: »Wanderer vor dem Grand Canyon«, in einem Wolkenmeer ohne Aussicht. Der scharfe Wind ließ meine Haare zu Berge stehen.

Es schüttete nun, und Donner grollte. Ich flüchtete zurück zum Auto, hörte wieder Bach, untermalt vom Prasseln dicker Tropfen auf dem Blechdach. Nach einer Viertelstunde hatten sich die Wolken leer geregnet, der Wind trieb sie wie leere Plastiktüten vor sich her. Endlich tauchten die ersten rötlichen Felstürme auf, und ich bekam eine Ahnung von der Mächtigkeit dieser urzeitlichen Schlucht.

Ich fuhr hinab zu einem kleinen Dorf am Nordrand des Canyon. In einem Wohnwagen der Forstbehörde stellte mir Jonathan, einer der Park Ranger, einen Erlaubnisschein für eine Wanderung durch den Canyon aus, nachdem er mich ausführlich bezüglich meiner Pläne und meiner Fitness befragt hatte.

»Ich bin in den Alpen aufgewachsen«, beruhigte ich ihn.

»Das sind die Schlimmsten«, winkte er ab. »Die holen wir oft da unten raus. Das Problem ist, hier geht es erst nach unten, dann nach oben. Bei euch ist es genau umgekehrt. Dazu die Hitze. Das macht euch platt.«

Ich ließ mich durch Jonathan nicht von meinem Vorhaben abbringen, in den Grand Canyon hinabzusteigen, tief unten den Colorado River zu überqueren und auf der Südseite wieder hinaufzuklettern. Von dort fuhr ein Kleinbus um den Canyon herum zurück zu meinem Thunderbird. Drei Tage hatte ich dafür insgesamt veranschlagt, mit einem Aufenthalt auf der Phantom Ranch unten am Fluss.

In einem kleinen Laden kaufte ich Müsliriegel, Elektrolyte und ein Taschenmesser, meines hatte ich unterwegs verloren. Dazu stockte ich meine Notfallapotheke, die ich in einem kleinen, wasserdichten Beutel mit mir herumtrug, um Aspirin und ein entzündungshemmendes Mittel auf. Eine Sache hatte ich Jonathan verschwiegen: Auf dem Weg hinab von Angel's Landing hatte ich mir den linken Fuß verstaucht. Inzwischen war er in den engen Wanderschuhen angeschwollen und schmerzte, wenn ich fest auftrat. Wird schon gehen, dachte ich.

Es war später Nachmittag, als ich meinen Rucksack gepackt hatte und den Pfad für den Abstieg suchte. Bis zum Abend wollte ich eine kleine Campingstelle erreichen, laut meiner Karte etwa auf halbem Weg zum Fluss gelegen. Der Boden war noch feucht von dem Regenguss, und der Schlamm mischte sich mit dem Dung der Maultiere, auf denen sich gehfaule Touristen in den Canyon hinabtragen lassen, zu einem unangenehmen, bräunlichen Brei. Die Wolken waren verschwunden, die Luft leuchtete rötlich blau, auf den Wacholderbüschen verdampfte das Wasser.

Nur einmal kamen mir zwei junge Wanderer im Eiltempo entgegen, ansonsten war ich mit meinem schmerzenden Fuß allein. Rechts ragte der Fels senkrecht auf, und links stürzte der Abhang mehrere Hundert Meter ins Tal. Der ungesicherte Pfad, auf dem ich abwärts ging, war weniger als einen Meter breit. Nach drei Stunden hatte ich den ersten Talkessel erreicht. Langsam wurde es dunkel. Zwischen Agaven und Yuccapalmen schlug ich mein Zelt auf, beobachtet von zwei neugierigen Eichhörnchen. Als ich mich zu ihnen drehte, hüpften sie schnell weg, nur um hinter meinem Rücken sofort wieder herbeizuhuschen.

In meinem kleinen Blechtopf bereitete ich auf dem Campingkocher eine Gemüsesuppe aus der Tüte zu. Dazu trank ich eine Flasche Bier, die ich in dem Laden gekauft und unsinnigerweise in den Canyon hinuntergeschleppt hatte, was bedeutete, dass ich sie auch wieder hinaufschleppen musste, wenn auch leer. Besser hätte ich mehr zum Essen mitgenommen, merkte ich später.

Mit dem Anbruch der Nacht legte sich ein fahles, gespenstisches Licht über die Schlucht. Grillen zirpten, ein Wasserfall plätscherte, langsam schob sich der Vollmond über einen Felskamm.

Als ich gegen sechs Uhr morgens aufwachte, war es taghell. Besorgt stellte ich fest, dass mein linker Fuß noch stärker angeschwollen war. Ich hatte rund fünf Stunden Weg bis zur Phantom Ranch vor mir, auf deren Gelände es Zeltplätze und einen Schlafsaal gab. Das musste ich bis zur Mittagsstunde schaffen, denn danach würde die Hitze so unerträglich werden, dass körperliche Anstrengung selbstmörderisch wäre. Weiter oben hatte ein Schild darauf hingewiesen, dass Dehydrierung die häufigste Todesursache für Wanderer im Grand Canyon sei, vor allem bei jungen, sportlichen Männern.

Ich schluckte Aspirin, schnürte meine Wanderschuhe, versuchte, den Schmerz zu ignorieren, und schulterte den Rucksack. Ein Aasgeier mit schwarzen Schwingen und blutrotem Hals kreiste über mir, als ich auf den holprigen Pfad zurückkehrte, der mich zunächst durch ein weites Tal mit rotbraunen Felsen und pistazienfarbenen Sträuchern führte. Kakteen lockten mit ihren klatschmohnroten Blüten dicke Hummeln an, die beim Saugen darauf achteten, nicht von einer der Nadeln aufgespießt zu werden.

Eine Weile war ich allein, bis die ersten Wanderer im Tal ankamen. Sie waren offenbar frühmorgens am Nordrand aufgebrochen und wollten ohne Unterbrechung hinunter zur Ranch steigen – teilweise in einem so aberwitzigen Tempo, als ginge es ihnen nur darum, die Zeitangabe in ihrem Reiseführer zu schlagen. Dabei schienen sie zu vergessen, in diese einmalige Landschaft einzutauchen, die bei genauerem Hinsehen viel belebter war, als die Großaufnahmen des Canyons vermuten ließen.

»Pabba, habbe mer noch genuch Wasser?«, hörte ich ein vielleicht fünfzehn Jahre altes Mädchen in hessischem Dialekt ihren Vater fragen. Mit schwerem Rucksack auf seinem starren Rücken war er gerade an mir vorbeigerannt.

»Mach dir keene Sorge, mer sin fast da!«

Hinter der Tochter stolperte die Mutter, sichtlich erschöpft und komplett überfordert. Alle drei klapperten mit ihren Trekkingstöcken so forsch auf den Steinen herum, als wollten sie jede Ameise erschlagen, die über den schmalen Weg krabbelte.

Ich gab mich meinen Landsleuten nicht zu erkennen und ging langsam weiter. Mein Fuß bremste mich zusätzlich. Von den rund vierzig Kilometern Gesamtstrecke durch den Canyon hatte ich wohl rund ein Drittel zurückgelegt.

Das Tal verengte sich, und über längere Zeit duckte sich der Weg unter Felsvorsprüngen. Ein Surren erfüllte die Luft, das ich zunächst einer Riesenzikade mit enormer Ausdauer zuordnete, doch es wurde immer lauter: der Generator der Phantom Ranch. Sofort nach meiner Ankunft meldete ich mich pflichtbewusst bei einem der Ranger, danach suchte ich mir einen schattigen Zeltplatz in dieser grünen Oase.

Besuch ließ nicht lange auf sich warten: Erst flatterte ein wilder Truthahn mit seinem hässlichen, rosafarbenen Faltengesicht schwerfällig herbei, anschließend raschelte es im Gebüsch und ein niedliches Stinktier blickte mich mit nach Freundschaft flehenden Augen an.

Ich blieb länger als geplant, denn mein Fuß verhinderte inzwischen jede Fortbewegung. »Da hilft nichts, außer ruhig stellen«, riet mir der Ranger. »Wasser gibt es hier genug«, sagte er und deutete auf einen schmalen Bach, der am Schilf entlang zum Colorado River floss. »Und Proviant hast du sicher dabei.« Inzwischen hatte ich richtige Schmerzen und legte meinen Fuß hoch.

Am nächsten Nachmittag, die Ranch lag still in der Hitze und die Schwellung war nicht abgeklungen, erfüllte plötzlich ein Brausen die Luft. Das Schilf versank, und eine breite Woge braunen Wassers füllte von der Mündung her den einst harmlosen kleinen Bach, der nun zu einem schmutzigen Getöse anschwoll. Pünktlich zu meinem Erscheinen hatte sich eine Springflut ereignet, ein für den Grand Canyon typisches Ereignis, das schon so manchen Wanderer das Leben gekostet hat.

Ich setzte mich eine Weile vor den kleinen Kiosk, der zur Ranch gehörte. Zwei Tage zuvor hatte ich noch gespottet, heute beneidete ich die übergewichtigen Touristen auf ihren Maultieren. Trotz der Schmerzen ging ich die paar Hundert Meter hinunter zum Colorado River, als die Flut sich gelegt hatte. Wie mächtig muss Wasser sein, um sich so tief in die Erde zu graben? Ich stand in einem Freiluftmuseum für Erdkundelehrer. Eine Tafel, von den Park Rangers aufgestellt, erklärte dem wissbegierigen Wanderer, dass ein riesiger Damm flussaufwärts den Pegel des Colorado River senkt und das Ökosystem verändert. Kröten, Wasservögel und Fische, die es nur hier gibt, sterben aus. Das Vorhaben, die Schlucht immer wieder zu fluten, um die Balance wiederherzustellen, ist unter Experten umstritten.

Am dritten Tag im Canyon stand ich um vier Uhr morgens auf, schluckte drei Ibuprofen-Tabletten, die mir ein Ranger gegeben hatte, nahm allen Mut zusammen und begann den langen Weg hinauf zum Südrand. Als ich um ein Uhr mittags dort ankam, war ich erledigt.

Die letzten Kurven hatte ich nur geschafft, weil mich eine argentinische Wandergruppe mitgeschleift hatte. Den Schmerz im Fuß spürte ich vor Erschöpfung nicht mehr. Flach legte ich mich auf den Boden und betrachtete den Himmel, der farblos über der Mittagshitze hing. Ich hatte den Grand Canyon durchwandert, zum ersten Mal in meinem Leben, und vermutlich auch zum letzten Mal.

Nach ein paar Stunden Busfahrt endlich zurück bei meinem Thunderbird, zog ich sofort die Wanderschuhe aus und fuhr in Flip-Flops weiter. Wegen der Automatikschaltung konnte ich den schmerzenden linken Fuß abstellen, wenn ich nicht bremsen musste. Über staubige Landstraßen fuhr ich in Richtung Lake Mead. Weil ich zu müde war, ein Motel zu suchen, parkte ich mein Auto auf einem Feldweg, klappte den Fahrersitz zurück, legte einen Pullover als Kissen unter den Kopf und schlief sofort ein.

Früh am nächsten Morgen erreichte ich die Tafelberge des Monument Valley, die den Navajo-Indianern heilig sind. In den seltsamen roten Felsfiguren, von der Erosion abgeschliffen, vermuten sie die Häuser ihrer Gottheiten, während die restliche Welt das rotbraune Tal vor allem als Filmkulisse kennt. Ich zwang meinen Thunderbird über Schotterstraßen, deren Schlaglöcher darauf hindeuteten, dass sie nicht von den fünf Dollar Eintrittsgeld profitierten, die die Navajos für das Eindringen in ihr Land verlangen.

Der Aussichtspunkt mit der Bezeichnung »John Ford's Point« erinnerte mich an den Klassiker *Der schwarze Falke.* Eigentlich bin ich kein Westernfan, aber diesen Film schätze ich, vor allem wegen der Szenerie, in der ich gerade stand. Ich hatte ihn vor ein paar Jahren gemeinsam mit einem Schulfreund angeschaut, und das stimmte mich für einen Moment nachdenklich: Mein Freund war bereits verheiratet, hatte einen Sohn und seine Frau war wieder schwanger. Ich vagabundierte durch Amerika, während Gleichaltrige längst Familien gegründet hatten. Mir fiel eine Zeile aus dem Song »Desperado« von den Eagles ein, den ich im Auto gehört hatte:

And freedom, oh freedom, well that's just some people talking
Your prison is walking through this world all alone

Ganz so schlimm stand es noch nicht um mich. Irgendwann, das wusste ich, würde es an der Zeit sein heimzukehren, nach drei Jahren in der Fremde. Aber nicht jetzt.

Von den vielen roten Felsen, an denen ich an jenem Tag vorbeifuhr, gefiel mir der Mexican Hat Rock besonders – ein Kegel, an dem sämtliche Perioden der geologischen Entstehungsgeschichte des Kontinents in den Farben Grün, Gelb, Grau und Orange ablesbar waren. Die Erosion hatte den Felsen seltsam zugespitzt, und mit etwas Fantasie konnte man sich das Gebilde tatsächlich als einen dickbäuchigen Mexikaner vorstellen, dessen Kopf unter einem ausladenden Sombrero versank. Mexiko – es waren nur noch ein paar Tage, bis ich dort eintreffen sollte.

Der nächste Ort hieß passenderweise Mexican Hat, und ein besonders einfallsreicher Gastwirt führte dort das Hat Rock Café, das zu jener Tageszeit noch geschlossen war. Wie viel Uhr es genau war, wusste ich nicht. Die Anzeige im Cockpit meines Thunderbird war schon in Oregon ausgefallen. Ich trug eine Armbanduhr, aber während der zahlreichen Fahrten zwischen Bundesstaaten mit verschiedenen Zeitzonen – eine Stunde vor, wieder zurück, dann wieder vor – hatte ich irgendwann aufgehört, sie nachzustellen.

In der Nähe des Hat Rock Café lief ein Kojote über die Straße, blieb stehen und schaute den Thunderbird herausfordernd an. Schließlich trottete er langsam in das vor ihm liegende Gestrüpp aus Wüstenbeifuß, seinen buschigen Schwanz hinter sich her schleifend, ungerührt von einem Lastwagen, der ihn beinahe überrollte. Für die Navajos und andere Indianerstämme ist der Kojote eine mythologische Figur, ähnlich dem listigen Fuchs in unserer Märchenwelt. Woanders ist der Wolfsverwandte, der sich gern auch mal mit streunenden Hunden paart, eher unbeliebt: Als vor ein paar Jahren ein neugieriges Exemplar im New Yorker Central Park auftauchte, brach eine Familie ihr Picknick ab und stürzte panisch davon.

Einen besonderen Spaß hatte ich, als ich wenig später ein recht sinnloses Denkmal erreichte: das Four Corners National Monument. Es handelte sich um einen geografischen Punkt, an dem die Grenzen von vier Bundesstaaten aufeinandertreffen: Colorado, Arizona, Utah und New Mexico. Ich hüpfte auf dem steinernen Kompass von einer Zeitzone in die nächste, bis eine ältere Dame mich erst verwundert, dann verärgert anschaute, weil auch sie das Denkmal betreten wollte. Ich machte Platz, und sie verteilte ihre schwabbeligen Arme und Beine auf alle vier Staaten – was hündisch aussah, aber ihrem Mann gefiel, der sie begeistert fotografierte.

Ich fuhr weiter. An einer Tankstelle, deren riesiger Verkaufsraum weitgehend leer war, abgesehen von einem Zeitungsständer und billigen Souvenirs, blätterte ich durch die *Navajo Times*. Im Leitartikel stand, dass die Indianer nicht mehr wissen, wer sie sind. Ein übergewichtiger Navajo bettelte mich um zwei Dollar an, »für ein Burrito bei Taco Bell«. Ich kaufte das Burrito selbst und drückte es ihm in die Hand, was ihn alles andere als glücklich zu machen schien. Einer seiner Kumpels bat mich, ihn nach Shiprock mitzunehmen, in die nächste Stadt. Wir unterhielten uns über Baseball. Schließlich wollte er mir Marihuana verkaufen. Ich lehnte ab.

Ich ließ den Navajo in einem Einkaufszentrum aussteigen, in dem ich eine kleine orthopädische Klinik fand und betrat. Das Ergebnis: schöne Röntgenbilder meines linken Fußes, auf denen nichts Auffälliges zu erkennen war. »Wahrscheinlich sind Ihre Wanderschuhe zu eng«, sagte der Arzt, der mich mit seinem dunklen Schnurrbart an den jungen Tom Selleck erinnerte. »Sie sollten sich ein paar Tage schonen.« Die Rechnung belief sich auf dreihundert Dollar, ich zahlte mit Kreditkarte. Immerhin erhielt ich dafür ein Rezept für entzündungshemmende Mittel. Die Röntgenaufnahmen blieben im Besitz der Klinik, wo sie noch heute liegen dürften.

Am nächsten Tag sollte ich zum ersten Mal seit Seattle wieder die offizielle Route der Panamericana erreichen, die, aus Colorado kommend, schnurgerade durch New Mexico führt. Kurz vor Albuquerque fuhr ich ab, hielt auf einem Parkplatz und bestieg eine Gondel auf den Sandia Peak, den höchsten Berg des Staates, um mich oben abzukühlen. Es war schon spät, und als ich wieder hinabfuhr, glitzerten unten die in auffallend geraden Linien angeordneten Lichter der Großstadt.

Mir fiel kein besonderer Grund ein, mich in Albuquerque aufzuhalten. Ich vertrieb mir die Zeit in einigen Kneipen. Nach einer Nacht in einem schäbigen Motel tauschte ich in einer Filiale des Outdoor-Ausrüsters, bei dem ich in Portland meine Stiefel gekauft hatte, die zu engen Exemplare gegen größere aus.

»Da haben meine Kollegen Sie offensichtlich schlecht beraten, das tut uns leid«, bedauerte die Verkäuferin und schenkte mir zum Trost einen Karabinerhaken, den ich nicht brauchte.

Mit neuen Schuhen bog ich auf die Panamericana, deren Lärmschutzwände und Leitplanken rund um Albuquerque in zartem Rosa gestrichen sind. In einer kleinen Stadt mit dem lustigen Namen Truth and Consequences, die Wahrheit und ihre Folgen, hielt ich, um zu tanken. Ich war zu müde, weiter über derart existenzielle Fragen nachzudenken, und hielt im Auto ein Mittagsschläfchen.

Die mexikanische Grenze lag zweihundert Kilometer entfernt. Ich musste nur noch durch einen kleinen westlichen Zipfel von Texas fahren, um den Río Grande zu erreichen. Als ich wieder wach war, baute sich binnen kurzer Zeit vor mir eine schwarze Wolkenwand auf. Ich wartete schon darauf und war nicht mehr überrascht, als es auftauchte: das obligatorische Willkommensschild, diesmal von Texas, ergänzt um den Schriftzug: »Stolze Heimat von George W. Bush.« Nach Alaska, Washington, Oregon, Kalifornien, Nevada, Utah, Arizona und New Mexiko war Texas der neunte und letzte US-Bundesstaat auf meiner Reise, beziehungsweise der zehnte, wenn ich die wenigen Sekunden mitrechnete, die ich am Four-Corners-Denkmal in Colorado verbracht hatte.

In der Grenzstadt El Paso angekommen, waren die Wolken immer noch dunkel, richtig unheimlich. Ein schlechtes Omen? Abends lag ich mit einer Dose Budweiser in der Hand auf der durchhängenden Matratze meines Motelbettes und schaute Nachrichten. Um knapp drei Stunden hatte ich auf meiner Route einen Tornado verpasst, die Autobahn war tagsüber gesperrt gewesen und Hagel gefallen, groß wie Golfbälle. Jetzt regnete es nur noch heftig, und ich kuschelte mich in das Kopfkissen. Meine letzte Nacht in den Vereinigten Staaten lag vor mir.

8
Verfolgungsjagd durchs Paradies

Als ich am Morgen nach dem Tornado in El Paso aufstand, schien die Sonne so kräftig, als wolle sie Texas schnellstmöglich für die düsteren Stunden des Vortags entschädigen. Nur eine große Pfütze auf dem Parkplatz meines Motels erinnerte an den Sturzregen. In meinem Bauch breitete sich ein Kribbeln aus, als hätte ich ein *Blind Date* mit einer brünetten Schönheit.

In einer Stunde würde ich die Grenze nach Mexiko überqueren und einen neuen Abschnitt auf meiner langen Reise beginnen: allein durch jenes riesige Land mit seinen hundert Millionen Menschen, das sich immer irgendwie am Rande des Chaos zu befinden scheint. Es war Mitte September, der dritte Monat meiner Reise.

Vor meiner Abfahrt hatte ich mich über die aktuelle Lage informiert: Der relativ wohlhabende Norden hat sich zu einem der größten Drogenumschlagplätze der Welt entwickelt. In Chiapas, an der Grenze zu Guatemala, herrschte momentan Ruhe, dafür befand sich der Nachbarstaat Oaxaca im Ausnahmezustand: Unterbezahlte Lehrer und sympathisierende Studenten errichteten Straßensperren, zündeten Autos an und lieferten sich Straßenschlachten mit der Polizei.

Damit noch nicht genug: Auf CNN hatte ich einen Beitrag darüber gesehen, dass in der Hauptstadt Mexico City immer noch Hunderte von Anhängern des linken Flügels auf dem zentralen Zocalo-Platz campierten, um gegen angeblichen Betrug bei der Präsidentschaftswahl zu protestieren. Und auch die Naturkatastrophen sollten mir erhalten bleiben: Hurrikan »Lane« hatte vor ein paar Tagen die Landstriche westlich der Sierra Madre verwüstet, obwohl er nach Vorhersage der Meteorologen vor der Pazifikküste hätte abdrehen und die Mexikaner in Frieden lassen sollen. Nach Langeweile sah es also nicht aus.

El Paso und Ciudad Juárez, die Schwesterstadt auf der mexikanischen Seite, sind nur durch den Río Grande getrennt. Mehrere Brücken verbinden die beiden gegensätzlichen Welten, zwischen denen ein permanenter Austausch herrscht: Während Amerikaner auf ihren Tagesausflügen nach Juárez günstigen Zahnersatz, käuflichen Sex und eventuell einen schnellen Drogentrip suchen, riskieren viele Latinos ihr Leben, um durch die Wüste ins gelobte Land zu gelangen, in dem es für illegale Einwanderer Arbeit gibt.

Auf dem Weg zur ältesten Brücke, die nicht weit von der Innenstadt El Pasos beginnt, kam ich an einem mächtigen, fensterlosen Bunker vorbei, der offenbar abschreckend wirken sollte: das »El Paso Detention Center«. Hunderte Menschen waren dort eingesperrt, die meisten von ihnen, weil sie bei einem heimlichen Einreiseversuch in die USA von Beamten der Bundespolizei erwischt worden sind.

Mithilfe meines Sprachführers hatte ich inzwischen die wichtigsten spanischen Redewendungen gelernt und einige Vokabeln aus meinem Anfängerkurs in Harvard aufgefrischt. Ich überlegte, vor der Grenzüberquerung noch schnell meinen Thunderbird bei einem Gebrauchtwagenhändler loszuwerden und mit Überlandbussen weiterzureisen. In den USA würde ich vermutlich einen höheren Preis erzielen, dachte ich, aber ich hing zu sehr an ihm.

Die Innenstadt von El Paso wirkte so, als läge sie bereits südlich der Grenze: Die Schilder vor Bäckereien und Kleidergeschäften waren allesamt auf Spanisch. Ramschläden mit billiger Elektroware aus Asien reihten sich an Pfandleiher und Kredithaie. Die meisten Passanten hatten schwarze Augen und sonnengegerbte Haut.

Ich folgte den grünen Wegweisern, die mich durch ein verkommenes und verdächtig stilles Gewerbegebiet lotsten: »To Juárez Mexico Only«. Kurz bevor die Straße in einem weiten Bogen die Brücke erreichte, über die Javier Bardem in der filmischen Gewaltorgie *No Country for Old Men* geht, wiesen mehrere Schilder auf das Verbot hin, Waffen oder Munition nach Mexiko einzuführen: »Bei Zuwiderhandlung droht eine Haftstrafe von fünf bis zehn Jahren.« Die Mexikaner wollen keine amerikanischen Verhältnisse.

Über der Auffahrt zur Brücke wehte hinter dem Sternenbanner die grün-weiß-rote mexikanische Fahne. Der amerikanische Grenzpolizist, der an der Sperre meinen Reisepass kontrollierte, sprach mit spanischem Akzent. Vom höchsten Punkt über dem Fluss öffnete sich ein weiter Blick auf Juárez, das nur eine Ansammlung von Baustellen und Blechbuden zu sein schien. Ein alter Mann in grün-rot kariertem Hemd und einem Sombrero auf dem Kopf schob einen Handkarren über die Brücke, der mit Computern beladen war – eines der wenigen Produkte, die in den USA billiger sind als in Mexiko.

Auf der anderen Seite angekommen, passierte ich unbehelligt den orangefarben angemalten mexikanischen Grenzposten. Die Regierung hat einen fünfzig Kilometer breiten Streifen südlich der Grenze zur Sonderwirtschaftszone erklärt: Hier dürfen Amerikaner und andere Ausländer ohne Papiere einreisen und ohne Mehrwertsteuer einkaufen oder eben zum Zahnarzt gehen. Auf Neonschildern werden *Gold Crowns Same Day* angeboten. Besonders dringende Zahnreparaturen gibt es »in weniger als einer Stunde«.

Diese Welt erschien mir bunter als jene nördlich der Grenze, auch wenn ein fauliger Geruch in der Luft hing und der Putz von den pink- und lilafarbenen eingeschossigen Häusern abblätterte. An den Straßenecken lagen Mülltüten, prall geschnürt wie die Hüfte einer mexikanischen Großmutter. In den Nationalfarben angemalt, schepperten alte amerikanische Schulbusse in neuer Verwendung als Linienbusse durch die Straßen, ihr lautes Hupen lag über der Stadt wie der Klang einer Trompete, die sich nie ganz im Orchester auflöst.

In der Wechselstube »Orion« tauschte ich ein paar Hundert Dollar gegen mexikanische Pesos. Ein dickliches Mädchen in Schuluniform – grauer Rock, weiße Bluse, geringelte Socken – ging an mir vorbei. An den Straßenrändern verkauften Händler mexikanische Flaggen, und auch über der Avenida de los Insurgentes hingen grün-weiß-rote Girlanden, als gäbe es etwas zu feiern.

Immer wieder musste ich riesige Pfützen durchqueren, denn auch in Juárez hatte es geschüttet, und anders als in El Paso funktionierte die Kanalisation hier nicht. Kurz nachdem ich in eine schmale Gasse abgebogen war, blieben meine Vorderreifen in einem Schlammloch stecken. Ein alter Mann, der vor einer Kneipe mit dem Namen Mi Oficina, mein Büro, saß, bedeutete mir mit Handbewegungen, wie ich aus dem Loch herauskommen könne, das er offenbar ziemlich gut kannte. Erst später sollte ich erfahren, dass dies nur ein Vorzeichen für ernsthaftere Zwischenfälle war.

Als ich den Thunderbird wieder flottgemacht hatte, suchte ich einen Ausweg aus dem Straßenwirrwarr. Bei geöffneten Fenstern hörte ich laut »Mala Vida«, ein Lied des spanisch-französischen Sängers Manu Chao. An der Kreuzung mit der Avenida Costa Rica musste ich vor einer roten Ampel halten. Zwei Mädchen überquerten die Straße, blieben kurz stehen und sangen das Lied mit, was ich als persönlichen Willkommensgruß in Mexiko interpretierte.

Nach mehreren Fehlversuchen fand ich endlich aus der Stadt heraus, die sich wegen ihrer extrem hohen Kriminalitätsrate nicht unbedingt für einen längeren Aufenthalt anbietet, und fuhr auf der Panamericana in Richtung Süden. Bald erreichte ich den offiziellen Grenzübergang, stellte meinen Wagen ab und betrat das Bürogebäude mit seinem blau angestrichenen Flachdach.

»Füllen Sie diese Formulare aus!«, forderte mich ein mexikanischer Beamter auf, der in dunkelgrüner Uniform hinter einer Glaswand saß. »Nur damit bekommen Sie die Erlaubnis, Ihr Auto in Mexiko zu fahren. Mit Ihrer Unterschrift verpflichten Sie sich, es danach wieder mitzunehmen. Bei uns im Land verkaufen oder verschrotten ist verboten. Ist das klar? Und wohin wollen Sie eigentlich?«

»Bis zur Grenze nach Guatemala, immer auf der Panamericana.«

»Kennen Sie jemanden in Guatemala?«

»Ja«, log ich.

Der Beamte zog seine Augenbrauen hoch, musterte mich genau, schien nichts Verdächtiges an mir zu erkennen und ließ ohne ein weiteres Wort den Einreisestempel auf meinen Reisepass niederdonnern. Am nächsten Schalter musste ich noch knapp hundert Dollar für eine Autoversicherung bezahlen, die zwei Monate gültig war. Damit hatte ich alle Formalitäten erledigt und durfte als ordentlich angemeldeter, motorisierter Mexikoreisender wieder in meinen Wagen steigen.

Ich fuhr Hunderte von Kilometern immer geradeaus. So langweilig flach war die Landschaft hier im Norden Mexikos, dass ich am Steuer fast einschlief. Erst am fernen Horizont zeichneten sich niedrige Hügelketten ab. Ich suchte eine jener Bars, in denen Antonio Banderas in einschlägigen Filmen alle Gäste erschießt und Salma Hayek zum Vampir wird. Solche Bars gab es jedoch nicht, nur Mautstationen und Billigmotels.

Als ich in Chihuahua ankam, der ersten größeren Stadt, war es fast dunkel. Ich fand das Zentrum nicht. Meine einzige Hilfe war ein grob skizzierter Stadtplan aus einem veralteten Reiseführer, den ich aus dem Büchertauschregal meines Hostels in Sacramento mitgenommen hatte – ohne meinerseits ein Buch zurückzulassen. Als ich verzweifelt eine Einbahnstraße nach der nächsten abgefahren war, erreichte ich schließlich eine belebte Gasse und stand vor dem empfohlenen Hotel San Juan. Das Zimmer kostete umgerechnet zehn Dollar, und ich ahnte, dass ich in Mexiko eine Woche lang von dem Geld leben konnte, das ich in Alaska an einem Tag hatte ausgeben müssen.

»*Bienvenido!*«, rief mir ein kleiner, kahlköpfiger älterer Mann hinter der Rezeption entgegen. Humpelnd half er mir, meinen Rucksack den Gang entlang zu meinem Zimmer zu tragen.

»Wo kann ich denn mein Auto abstellen?«, fragte ich.

»Direkt nebenan ist eine Parkgarage. Für Hotelgäste kostenlos.« Allein der Stellplatz hätte in einer amerikanischen Innenstadt mehr gekostet als das Zimmer.

Ich ging zurück auf die Straße, durch einen maurischen Innenhof mit bunt gemusterten Kacheln, vorbei an einer Bar voller junger Menschen, die Flaschenbier tranken und rauchten. Elektronische Musik aus Europa lief über die Boxen. In einem Nebenraum fertigte eine ältere Frau in einer einstmals weißen, jetzt schmutzigen Schürze Tacos mit Chorizo, Huhn- oder Schweinefleisch. Das alles ergab eine rauschhafte Mischung aus Gerüchen und Geräuschen. Ich fühlte mich besser als in Amerika, entspannter, fröhlicher, und das nach nur ein paar Stunden Fahrt.

Da ich schon mal in Chihuahua war, beschäftigte ich mich mit der Stadt, die einer zwergwüchsigen Hunderasse ihren Namen gegeben hat. Angeblich sollen schon die Azteken diese Tiere gezüchtet haben.

In Mexiko ist Chihuahua vor allem aus historischen Gründen bekannt: Die Spanier haben hier vor rund zweihundert Jahren den mexikanischen Unabhängigkeitskämpfer Miguel Hidalgo eingesperrt und erschossen. Fast hatte er schon die Hauptstadt erobert, als seinen Leuten die Munition ausging und sie im Chaos flüchteten. Hidalgo und die anderen Anführer wurden verschleppt, die Unabhängigkeit musste um ein paar Jahre verschoben werden.

Auf der Plaza Mayor wehten mexikanische Fahnen. Sieben Mädchen, höchstens fünfzehn Jahre alt, in Schuluniformen und mit modischen Sonnenbrillen, blieben vor mir stehen, blickten mich neugierig an und bliesen in kleine Papiertröten.

»Hola Gringo«, rief eine von ihnen.

»Wo kommst du her?«, fragte die nächste.

»Hast du eine Freundin?«, erkundigte sich die dritte.

»Nein.«

Das schien die Mädchen nicht weiter zu bekümmern. Zwei von ihnen, Judith und Julia, wollten sich mit mir fotografieren lassen. Hinter uns rückte ein Arbeitertrupp an und montierte Scheinwerfer über einer Bühne.

»Warum ist eigentlich alles so schön geschmückt hier?«, fragte ich.

»Morgen ist der mexikanische Unabhängigkeitstag, und heute Abend gibt es deswegen ein Fest. Deshalb haben wir auch die Tröten gekauft.«

Judith gab mir ihre E-Mail-Adresse, weil ich ihr das Foto schicken sollte, und ich bekam als Dankeschön noch ein tolles Trötenkonzert. Nach dem Schlussakkord zogen die Mädchen fröhlich jauchzend weiter.

Abends kehrte ich auf den inzwischen völlig überfüllten Platz in der Innenstadt zurück. Am Palast prangten die Worte *»Libertad«* und *»Independencia«* in grünen und roten Leuchtbuchstaben, die Musik war rockig und laut. Ich zog mich in die kleine Kneipe vor meinem Hotel zurück, trank noch zwei Bier und unterhielt mich mit dem Barkeeper, der wissen wollte, wo es in Europa am schönsten sei.

»In Frankreich? In Deutschland eher nicht, oder?«

»Doch, klar, Deutschland ist toll.«

Ich war müde.

In Chihuahua blieb ich nicht lange. Da die Maut für die Panamericana ziemlich teuer war und ich nicht nur Leitplanken und Lastwagen sehen wollte, bog ich ein paar Kilometer südlich der Stadt in eine Landstraße ein, die schnurgerade auf die Sierra Madre zulief. In meinem alten Reiseführer hatte ich gelesen, dass man in dieser gesetzlosen Gegend mit ihren bösen Straßenräubern einzig tagsüber unterwegs sein sollte, und auch dann nur, ohne länger stehen zu bleiben. Von nächtlichen Touren wurde Reisenden abgeraten.

Über einer Hazienda drehten sich gemächlich vier Windräder. Eine überfahrene Kuh blutete am Straßenrand aus, umschwärmt von Fliegen und ein paar Krähen. Wenig später schob sich eine dicke Schlange in zuckenden Bewegungen vor mir über den Teer. Ich bremste, dann wartete ich, bis das Tier auf der anderen Seite angekommen war. Kurz darauf hielt ich am Straßenrestaurant *El Canal*, direkt unter einer Werbetafel für Corona-Bier. Mein Kühlergrill hatte sich hellgelb verfärbt, denn die vielen Zitronenfalter waren zu langsam geflogen, um meinem Donnervogel zu entkommen.

Ich bestellte eine frische Forelle aus dem nahe gelegenen Stausee und kam mit der Wirtsfamilie ins Gespräch. Unter einem Vordach hinter dem Haus grillte Lalo, der Familienvater, meinen Fisch. Seine Frau stand im Restaurant am Herd, die Tochter bediente. »Meine Frau und ich arbeiten hart, damit unsere Tochter studieren kann«, sagte er und wendete die Forelle. »Sie ist klug und sollte später mehr aus ihrem Leben machen, als dieses Lokal zu führen.«

Zum ersten Mal auf meiner Reise begegnete ich jener lateinamerikanischen Zuversicht, die sich auf nichts anderes als die Chancen der folgenden Generation bezieht. Alles, was uns nicht vergönnt ist, sollen wenigstens die Kinder bekommen. Für viele hat die harte Arbeit in der Fabrik oder auf dem Feld nur diesen einen Sinn.

»Lass uns ein Bier trinken, heute ist schließlich Nationalfeiertag«, schlug Lalo vor. Notgedrungen willigte ich ein, obwohl ich noch ein paar Hundert Kilometer fahren wollte. Er wischte sich die Hände an seiner blauen Schürze ab, wir prosteten uns mit den Bierflaschen zu. Die Forelle schmeckte gut, aber leider musste ich meine Fahrt bald fortsetzen.

Die Straße stieg jetzt in steilen Kurven an. Es regnete, als ich in der Abenddämmerung ein Dorf namens Las Nieves, »die Schneefälle«, erreichte, das aus ein paar eingeschossigen Häusern mit kleinen Geschäften, einigen Bars, einer Tankstelle und zwei Hotels bestand. Flach reihten sich die Gebäude entlang der Durchgangsstraße auf. Die Menschen in dieser Gegend leben von der Landwirtschaft, vor allem von Kühen, Mais und Bohnen, und kommen nur ins Dorf, um einzukaufen. Das heißt, die Frauen kaufen ein, die Männer trinken und spielen Billard.

An den Hauswänden verblichen bunt gemalte Slogans von den umstrittenen Präsidentschaftswahlen. In der Zeitung hatte ich gelesen, dass die protestierenden Studenten den Zocalo-Platz in Mexico City freiwillig für den Nationalfeiertag geräumt hatten, um die traditionelle Militärparade vor dem Präsidentenpalast nicht zu stören. In ihrem trotzigen Nationalismus schienen alle Mexikaner vereint.

Ich mietete für umgerechnet sechs Euro ein Zimmer im Hotel Los Alpes, einem zerfallenden Bungalow an der Hauptstraße. Eine raue, ungewaschene Wolldecke lag auf dem Bett, dessen Lattenrost bei jeder Bewegung knarzte. Nachdem ich mich eingerichtet hatte, wanderte ich durch den Ort. An einer großen Halle fuhren sehr viele alte amerikanische Autos vor. Tanzmusik bahnte sich den Weg in die Nacht, und durch das breite Tor schien grelles Licht auf die Straße. Neugierig näherte ich mich und erblickte mehrere Hundert Menschen, die herumstanden oder an gedeckten Tischen saßen – eine Hochzeitsgesellschaft.

Alle männlichen Gäste, auch der Bräutigam, trugen Cowboyhüte und die dazugehörigen, spitz zulaufenden Stiefel. Ein paar von ihnen schauten mich befremdet an. Die Frauen waren deutlich in der Minderheit. Ein närrisch dreinblickender, betrunkener Junge wankte auf mich zu: »Hol dir ein Bier, und wenn du mir eines mitbringst, dann trinken wir zusammen!«

Ich folgte seiner Aufforderung, ging zum Ausschank und kaufte zwei Dosen der Marke Modelo. Die Hochzeit war eine öffentliche Veranstaltung für das ganze Dorf, und Gäste ohne reservierten Sitzplatz mussten für ihre Getränke zahlen.

»Wer heiratet denn?«, fragte ich den Jungen.

»Der Sohn eines Bauern aus der Gegend. Heiratet die Nachbarstochter.«

»Kennst du sie?«

»Nein.«

Ich blickte mich um in der Halle. Zischend zog der Junge den Verschluss seiner Dose auf, und als wir anstießen, gab das dünne Aluminium einen dumpfen, metallischen Klang von sich.

»Was wird denn normalerweise hier gemacht?«

»Wir versteigern Vieh. Manchmal Rodeo. Feste.«

»Warum heißt das Dorf eigentlich Las Nieves? Schneit es hier im Winter?«

»Ja.«

Cowboys sprechen nicht viel, dachte ich mir, das war schon immer so. Acht Männer in eng geschnittenen hellblauen Anzügen betraten die Bühne auf der anderen Seite der Halle, um Norteño zu spielen, die traditionelle Musik des mexikanischen Nordens, eine lebhafte, manchmal etwas schwermütige Kreuzung aus Polka, Salsa und Bierzeltgaudi. Jetzt entdeckte ich auch das Brautpaar, um das die Gäste tanzten, immer wieder unterbrochen von unverständlichen Rufen, offenbar ein Ritual. Die Männer klatschten auf ihre Jeans und lupften ihre Hüte, während die Frauen ihre Röcke rafften und den Kopf senkten. Ich überlegte kurz, mitzumachen, hatte aber diese Schrittfolge in meinem Tanzkurs in Rosenheim nicht gelernt.

Am Morgen nach der Hochzeit hatte sich die Sonne durchgesetzt, und ich bestieg, fröhlich pfeifend, den Thunderbird. Pferde weideten genügsam auf gelblich-grünen Wiesen, der Klatschmohn blühte. Ich hatte keine Lust, lange hinter dem Lenkrad zu sitzen, und zweigte bald von der Straße in das kleine Dorf El Canutillo ab. Pancho Villa, ein Nationalheld der jüngeren Geschichte, verbrachte seine letzten Jahre auf einer Farm in diesem Ort, es gibt dort ein kleines Museum. Ich lernte José, Bernardo und Antonio kennen, ältere Männer, die vor einem Kiosk saßen.

»Trink ein Bier mit uns«, sagte José, und drückte mir eine Dose Modelo in die Hand. Diese Aufforderung hatte ich schon mehrmals in wenigen Tagen gehört. Ich nahm einen kräftigen Schluck, obwohl ich noch nicht gefrühstückt hatte.

»Schönes Auto, aber die Reifen werden bald platzen«, sagte Bernardo und deutete auf das abgenutzte Profil des rechten Vorderrads.

»Wo kommst du her?«, fragte Antonio. Mit meinen blauen Augen und hellbraunen Haaren, dazu die amerikanischen Nummernschilder an meinem Auto, hielten mich die Mexikaner für einen typischen Gringo aus Amerika. Ich hatte gelernt, diesen Irrtum schnellstmöglich aufzuklären. Sofort zog dann ein breites Lächeln über das Gesicht meiner Gesprächspartner, denn Deutsche mögen und respektieren sie, nicht zuletzt wegen der fußballerischen Erfolge. Amerikaner mögen sie nicht, hassen sie sogar mit Inbrunst. Die drei Männer winkten mir noch lange nach.

Abends erreichte ich die Provinzstadt Durango. Mein Bettlaken im Hotel Buenos Aires war schmutzig, das Zimmer hatte keine Fenster und ließ sich nicht absperren. Der Abwassergestank stand in strengem Widerspruch zum Namen des Hauses.

Nicht gerade ausgeruht stand ich frühmorgens auf, ohne zu ahnen, dass die verrückteste Passüberquerung meines Lebens vor mir lag. Der grauhaarige Hotelportier versuchte, mich um mein Wechselgeld zu betrügen. Ich wies ihn darauf hin, er lächelte verlegen und fragte mich freundlich nach meinen Reiseplänen. »Die Straße über die Sierra Madre nach Mazatlán nimmst du lieber nicht, die ist nach dem vielen Regen in einem katastrophalen Zustand«, warnte er.

Da diese Passstraße der einzige Weg über den Gebirgsrücken nach Westen war und ich ans Meer wollte, ignorierte ich den Hinweis. Die ersten hundert Kilometer, auf denen ich hinter Lastwagen durch enge

Kurven kroch, verliefen langsam, aber harmlos. Das Vieh lag gemächlich auf den Weiden, mit der Ausnahme eines Stiers, der vor meinen Augen auf eine Kuh stieg.

Dann begann die Todeszone. Leitplanken fehlten, dafür standen in manchen Kurven gleich mehrere Gedenkkreuze über Steilhängen, die mehrere Hundert Meter in die Tiefe stürzten. Hupende Lastwagen drängten mich so nah an den Abgrund, dass ich fürchtete, mit den Reifen schon in der Luft zu hängen. Offenbar war das Normalzustand, aber es kam noch schlimmer: Ein paar Tage zuvor war auch in dieser Gegend Hurrikan »Lane« vorbeigezogen und hatte Bäume entwurzelt, deren Stämme jetzt immer wieder die enge Straße zur Hälfte blockierten. Runde, tonnenschwere Steinbrocken hatten tiefe Löcher in den Asphalt geschlagen.

Ich blickte ängstlich nach oben, ob nicht zufällig ein Stein nachrückte, was meinen sicheren Tod bedeutet hätte. Als ich an einem Dorf namens Los Angeles vorbeikam, bat ich die Engel inständig, mich zu beschützen. Ich kam mir vor wie ein Rallyefahrer, leider mit abgenutzten Reifen, was ich seit Bernardos Hinweis wusste, und in einem recht schwerfälligen Straßenkreuzer. Glücklich erreichte ich den Pass, von dem sich in beide Richtungen Berggipfel und Nadelwälder erstreckten. An einem Gemüsestand auf einem aus dem Fels gehauenen Parkplatz kaufte ich ein paar Tomaten und trockenes Brot, um mich für die bevorstehende Abfahrt zu stärken.

»Motorbremse benutzen!«, empfahlen Schilder, bevor es steil bergab ging. Bald erreichte ich einen Fluss, der mindestens hundert Meter breit war. Offenbar hatte der Hurrikan die baufällige Brücke hinweggespült. Ich stand am Ufer und rätselte, wie ich auf die andere Seite gelangen sollte. Als ich sah, dass die anderen Autos einfach durch das Wasser fuhren, folgte ich ihnen. Meine Reifen versanken, ich hatte Angst, dass mein Motor absaufen würde. Sorgfältig lenkte ich, um nicht in eines der entgegenkommenden Autos zu schwimmen.

Erleichtert erreichte ich das andere Ufer – und verschnaufte erst einmal. Vor mir stand, abseits von jeder touristischen Infrastruktur, eine große Werbetafel in den deutschen Nationalfarben:

Hotel Villa Blanca
Restaurant Kaffee Kuchen
German-Mexican Cuisine

Ich war zwar erschöpft und hungrig, wollte aber an jenem Tag noch das Meer erreichen. Also entschied ich mich weiterzufahren. Auch wusste ich nicht, was ich mir unter deutsch-mexikanischer Küche vorzustellen hatte. Enchiladas in Jägersoße? Hackbraten mit Tortillachips? Weißwurst-Burritos?

Im ersten Haus am Stadtrand von Mazatlán war ein Beerdigungsinstitut untergebracht, in dessen Fenstern blank polierte Holzsärge glänzten. Ich hatte überlebt.

Mazatlán am Pazifik gehört zum Standardprogramm amerikanischer Pauschaltouristen und verfügt über entsprechend viele laute und teure Bars, in denen Fernseher hängen, auf denen Baseball- und Footballspiele zu sehen sind. Ich schlich mich auf einen Strand, der zu einem Luxushotel gehörte, und nahm zum ersten Mal während meiner Reise ein Bad im Meer.

Die Stadt hatte mir, abgesehen von einer Uferpromenade mit Blick hinüber auf eine Insel, nicht viel zu sagen. Nach zwei Stunden fuhr ich weiter. Das war eine gute Entscheidung, denn einem kleinen, unauffälligen Hinweis im Reiseführer folgend, sollte ich am nächsten Tag das Paradies entdecken.

Nach einigen weiteren Stunden Fahrt entlang der Küstenautobahn und ein paar Kilometern auf einer schmalen Landstraße nahm ich in einem kleinen Ort ein Hotelzimmer. Am Morgen waren es nur noch ein paar Kilometer bis zu einer Bootsanlegestelle, an der die Passage in das Paradies namens Mexcaltitán beginnen sollte, eine sehr kleine Insel in einer Lagune am Pazifik, um die sich viele Mythen ranken.

Ich bat einen runzeligen alten Mann, der dort eine Bar betrieb, für ein paar Stunden auf den Wagen aufzupassen. Bald kam ein Motorboot, dessen Fahrer mich und den zweiten Passagier, einen uniformierten Polizisten, durch die sumpfige Lagune mitnahm, vorbei an strauchigen Mangroven. Reiher und Pelikane jagten nach Fischen, die aus dem Wasser hüpften.

Auf Mexcaltitán angelangt, stiegen der Polizist und ich aus. Draußen auf dem Wasser schubsten sich Jungen in Badehosen von einem Floß, auf dem Steg wuschen zwei Frauen große, frisch gefangene Shrimps. An einem Kiosk kaufte ich mir eine Flasche Wasser.

»Willkommen, Fremder«, sagte der Polizist, der eine Dose Cola orderte. Sein kurzärmeliges blaues Hemd schien an den Oberarmen beinahe zu platzen. »Wenn du Hilfe brauchst, komm aufs Revier. Ist nicht schwer zu finden. Aber hier passiert sowieso nichts.«

Autos gab es auf der kreisrunden Insel nicht, die Gassen waren dafür zu schmal. Es dauerte nicht länger als zehn Minuten, die Siedlung einmal zu durchqueren, in der rund fünfhundert Menschen leben.

Bunte Häuschen schmiegten sich aneinander, lachende Mädchen mit braunen Zöpfen schlenderten durch die Straßen. Eine ältere Frau in schwarzem Kleid kehrte den Platz vor der gelben Kirche, deren Turm hoch aufragte. Über allem herrschte eine entspannte Stille, unterbrochen nur vom Gurren der Wasservögel und dem Bellen eines Hundes. Ein sanfter Wind blies.

Manche Forscher glauben, dass die Isla de Mexcaltitán gleichbedeutend ist mit Azatlan, jenem sagenumwobenen Ort, von dem die Azteken einst aufbrachen, um im heutigen Mexiko ihr mittelalterliches Reich zu errichten. Andere Wissenschaftler zweifeln an dieser Theorie, und das, obwohl sie staatlich anerkannt ist: Als die Regierung in den frühen Neunzigerjahren für ihre Wiederwahl dringend Stimmen aus den Küstenprovinzen brauchte, erließ sie ein Dekret, demzufolge Mexcaltitán unbestreitbar die Aztekenheimat ist, um die Menschen in der Gegend zu erfreuen.

Ein Teil der Insel war am Tag meiner Ankunft überflutet, denn auch hier hatte es gestürmt. Ein kleiner Junge planschte im Wasser, und Gemüsehändler fuhren auf Kanus zu ihren Kunden.

»Das passiert alle paar Jahre einmal, dann haben wir hier unser kleines Venedig«, erklärte mir ein junger Mann mit Schnurrbart und pechschwarzen Augen, der mich vor einem kleinen Geschäft angesprochen und sich als Sidro vorgestellt hatte. »Lass lieber deine

Schuhe an, da sind Bakterien im Wasser.« Bakterien im Paradies? Wer hatte hier gesündigt?

Auf Mexcaltitán haben die Menschen nicht viel Geld, ganze Familien leben in zwei oder drei Zimmern, aber richtig arm ist hier auch niemand. Die Shrimps gelten als die besten Mexikos – und verkaufen sich gut.

Ich entschied, erst am nächsten Tag aufs Festland zurückzukehren, und mietete mir ein Zimmer in der einzigen Pension auf der Insel. Unten in der Kneipe tanzte ein alter, leicht angetrunkener Mann namens Eliodoro zu mexikanischen Oldies, die aus dem Fernseher schepperten. Diesmal tanzte ich mit, denn eine Schrittfolge war nicht vorgeschrieben.

Abends spielte ich in einer kleinen Spielhalle mit einem der Jungen aus dem Dorf Kicker, unsere Gegner waren zwei Mädchen. Wir gewannen knapp. In den wenigen halbwegs trockenen Gassen hatten Mütter unter gelblich leuchtenden Laternen ihre Tische vors Haus gestellt, um mit ihren Töchtern und deren Großmüttern »La Lotería« zu spielen, ein traditionelles mexikanisches Brettspiel. Die Männer saßen derweil auf den Stufen vor den Lehmhäusern und unterhielten sich. Irgendwo schrie ein Säugling auf, danach war nichts mehr zu hören. Das Licht spiegelte sich in den Pfützen.

Am nächsten Morgen grüßten mich die Menschen bereits auf der Straße. Sidro fuhr mit mir in einem gondelförmigen Boot ohne Motor und Ruder über die Lagune. Das Wasser war nirgends mehr als eineinhalb Meter tief, weshalb er uns mit einem langen Stab vom Boden abstoßen konnte. Auf einer weiteren grasbewachsenen Insel, viel kleiner als Mexcaltitán, stand ein angepflocktes Pferd. »Morgen, denke ich, können wir den Gaul befreien; heute steht das Wasser noch zu hoch«, sagte Sidro. Vor einem überschwemmten Futtertrog streckten zwei Säue grunzend ihre Schnauzen in die Luft. Ein Reiher setzte sich auf unseren Bug.

Es fiel mir schwer, das Mittagsboot zurück zum Festland zu nehmen, zu gut gefiel mir diese Insel. Aber ich wusste, dass ein weiter Weg vor mir lag. Als ich den Steg erreichte, erschrak ich: Ein Fenster meines Autos war aufgestemmt, das Stativ und die Filter für meine Objektive fehlten. Die Jeans und meine Reiseapotheke, die auf dem Boden vor dem Beifahrersitz lag, hatte der Dieb nicht gebraucht. »Was ist passiert?«, fragte ich den alten Mann, der auf mein Auto aufpassen sollte. »Keine Ahnung. Bist selbst schuld. Du wolltest nach ein paar Stunden wiederkommen.« Ich fluchte, er zuckte mit den Schultern. Das Paradies hatte einen weiteren Makel bekommen.

Auf der schmalen Straße zur nächsten Ortschaft musste ich Slalom um fette Kühe fahren, einmal sogar mehrere Minuten warten, bis die Tiere sich bequemten, den Weg freizugeben. Auch Hupen half nichts. Die Wiese auf beiden Seiten stand unter Wasser, und die mutigsten Kühe versuchten, zwischen den blauen Seerosen zu schwimmen, um an Futter zu gelangen.

Im nächsten Dorf fuhr ich an einer Bar vorbei, vor der neben einem blauen Modelo-Schriftzug ein braunes Pferd angekettet war. Auf der Türschwelle befand sich noch eines, von dem nur der Schwanz und der Hintern zu sehen waren. Meine Augen täuschten mich nicht, es stand tatsächlich halb in den Bar. Ich hielt an und machte ein Foto. Einige Männer verscheuchten das Pferd und schimpften von drinnen. Mensch und Tier leben in Mexiko eng beieinander.

Eine Nacht verbrachte ich in dem kleinen Urlaubsort San Blas, der für seine Strandmücken berüchtigt ist. Frühmorgens wachte ich auf und kaufte am Markt einige Tortillas, dazu eine Banane und Käse, der aus einer geschmacklosen, knautschigen Masse bestand. Ich suchte nach einer Werkstatt, um endlich neue Reifen zu kaufen, aber nirgendwo war mein Modell vorrätig. Am Ortsrand tankte ich.

Schon bald hielt ich an einem Gemüsestand, um den Weg zur Küstenstraße zu erfragen. Vor mir parkte ein weißer Kleinbus. Plötzlich bewegte er sich rückwärts. Ich rief laut und hupte mehrfach. Zu spät. Der Kleinbus prallte gegen meinen Ford. Klirrend zerbarst das Glas meines rechten Blinkers und Scheinwerfers. Ich stieg aus und stellte fest, dass auch die beigefarben lackierte Stoßstange eingedrückt war. Ein kleiner, dicklicher Mann mit Vollbart näherte sich und betrachtete den kleinen Kratzer an seiner Stoßstange.

»Das ist kein großer Schaden«, sagte er zu mir.

Ich verstand nicht recht und schaute ihn ratlos an.

»Es war deine Schuld, ganz klar. Aber, wir können es gern darauf beruhen lassen«, fügte er großzügig hinzu.

»Wie bitte?«, fragte ich. Wir begannen zu streiten. Mitten in der Auseinandersetzung drehte sich der Mann um und setzte sich in seinen Kleinbus. Wenig später stieg eine junge Frau in einem engen Oberteil und mit blondierten Haaren zur Beifahrerseite aus, lächelte verführerisch und trat auf die orangefarbenen Plastikscherben, die vom Blinker übrig geblieben waren.

»Wir möchten dich zu einem Frühstück einladen.«

»Danke, das ist nett, aber ich hätte trotzdem gern Geld für die Reparatur.«

»Komm, sei doch nicht so.«

Erneut lehnte ich ab, fand aber langsam Gefallen an dieser unwirklichen Szene.

»Na gut, ich werde es meinem Mann ausrichten.«

Die Frau ging zurück zum Auto, und wieder näherte sich mir der Fahrer des Kleinbusses.

»Ich gebe dir zwanzig Dollar«, sagte er.

»Vierzig«, antwortete ich.

Sein Gesicht verzerrte sich, und die schwarzen Augen funkelten wütend. »Ich verhandle nicht!«, presste er hervor, machte kehrt, stieg erneut in sein Gefährt und drückte aufs Gas. Kein neuer Blinker. Kein Geld. Kein Frühstück. Ich hatte den beleibten Mann in seiner mexikanischen Ehre verletzt.

Da ich sonst nichts vorhatte, entschloss ich mich, die Verfolgung aufzunehmen. Bald erreichten wir einen Parkplatz vor einem Restaurant, an dem die Straße endete. Als der Mann meinen Thunderbird bemerkte, wendete er scharf und fuhr die Strecke zurück. Die nächste halbe Stunde spielten wir Verfolgungsjagd. Rechts unten glitzerte dunkelblau der Pazifik, und ich kam mir vor wie in einem schlechten Actionfilm.

Im nächsten Dorf versuchte der Mann mich durch eine Finte in einer kleinen Gasse abzuschütteln. Ich blieb dran. Als ein Bauer mit seinem Karren kurz vor mir auf die Straße biegen wollte, hupte ich ihn aus dem Weg. Nach ungefähr zwanzig Kilometern erreichten wir das nächste Dorf. Dort war zu viel Verkehr. Erschöpft gab ich auf.

An der Hauptstraße des Ortes entdeckte ich eine Polizeistation, dort sprach ich mit einem der Beamten. Den weißen Kleinbus hatte er vorbeirasen sehen, sogar die schwarze Aufschrift erkannt. Ich nannte ihm das Kennzeichen. »Der kommt aus einem anderen Bundesstaat. Keine Chance. Da können wir nichts machen«, sagte er. Das fand ich schade, aber eigentlich war es mir inzwischen egal. Das Rennen war eine gute Entschädigung für meine demolierten Blinker und Scheinwerfer gewesen.

Ich fuhr ein paar Kilometer weiter, zur »Playa de las Tortugas«, dem Schildkrötenstrand. Zwei Stunden lang lag ich entspannt am Wasser – mehrere Kilometer Sand, mehrere Hundert Palmen, liebliche Wellen und kein weiterer Mensch. Im Gebüsch beobachtete ich große, blau und rot gefärbte Krebse, die unbeholfen mit ihren klappernden Zangen ihr Mittagessen aufsammelten. Ich bekam selbst Hunger und fuhr zurück zur Hauptstraße, vorbei an einer Rieseneidechse, die sich regungslos auf einem Zaunpfahl sonnte.

Zwei Kurven später krachte es unter mir: Mein linker Vorderreifen war geplatzt. Die Sonne brannte auf den Asphalt, ich holte den Ersatzreifen aus dem Kofferraum und fing an zu kurbeln. Ein Fiat fuhr einen Meter hinter mir durch eine Pfütze, die der viele Regen in der Vorwoche hinterlassen hatte. Das schmutzige Wasser besudelte mich von oben bis unten.

Der Tag schien sich langsam zu einer Katastrophe zu entwickeln. Ich beschloss, mich in mein Schicksal zu fügen, egal, was kommen mochte. Die Hitze half dabei, meinen aufkeimenden Ärger zu dämpfen. Gleichmut ist ein guter Reisebegleiter.

Im Ersatzreifen war kaum Luft, und ich hielt an der nächsten Tankstelle. Bis der Tankwart mir erklärte, dass es hier keine Luftpumpe gebe, hatte er schon unaufgefordert meinen Thunderbird betankt. 260 Pesos sollte ich bezahlen, für vierzig Liter. Ich war während der Verfolgungsjagd zwar schnell gefahren, aber insgesamt höchstens dreißig Kilometer. Erst am Morgen hatte ich vollgetankt, und soweit ich wusste, besaß mein Tank kein Loch. Hier stimmte etwas nicht.

Langsam kippte meine Stimmung gegenüber diesem Land. Hatten die Mexikaner auf einmal ein Problem mit mir? Oder ich mit den Mexikanern? Eigentlich hatte unsere gemeinsame Zeit doch gut angefangen.

Der Tankwart schickte mich mit meiner Beschwerde zu seiner Chefin, die mich jedoch einfach ignorierte. In Mexiko heißen alle Tankstellen Pemex und gehören dem Staat, da ist es unwichtig, was der Kunde will. Später las ich, dass mexikanische Tankwarte als Betrüger bekannt sind, und jeder vernünftige Mensch erst nachschaut, ob die Tankuhr an der Zapfsäule tatsächlich auf null steht.

Ich ging wieder zum Tankwart zurück und schlug einen fairen Preis vor, etwa die Hälfte der genannten Summe. Der Mann nahm das Geld nicht, verlangte nun frech meinen Autoschlüssel. Ich wollte mich nicht noch einmal ärgern lassen und startete durch. Das war auch keine gute Idee, denn strafbar wollte ich mich nicht machen. Sicherheitshalber kehrte ich um.

Noch immer lehnte der Tankwart den Betrag, den ich für angemessen hielt, ab. Wütend ließ ich die Peso-Scheine aus dem Fenster fallen. Kaum hatte ich wieder abgedreht, brauste hinter mir ein schwarzer Pick-up heran, auf dessen Ladefläche vier schwer bewaffnete Polizisten in ihre Trillerpfeifen bliesen. Ich blieb stehen.

»Gib ihm das Geld!«, rief mir einer von ihnen zu. Ich begann zu verhandeln, rechnete ihnen meine zurückgelegte Strecke und den geschätzten Verbrauch vor.

»Ruft doch bei der Tankstelle in San Blas an, ich habe heute früh erst getankt«, sagte ich. Daraufhin klapperte einer der Polizisten bedrohlich mit seinen Handschellen und verlangte meinen Reisepass.

Ich gab nach, mal wieder, was hatte ich schon für Chancen, bezahlte die geforderte Summe und gab dem Tankwart noch ein ordentliches Trinkgeld. Der einzige Polizist, der halbwegs freundlich mit mir gesprochen hatte, empfahl mir, mich beim Tourismusministerium in Mexico City zu beschweren. Die Beamten würden dann die Tankuhr prüfen, und wenn sie einen Fehler fänden, bekäme ich mein Geld zurück. Auf diese Prozedur habe ich verzichtet.

In Las Varas, der nächsten Stadt, kaufte ich im Ersatzteillager von Juan Grajeda Rodriguez zwei neue Reifen und bat den Chef, sie gleich zu montieren, während ich mir in einer Tortilleria etwas zu essen holte.

»Tolles Auto«, sagte Juan, als ich wiederkam. Auch seine beiden Söhne bewunderten den Thunderbird.

»Willst du ihn kaufen?«, fragte ich.

»Ja. Wie viel willst du?« Achttausend Kilometer war ich seit Seattle in dem Auto unterwegs gewesen, und an jenem Tag war mir die Freude am Fahren endgültig vergangen. Ich erinnerte mich daran, dass ich den Wagen in Mexiko nicht verkaufen durfte. Aber sollte ich als Einziger so dumm sein und die Gesetze befolgen?

Wir einigten uns auf einen guten Preis, fast so viel, wie ich ursprünglich bezahlt hatte. Ich nahm das Bargeld und kaufte eine Fahrkarte für den Nachtbus in die Hauptstadt. In einem bequemen Sitz schlief ich tief und kam ausgeruht am nächsten Morgen in Mexico City an.

9
Ein Öltanker wird kommen

Die Grenze nach Guatemala überquerte ich vom mexikanischen Bundesstaat Chiapas aus. Mein Gesicht war verbrannt von zwei Strandtagen an der Pazifikküste, die ich in dem kleinen Dorf Huatulco, nicht weit von der Hafenstadt Puerto Escondido entfernt, verbracht hatte. Ich war mit zwei anderen Backpackern in Bussen von Mexico City über Oaxaca dorthin gereist: David aus Texas und Annaliese aus Brighton in England.

Ausgelassen sprang ich mit ihnen über die sandfarben schäumenden Wellen, wie früher als Junge an der Adria. Anders als in Caorle oder Rimini war Schwimmen hier allerdings zu gefährlich, denn die starke Bodenströmung hätte uns schnell Hunderte von Metern fortgezogen. Während David von Huatulco aus zurück nach Norden reiste, begleitete mich Annaliese nach Guatemala, wo sie einen Spanischkurs gebucht hatte.

Der Grenzübergang lag mitten im Dschungel, in einem feuchten Tal. Es herrschte drückende Hitze, als wir dort ankamen. Vor kleinen Läden saßen Frauen in bunten Kleidern und fächerten sich Luft zu.

»*Agua fría!* Coca-Cola!«, riefen sie uns entgegen. Ein Papagei krächzte pausenlos. Von allen Seiten stürmten kleine Männer mit großen Sombreros auf uns zu, wedelten mit Geldscheinen, gafften meine blonde Begleiterin an und bedrängten uns.

»Cambio!«

»Beste Rate für deine Pesos!«

»Transport to Guatemala!«

Ich lernte etwas Typisches für Mittelamerika kennen: Die Grenzübergänge gleichen einem riesigen Marktplatz, auf dem alle erdenklichen Dienstleistungen angeboten werden. Man konnte sich die Haare schneiden lassen, Briefe aufgeben, Geld wechseln, Gepäckträger mieten und Tickets für den nächsten Bus kaufen. Nichts davon läuft offiziell, alles irgendwie unter der Hand. Und im Lärm der Motoren und dem Geschrei der Händler ist es schwer, die Übersicht zu behalten.

Ich schnallte meinen Rucksack ziemlich fest um Bauch und Brust. Annaliese ging dicht an meiner Seite. Die Geldwechsler brauchte ich, denn ich schleppte seit dem Autoverkauf ziemlich viele Pesos mit mir herum. Rasch hatte ich mich an das Chaos gewöhnt und feilschte mit einem der Männer um einen möglichst guten Kurs, umringt von zehn anderen, die versuchten, ihn zu überbieten. Irgendwann wollte keiner mehr mithalten, und wir kamen ins Geschäft. Einen kleinen Teil tauschte ich in Quetzales, die Währung Guatemalas, und den anderen in sichere Dollars. Da jetzt der ganze Grenzposten meine finanziellen Verhältnisse kannte, wollten Annaliese und ich so schnell wie möglich fort.

Ein Junge mit einem roten Karren drängte uns seine Hilfsdienste auf. Gegen ein kleines Trinkgeld lotste er uns an stinkenden Kleinlastern und schwer beladenen Gemüsekarren vorbei in das Gebäude der mexikanischen Grenzpolizei. Binnen weniger Minuten bekamen wir den Ausreisestempel. Ich atmete auf, denn schließlich hatte ich meinen Thunderbird verbotenerweise in Mexiko verkauft, aber anhand meiner Papiere war nicht zu erkennen, dass ich im Auto eingereist war.

»*Suerte*«, wünschte uns der Junge. »Viel Glück! Und bitte, gebt mir noch etwas Geld.« Ich reichte ihm drei Dollar in Pesos. Er wollte mehr. Zwei ältere Männer näherten sich mit drohenden Blicken, und ich verstand, was hier gespielt wurde. Wir retteten uns, ohne noch mehr zu zahlen, auf die andere Seite, wo uns guatemaltekische Beamte in blauen Uniformen freundlich anlächelten.

»Das hätten wir geschafft«, stammelte Annaliese, noch etwas verwirrt. »Wäre ziemlich unangenehm gewesen, wenn wir uns nicht getroffen hätten und ich da allein hätte durchgehen müssen.« Wie naiv, dachte ich, so orientierungslos und ohne Spanischkenntnisse durch diese Gegend zu reisen. Nicht, dass hinter jeder Palme ein Gauner lauert, aber das Grenzgebiet ist nicht nur die Heimat von Betrügern, sondern auch von Drogenhändlern und Schlepperbanden.

Guatemala ist ein sehr armes Land, zerrüttet von einem jahrzehntelangen Bürgerkrieg und ausgebeutet von internationalen Kaffee- und Bananenkonzernen. Erst langsam erholt es sich, indem es seine Rohstoffe endlich in eigener Regie auf dem Weltmarkt verkauft. Seit dem Friedensabkommen von 1996 herrscht weitgehend Ruhe.

Im Bus lief laute Musik, die sogar den dröhnenden Motor übertönte. Vorn an der Windschutzscheibe war eine Marienstatue aufgestellt, und über dem Fahrer klebten mehrere Sticker mit Jesusbildchen. Wir waren also gut behütet.

Die Fahrgäste hatten beim Einstieg gelacht, weil ich mich tief hatte bücken müssen, um in dem niedrigen Mittelgang eine freie Bank zu erreichen. Niemand hier war nur annähernd so groß wie ich.

»Kaugummi, Lollis, kalte Getränke«, rief eine kleine, breite Frau, die sich mit einem Korb durch den Mittelgang des grünen Busses zwängte. Eine zweite Verkäuferin bot gefüllte Teigtaschen mit scharfer Soße an. Ich kaufte zwei davon, eine ziemlich fetthaltige Kost. An der nächsten Haltestelle stiegen die fliegenden Händlerinnen wieder aus.

In Quetzaltenango, im täglichen Sprachgebrauch der Guatemalteken nur »Xela« genannt, stiegen wir aus. Nachdem wir eine gemütliche Pension gefunden hatten, gingen wir in eine jener typischen Ausländerbars, in denen es ein Pint Guinness und Pizza zu Preisen gab, für die ein Einheimischer eine ganze Woche arbeiten muss.

Annaliese und ich kamen auf die Religiosität der Menschen in der Gegend zu sprechen. »Ich finde das sehr sympathisch«, sagte sie. »In England gehe ich jede Woche in die Kirche. Ich bin Mitglied in einer protestantischen Gemeinde.« Das war doch etwas ungewöhnlich für eine junge, britische Backpackerin, und ich hakte nach.

»Was bedeutet das für dich?«

»Ganz einfach: Ich befolge die biblischen Gebote. Ein Beispiel: Nachdem mein letzter Freund mich ziemlich enttäuscht hat, werde ich erst wieder eine Beziehung mit einem Mann führen, wenn ich ihn heiraten will. Und vor der Ehe will ich keinen Sex mehr.«

Nach zwei weiteren, sehr ruhigen Tagesetappen und einem Abstecher zum Lago de Atitlán, dem wunderschönen blauen Bergsee, erreichten wir die einstige spanische Kolonialstadt Antigua, deren steinerne, bunt angemalte Häuschen sich in einem weiten Talkessel unter drei mächtigen Vulkanen ducken. Ich setzte Annaliese vor der Tür ihrer Gastfamilie ab, bei der sie während des Sprachkurses wohnen sollte. Eine Nacht blieb ich in einem Hostel.

Nach einem Spaziergang durch die holprigen Gassen nahm ich am nächsten Morgen den Bus nach Guatemala-Stadt. Plötzlich spürte ich etwas an meiner Hüfte und schaute nach unten. Die schmutzige Hand eines Jungen mit pechschwarzen Haaren fingerte an meiner Hosentasche, in der ein paar Münzen und kleine Geldscheine steckten. »Da hast du noch mal Glück gehabt«, sagte er frech und zog die Hand weg. Ich drohte ihm mit dem Zeigefinger. Er lachte, und wir begannen, uns zu unterhalten. Auf dem Boden vor ihm stand eine Holzkiste, Jorge war Schuhputzer.

»Deine Eltern?«

»Sind lange tot.«

»Wo lebst du?«

»Auf der Straße. Manchmal bei Freunden.«

Nach zwei Stunden kamen wir in der Hauptstadt an. Jorge winkte mir zum Abschied. Auf dem Platz vor der Kathedrale setzte ich mich an einen Springbrunnen und beobachtete die Menschen. Es war Sonntag und zugleich eine Art Feiertag, der *Día del Niño,* Tag des Kindes. Eine Band spielte Popmusik, überall gab es Spielzeug zu kaufen und haufenweise Schuhe, drei Paar für umgerechnet zehn Dollar. Luftballons zogen über die Kirchtürme hinweg, und die vielen Tauben versuchten, sichtlich verwirrt, den unbekannten Flugobjekten auszuweichen.

Ein Mädchen blies Seifenblasen, stolperte beim Versuch, ihnen hinterherzulaufen, verschüttete die Flüssigkeit und fiel mit dem Gesicht hinein. In der Zeitung in Antigua hatte ich gelesen, dass wie Jorge schätzungsweise jedes zweite Kind in Guatemala mindestens zehn Stunden in der Woche arbeiten muss. Da wird Seifenblasen pusten zum Luxus.

Schon von den USA nach Mexiko hatte ich eine Wohlstandsschwelle passiert, aber erst jetzt war ich in einem wirklichen Entwicklungsland angekommen. Es war für mich die erste Konfrontation mit extremer Armut. Die Gedanken an diese Kinder beschäftigten mich. Ihr Leben würde vielleicht etwas besser sein als das ihrer Eltern. Aber wer konnte das schon genau sagen?

Am Nachmittag fuhr ich im Bus weiter auf der Panamericana, über grüne Hügel und durch saftige Täler an der Grenze zu El Salvador. Immer wieder hielten wir an, um Menschen mitzunehmen, die am Straßenrand winkten. In jeder Ortschaft ließ der Busfahrer die übliche Schar an Verkäufern an Bord, vermutlich gegen Provision. Diesmal gab es Gebäck und Eis.

Für mich hatte ein bewusstes Experiment begonnen: Ich bewegte mich ohne Reiseführer. Annaliese besaß einen für Mittelamerika, aus dem ich mir ein paar Notizen gemacht hatte. Jetzt musste ich mich durchfragen. Womöglich würde ich den ein oder anderen sehenswerten Ort verpassen, aber das störte mich nicht. Gerade die ungeplanten Aufenthalte und überraschenden Begegnungen bereicherten meinen Weg.

Aus Guatemala auszureisen war kein Problem, die Formalitäten hatte ich schnell erledigt. Im blau angemalten Grenzposten von El Salvador kam ich aber nicht weiter. Eine vielleicht vierzig Jahre alte, mütterlich wirkende Frau mit rötlich gefärbten Locken blätterte durch meinen Reisepass, schaute mich skeptisch an und beriet sich schließlich mit einer Kollegin, die hinter ihr stand.

»Wo willst du denn hin?«, fragte sie.

»Weiß ich noch nicht, irgendwie in Richtung San Salvador.«

Wieder tuschelten die beiden, besorgt zogen sie die Augenbrauen hoch.

»Bist du allein unterwegs?«

»Ja.«

»Kennst du jemanden in unserem Land? Hast du schon ein Hotel gebucht?«

»Nein.«

Erneut steckten die zwei Frauen ihre Köpfe zusammen. Ich schien sie vor große Probleme zu stellen.

»Wir können dich heute nicht mehr einreisen lassen«, verkündeten sie kurz darauf das Ergebnis ihrer Beratungen. »Es wird schon dunkel. Abends alleine in El Salvador herumzureisen ist zu gefährlich, erst recht an einem Sonntag. Hinter der Grenze gibt es immer wieder Überfälle. Ganz in der Nähe ist ein kleines Hotel, nimm dir dort ein Zimmer und fahre morgen weiter.«

Ich entschied mich, diesmal dem Rat zu folgen. Das Hotel war in einem Bungalow untergebracht, in dessen Garten Bougainvilleen dunkelrot blühten. Die Eingangstür war außen verspiegelt, scheinbar aus Sicherheitsgründen. Man konnte nicht hineinsehen, aber von innen beobachtet werden. Das war, wie ich später feststellen sollte, auch bei den meisten Geschäften in den Städten der Fall. Die Angst vor Überfällen schien groß zu sein, ein Erbe des Bürgerkriegs.

Eine ältere Frau in einer weißen Schürze öffnete. Ich nahm ein Zimmer ohne Klimaanlage, das acht Dollar kostete. Geld musste ich an dieser Grenze nicht wechseln: El Salvador hat seine eigene Währung im Januar 2001 abgeschafft, US-Dollar sind das offizielle Zahlungsmittel.

Am nächsten Morgen fuhr ich in einem roten Kleinbus mit neun Sitzplätzen und dreizehn Passagieren ins Land hinein. In Santa Ana musste ich umsteigen, dort nahm ich den nächsten Bus in die Hauptstadt San Salvador, mein eigentliches Ziel.

Ein Taxifahrer empfahl mir das Hotel Europa. Der Mann an der Rezeption schimpfte, dass seit der Umstellung auf die amerikanische Währung alles teurer geworden sei. »Eine verrückte Idee war das! Für dich ist es natürlich praktisch, aber wir können uns noch viel weniger leisten als zuvor.«

Auf dem Parkplatz im Hof standen ein paar Autos; trotzdem hatte ich das Gefühl, dass ich der einzige Gast war. Eine halbe Stunde lang zeichnete mein Gesprächspartner mit zittriger Hand einen Plan mit den wichtigsten Sehenswürdigkeiten für mich. Dieser Skizze folgend, wanderte ich am Nachmittag durch die Stadt. Im älteren Teil stand ein einziges halbwegs modernes Gebäude, die Kathedrale »El Salvador del Mundo«, gewidmet dem Retter der Welt. Rundum verfielen die Bürohäuser.

Im westlich anmutenden Teil der Hauptstadt war alles anders. Dort tummelt sich die Oberschicht des Landes, und es sieht aus wie in Pittsburgh oder Albuquerque. Das Metrocenter, streng bewacht von schwer bewaffneten Polizisten, ist eine riesige Mall mit Boutiquen, Parfümerien und Elektrogeschäften.

In einem weiteren wohlhabenden Viertel, rund um den Cuscatlán-Park, dort, wo die internationalen Hotelketten ihre Luxustempel aufgebaut haben, setzte ich mich auf die Terrasse einer Bar und trank ein Bier. Langsam wurde es dunkel, und der zunehmende Mond stieg über dem Fußballstadion am Stadtrand auf.

Am nächsten Tag bezahlte ich meine Rechnung im Hotel. An einer Tankstelle kaufte ich eine Tageszeitung. Ich erschrak, als ich sie im Bus las. *La Prensa* berichtete auf einer ganzen Seite über ein furchtbares Ereignis vom Vortag: Eine Bande junger Männer hatte einen Bus überfallen, den Fahrer erschossen, den Passagieren sämtliche Wertsachen abgenommen, zwei junge Frauen herausgezerrt und am Straßenrand vor den Augen aller anderen Fahrgäste vergewaltigt – genau auf der Strecke, auf der ich gerade meine Reise fortsetzte.

In San Miguel stieg ein junger Mann mit Baseballmütze ein und setzte sich neben mich. Er sah, dass ich in der Zeitung über den Überfall las.

»Reist du allein?«, fragte er.

»Ja.«

»Ziemlich leichtsinnig, das weißt du, oder?«

Ich hatte mich schon vor meiner Reise entschieden, solche Risiken in Kauf zu nehmen. Es ging mir darum, die Länder so kennenzulernen, wie sie wirklich sind. Ich wollte mich wie die Einheimischen fortbewegen, nicht in Flugzeugen oder teuren, internationalen Langstreckenbussen mit zugezogenen Vorhängen.

»Wenigstens bist du groß und stark, da haben die Leute bei uns Respekt«, sagte mein Sitznachbar. Ich schätzte ihn in etwa auf mein Alter. Wir tauschten unsere Namen aus, ich erzählte ihm von meiner Reise. Schnell merkte ich, dass sein Leben genau gegenteilig zu meinem verlaufen war.

»Ich komme aus San Miguel, das ist nicht weit von hier«, berichtete Pablo in hervorragendem Englisch. »Während des Krieges war mein Vater als Militärpolizist in den Bergen stationiert, um die Guerillas zu bekämpfen. Ich kann mich noch genau an den Tag erinnern, an dem wir ihn dort besuchten und auf einmal Kugeln einschlugen.« Pablo machte eine Pause und schaute mich an. »Aber ich will dich mit meinen Geschichten nicht langweilen.«

»Du langweilst mich nicht.«

Ich mochte Pablo, er schien mich auch sympathisch zu finden und froh zu sein, mal wieder Englisch sprechen zu können.

»Kurz danach entschied meine Mutter, mit uns zu flüchten. Wir kratzten alles Geld zusammen und bezahlten einen Schlepper, der uns in die Vereinigten Staaten brachte. Dort siedelten wir uns in New Jersey an, wo viele Menschen aus El Salvador leben. Schnell habe ich kapiert, dass sich mit Drogen ziemlich leicht Geld verdienen lässt. Ich fuhr schicke Autos, uns ging es gut. Irgendwann stürmte das FBI unser Haus. Sie fanden drei Kilo Kokain – und legten mir Handschellen an. Bis heute glaube ich, dass einer meiner Partner mich reingelegt hat.«

»Wie lange warst du im Gefängnis?«

»Drei Jahre. Ich hatte rechtzeitig einen Teil meines Drogengeldes beiseitegelegt, davon konnte ich einen guten Anwalt bezahlen. Ohne ihn hätte ich sicher doppelt so lang gesessen. Danach haben sie mich abgeschoben, unter der Auflage, sieben Jahre lang die USA nicht zu betreten.«

»War es hart hinter Gittern?«

»Nein, nicht wirklich. Ich habe dort begonnen Bücher zu lesen, habe meinen Highschool-Abschluss nachgeholt und Elektriker gelernt. Damit verdiene ich heute mein Geld.« Er machte wieder eine Pause und schaute aus dem Fenster.

»Und, willst du irgendwann in die USA zurückkehren?«

»Ja. Es ist das beste Land der Welt. Sie haben mir eine zweite Chance gegeben.«

Eine Weile hingen wir beide unseren Gedanken nach. Schließlich blickte er erneut auf die Zeitung, deren Titelseite den Überfall zum Thema hatte.

»Diese Gangs sind eine Plage, die wir nicht mehr loswerden«, sagte er. »Sie bestehen aus jungen Männern wie mir, also früheren illegalen Immigranten, die wegen irgendwelcher kleinen oder größeren Straftaten die USA wieder verlassen mussten. In El Salvador finden sie keine Jobs, die Banden bieten ihnen Geld und Freunde, eine neue Heimat. Ich hatte Glück, weil ich rechtzeitig Drogengeld hierher geschafft und davon meine Elektro-Firma gegründet habe.«

Wir erreichten den nächsten Ort, Pablo raffte seine Sachen zusammen. »Sorry, aber ich muss aussteigen. War schön, dich kennengelernt zu haben!«

Er ließ mich mit seinen aufwühlenden Geschichten zurück.

Nachdenklich blickte ich nach draußen. In diesem Teil der Welt ist es noch üblich, Abfall einfach aus dem Fenster zu werfen. Der Straßenrand wirkte wie eine lange, schmale Müllkippe aus leeren Plastikflaschen, Bananenschalen und Babywindeln. Am Horizont standen Vulkane, wohlgeformt wie die Höcker eines Kamels.

Auf einer breiten Brücke überquerten wir den Río Goascorán, der El Salvador von Honduras trennt, das für mich nur ein Transitland war: Nach zwei Stunden an der Pazifikküste kam der Grenzübergang nach Nicaragua. Große Schilder überspannten die Panamericana, auf denen »Japan wünscht eine gute Reise« stand, dazwischen wehten die Flaggen von Nicaragua und Japan. Japan? Inzwischen saß ein älterer Herr neben mir, ich fragte ihn nach dem Sinn dieser Hinweise.

»Die Japaner haben diese Brücken wieder aufgebaut, nachdem Hurrikan ›Mitch‹ sie im Jahr 1998 niedergerissen hat. Die Menschen hier sind sehr dankbar und haben gerne die Schilder der Japaner aufgestellt.«

Endlich mal praktische Entwicklungshilfe, dachte ich. Ich unterhielt mich weiter mit dem Mann, er stammte aus El Salvador, wo er ein erfolgreiches Unternehmen führte. »Ich lebe allerdings in Nicaragua«, erklärte er. »Das ist viel sicherer als in meiner Heimat, hier kann ich mir auch mehr leisten.«

Wieder musste ich über eine Grenze und in einen überfüllten *Chicken Bus* wechseln. Unauffällig verstauten einige Frauen dicke Pakete unter ihren Sitzen. Wenig später hielten wir am Straßenrand. Die

Pakete wurden heimlich in einen schwarzen Kombi umgeladen, und ich erhaschte einen kurzen Blick auf die Waren: Die Frauen schmuggelten nicht Drogen, sondern Softdrinks und Kartoffelchips.

»Die sind in Honduras billiger«, klärte mich eine der Frauen auf, als sie meinen verwunderten Blick sah. Vermutlich die Folge irgendeines Freihandelsabkommens. Nach einer weiteren halben Stunde über tiefe Schlaglöcher stieg ich in León aus und übernachtete im Hostel ViaVia. Nach der langen Fahrt fiel ich sofort ins Bett.

Am nächsten Tag spazierte ich durch die Stadt. Schwarz-rote Fahnen hingen über den Straßen. Autos mit lärmenden Lautsprechern fuhren an mir vorbei, an einem Straßengrill kaufte ich ein Sandwich. Zwei schmale Jungen blieben stehen und bettelten, nicht um Geld, sondern um Nahrung. Wir teilten das Sandwich. Ich kaufte ihnen noch eines, ohne zu wissen, ob das gut und richtig war. In zehn Sekunden hatten sie es verschlungen.

Wie in den anderen mittelamerikanischen Ländern gibt es auch in Nicaragua eine kleine Schicht von Großgrundbesitzern, die mit Kaffee und Bananen sehr reich geworden sind. Zu diesen vermögenden Familien zählt die von Ortìz Gurdian. Sie hat in León vor fünf Jahren einen ganzen Block alter Häuser im Kolonialstil renoviert, um dort ein Museum für ihre Privatsammlung einzurichten. In einem Flügel betrachtete ich barock-koloniale Gemälde, dazu wundervoll restaurierte Möbel aus Tropenhölzern. Viel mehr begeisterten mich aber die Räume mit moderner, lateinamerikanischer Kunst: farbenfrohe Werke aus Nicaragua, Kolumbien und Uruguay, im Westen weitgehend ignoriert.

Abends folgte ich dem vielstimmigen Gesang in den Gassen, und nach einer Weile erreichte ich den Platz vor der mächtigen Kathedrale mit dem noch mächtigeren Namen »Insigne Y Real Basilica Catedral De La Asunción De La Bienaventurada Virgén Maria«, die ich schon mittags während meines Stadtrundgangs entdeckt hatte. Der Platz war da noch leergefegt.

Jetzt stand dort eine Bühne, auf der ein Mann mittleren Alters mit einem dunklen Schnauzbart ein Lied sang und danach leidenschaftlich zu sprechen begann. Nach jedem Satz legte er eine Pause ein und schaute in die Menge, die schwarz-rote Fahnen schwenkte und Parolen skandierte, die ich nicht verstand. Der Redner sprach so langsam, dass ich ihm halbwegs folgen konnte.

»Hugo Chávez wird bald einen Öltanker schicken«, versprach er. »Bald geht es uns allen besser. Wir werden Arbeit für alle schaffen! Das habt ihr euch verdient! Wir dürfen uns nicht abschotten!«, fuhr er im Duktus eines Volkstribuns fort, fast schreiend und ins Mikrofon spuckend.

»Sogar der Handel mit Amerika ist wichtig. Aber er funktioniert nur, wenn die Armen daran teilhaben! Fidel Castro, unser Freund, hat gezeigt, dass man notfalls auch ohne Amerika leben kann! Die Ideen des Sozialismus sind noch heute gültig, genauso wie früher! Dennoch erkennen wir auch die Wirklichkeit an!«

Erneutes Schwenken der Fahnen, Geschrei, eine minutenlange rhetorische Pause. Zwei Feuerwerkskörper stiegen auf. Ich stand in sicherem Abstand am Rand des Platzes. Ein Fahrradfahrer hielt direkt neben mir an und folgte dem Redner aufmerksam.

»Wer spricht denn da?«, fragte ich ihn.

»Das ist Daniel Ortega, der nächste Präsident von Nicaragua. In vier Wochen ist bei uns Wahl. Er wird sie gewinnen, hoffe ich.«

Ortega war schon einmal Präsident, von 1985 bis 1990. Damals hatte er als Chef der linksgerichteten Sandinisten den amerikafreundlichen Diktator Anastasio Somoza gestürzt. Das wiederum ängstigte den seinerzeit regierenden US-Präsidenten Ronald Reagan, der heimlich die konservativen Contras aufrüsten ließ und zum Bürgerkrieg anstachelte. Die Sache flog auf und erhielt die Bezeichnung »Iran-Contra-Skandal«, obwohl der Skandal mehr mit Nicaragua als mit dem Iran zu tun hatte.

Ich ging zurück ins Hostel und plauderte mit Mario, der dort fünfmal pro Woche Nachtwache hielt. Morgens goss er noch die Mangobäume und Papayasträucher im Garten, bevor er heimging, um sich um seine Frau und die vier Kinder zu kümmern. Die Besitzer des Hostels waren Belgier, sie zahlten ihm hundert Dollar im Monat für seine Arbeit, das war in etwa der ortsübliche Lohn.

»Einer meiner Söhne brauchte neulich dringend einen orthopädischen Schuh«, erzählte Mario. »Allein dafür musste ich fünfzig

Dollar bezahlen. Am Ende des Monats haben wir nur noch Reis gegessen.«

»Was hältst du von Ortega?«, fragte ich.

»Nichts. Nicaragua hat sich gerade erst von den Fehlern der Vergangenheit erholt. Wir brauchen neue Leute, nicht die müden Krieger von gestern. Wir müssen wieder stolz auf uns sein.« Mario steigerte sich in seine eigene Rede hinein. »Unser Land ist schön genug, um mehr Touristen wie dich anzulocken, und unsere vulkanischen Böden sind hervorragend, um erfolgreich Landwirtschaft zu betreiben.«

Einen Monat später, ich war längst weitergereist, erfuhr ich, dass Ortega die Wahl gewonnen hatte.

10
Die Affenjagd ist abgeblasen

Ende Oktober, ich befand mich mitten in Costa Rica, fuhr ich zum ersten Mal hinüber an die Ostküste des langen amerikanischen Kontinents. Ich wollte mir einen schönen Karibikstrand suchen und dort für ein paar Tage bleiben. Immer in Bewegung zu sein ist auch nicht gut, da kommt die Seele nicht mit. Seit fast vier Monaten war ich schon unterwegs, etwas mehr als drei Monate lagen jetzt noch vor mir.

Noch vermied ich darüber nachzudenken, dass diese unabhängigste aller Lebensweisen irgendwann vorbei sein sollte. Eines aber wusste ich: Ich würde nie mehr einem Drehbuch folgen wollen, das andere für mich verfasst hatten, weder auf dieser langen Reise noch nach meiner Rückkehr nach Deutschland.

Die Woche zuvor hatte ich auf ungewöhnlich touristische Weise verbracht, in einem allradgetriebenen Mietwagen mit Christine, einer deutschen Kommilitonin. Ich kannte sie aus Boston, und sie hatte sich eine Woche freigenommen.

Nach Guatemala, El Salvador und Nicaragua kam mir Costa Rica wie eine überdimensionale Modelllandschaft vor. Ein Drittel des Territoriums besteht aus Nationalparks oder anderweitig geschützten Gebieten, eine Art Disneyland für Naturliebhaber. An der Panamericana lag hier kein Müll, niemand bettelte. Einen Bürgerkrieg hatte es in den vergangenen Jahrzehnten nicht gegeben. Costa Rica besitzt nicht einmal eine Armee, sein Präsident, Óscar Arias Sánchez, trägt den Friedensnobelpreis, und die Kriminalitätsrate ist im regionalen Vergleich gering.

Als Christine und ich die Küche unseres ersten kleinen Appartements an der Playa Herradura betraten, entdeckten wir einen kleinen, grünen Frosch auf dem Gasherd. In weiten Sprüngen flüchtete er panisch durchs Fenster, als er uns sah.

»Das ist normal hier, macht euch nichts draus«, sagte Emmy, unsere deutsche Vermieterin, deren Pension die einzige vernünftige Unterkunft am Strand war.

Nachts war es heiß bei Emmy, obwohl unsere Lehmhütte unter Bäumen stand und statt Fensterscheiben nur Moskitogitter angebracht waren. Ich lag wach, etwas klapperte auf unserem Dach, irgendein Tier? Am nächsten Morgen erschrak ich, als ich vor die Tür trat und die Antwort fand: Dort lag ein Basilisk in der Sonne, eine braune Riesenechse, mindestens einen Meter lang, mit einem zackigen, langen Schwanz – er sah aus wie der letzte überlebende und ziemlich geschrumpfte Dinosaurier.

Beim Frühstück unterhielten wir uns mit unserer Vermieterin.

»Ich bin vor mehr als fünfzehn Jahren mit meinem Mann aus Lübeck hierher ausgewandert«, erzählte sie in norddeutschen Tonfall. »Kurz nachdem wir fertig gebaut hatten, ist er an einem Herzinfarkt gestorben.« Sie zeigte auf das Foto eines lebensfrohen Mannes mit Glatze, das auf einem Mauersims stand. »Ich bin geblieben. Was soll ich denn in Deutschland? Hier ist das Paradies.«

Von der anderen Seite einer Mauer war das Geräusch eines Baggers zu vernehmen.

»Und was ist mit den Baustellen?«, fragte ich. Erst am Morgen hatte ich die vielen Arbeiter auf dem riesigen Grundstück jenseits der kleinen Teerstraße gesehen.

»Nun ja, auch das Paradies verändert sich. Da hat eine amerikanische Immobilienfirma investiert. Soll eine Wohnanlage für reiche Pensionäre werden.« Sie seufzte. »Als wir ankamen, gab es nur ein paar Geschäfte und schiefe Häuser am Strand. Jetzt geht es immer schneller mit der Entwicklung. Mir wollten sie auch schon den Grund abkaufen. Aber da lasse ich nicht mit mir reden.«

Christine und ich gingen schwimmen. Mittags kochten wir uns eine große Portion Spaghetti mit Tomatensauce. Das tat gut, nachdem ich mich zuletzt vor allem von am Straßenrand Gegrilltem ernährt hatte. Auch die nächsten Tagesetappen unserer kleinen, friedvollen Rundreise durch Costa Rica gefielen mir – eine Art Kurzurlaub von meiner Rucksackreise. Ich hatte aus dem Desaster mit Michaela gelernt und mit Christine vereinbart, dass sie die Route planen und ich mich für eine Woche zurücklehnen würde.

Aras zogen hoch über den Wipfeln der Gummibäume schnatternd ihre Kreise, wir stolperten durch feuchte Urwälder, hörten Affen beim Brüllen zu, besichtigten eine Kaffeeplantage und schwammen mit flinken Fischen in einem Wasserfall. Alles friedlich, ohne zu streiten. Die blonde, hübsche Christine war neugieriger als Michaela und weniger eigensinnig als ich, was das gemeinsame Reisen erleichterte.

Am Strand von Montezuma, einer Hochburg für Kiffer und Aussteiger aus Europa, beobachtete ich kleine Krebse, die versuchten, sich vor der Flut zu verstecken. Hoch oben im Wolkenwald von Monteverde sahen wir ein Faultier regungslos im Buchenhain sitzen. Kapuzineräffchen bewarfen mich mit Ästen. Die Fahrt aus dem wolkigen Bergwald hinab ins Tal führte uns durch dunkelgrüne Landschaften. Immer wieder regnete es heftig. Wir erreichten die Reserva Santa Elena, einen riesigen Stausee im Nordwesten des Landes, als die Sonne gerade feuerrot im Wasser versank. Kurz vor La Fortuna, unserem nächsten Ziel, gerieten wir in einen Verkehrsstau. Nichts bewegte sich. Ich stieg aus und schaute mich um: Ein reißender Bach hatte ein Stück der Straße weggerissen.

»Was machen wir jetzt?«, fragte Christine ratlos.

»Warte mal ab.«

Ich nutzte die Gelegenheit, um den Helden zu spielen. In Mexiko hatte ich gelernt, dass man sogar mit einem alten Thunderbird problemlos durch hohes Wasser fahren kann. Mit unserem kleinen, gemieteten japanischen Jeep sollte das erst recht kein Problem sein. Ich beschleunigte, zog an der Wagenkolonne vorbei und preschte mit hoher Geschwindigkeit auf die andere Seite.

La Fortuna wird von der Kulisse des daueraktiven Vulkans Arenal beherrscht. Nachts flackern immer wieder kleine Flämmchen über dem Krater, tagsüber qualmt der Berg gemütlich vor sich hin. In einem Café am Stadtrand servierte uns ein hinkender Kellner namens Carlos am nächsten Morgen das Frühstück. Weil sonst kein weiterer Gast da war, hatte er Zeit, sich mit uns zu unterhalten.

»Ah, aus Deutschland kommt ihr«, sagte er. »Das kenne ich. In den Siebzigerjahren arbeitete ich als Matrose auf einem Bananendampfer. Wir haben mal in Rostock angelegt, später auch in Hamburg und Emden.«

»Ihr habt wirklich Bananen nach Rostock geliefert?«, fragte ich nach. Das war lustig, denn offenbar handelte es sich um Südfrüchte für die Parteibonzen der DDR.

»Ja, auch Kaffee und andere gute Sachen. Ich kann sogar zwei Sätze auf Deutsch«, sagte er stolz: »›Bitte ein Bier‹ und ›Niemand weiß Bescheid.‹« Das mit dem Bier konnte er noch übersetzen, die Bedeutung der übrigen Worte war ihm entfallen.

Carlos' Geschichte war beispielhaft für Costa Rica, das früher ausschließlich von den Ausfuhren seiner Nahrungsmittel lebte. Inzwischen bringt der Tourismus mehr Geld, und wie Emmy sind viele Besucher geblieben. Das führte dazu, dass sich die Einheimischen auf einmal fremd im eigenen Land fühlten – kein Wunder, arbeiteten sie doch als Aufseher, Bedienungen und Putzkräfte für ausländische Investoren, die Millionen verdienten. Die Politik reagierte – und stellt nur noch streng befristete Visa aus.

In der ziemlich aufgeräumten, aber uninteressanten Hauptstadt San José setzte ich Christine und den Mietwagen am Flughafen ab. Ich hatte mich gut erholt und es trotz meines Strebens nach Unabhängigkeit genossen, nicht jeden Tag meine Route selbst bestimmen zu müssen. Dafür hatte ich mich dieses Mal bewusst entschieden, anders als damals mit Michaela, und so war es in Ordnung.

Jetzt aber war es wieder an der Zeit, meine eigenen Wege zu gehen. Im Bus-Terminal am Stadtrand kaufte ich ein Ticket für die Fahrt nach Puerto Viejo, einer karibischen Hafenstadt an der Grenze zu Panama.

Ich quartierte mich in einem riesigen Zeltlager unter freiem Himmel ein, in dem fast alle Plätze von jungen amerikanischen Touristen besetzt waren. Für mich war nur noch eine Hängematte frei. Am nächsten Tag schmerzte mein Rücken. Es regnete, was ich als Zeichen zur sofortigen Weiterreise auslegte. Ich nahm einen wackeligen

Bus nach Sixaola, dem einzigen Grenzübergang nach Panama auf der karibischen Seite. Dort angekommen, riegelte ein grimmig dreinblickender Uniformierter vor mir das Zollgebäude ab: »Mittagspause! Die Grenze ist bis zwei Uhr nachmittags geschlossen.«

Ich setzte mich in den Schatten zwischen Kokospalmen und Regenbäumen, ein paar Meter vor einem grünen Schild mit dem Schriftzug »Panama«.

Ein langer Lastwagen nach dem anderen näherte sich aus nördlicher Richtung und reihte sich in die Schlange vor der Schranke ein. Jeder zweite war beklebt mit dem Logo von Chiquita. Viele Millionen Bananen produziert der Konzern jährlich auf beiden Seiten der Grenze, und weil es in Costa Rica keinen Tiefseehafen gibt, werden sie von Panama aus verschifft.

Kurz vor halb drei Uhr kam der Uniformierte zurück und fertigte zuerst die Buspassagiere, danach die Lastwagen ab. Auf einer baufälligen, löchrigen, schwankenden Eisenbahnbrücke überquerten wir den Grenzfluss. In Panama angekommen, fuhr ich mangels einer Busverbindung mit dem Taxi zur nächsten Anlegestelle, um in das Bocas-del-Toro-Archipel überzusetzen – immer wieder war ich unterwegs Backpackern begegnet, die von dessen unfassbarer Schönheit geraunt hatten, und andere Reisende sind die besten Ratgeber.

Schon am zweiten Tag hatten mich die Bewohner von Bastimentos, einer der siebzig Inseln im Archipel, als Dauergast integriert. Auf der Straße grüßten sie mich freundlich, und nachmittags saß ich plaudernd mit ihnen in der Sonne.

»Ich war neulich erst in der Schweiz«, erzählte Enrique, dem das kleine Hostel gehörte, in dem ich wohnte. Er war groß und kräftig, hatte schwarze Haut und machte auf mich einen sehr entspannten Eindruck. »Meine Frau lebt dort mit unseren zwei Kindern. Die sind vor mir geflüchtet.«

»Und das grundlos, oder?«, fragte ich frech.

Enrique antwortete nicht, sondern lächelte gequält, atmete mit einem lauten Schnaufer aus und machte eine abfällige Handbewegung. »Ist doch egal. Das Leben hier ist eh besser«, sagte er und deutete hinaus auf die Palmen und das kristallklare Wasser.

Bastimentos unterscheidet sich in ethnischer Hinsicht von den Nachbarinseln. Während sonst im Archipel eine bunte Mischung aus Kreolen, Mestizen und Indios lebt, sind hier die Nachfahren schwarzafrikanischer Sklaven beheimatet. Als im vergangenen Jahrhundert in Mittelamerika der Bananenboom begann, setzten sie von Jamaika über, um auf den Plantagen zu arbeiten. Zu diesen Familien gehörten auch Enrique und seine Freunde, die abends in der Küche des Hostels gemeinsam kochten und Bier tranken.

Das Leben hier schien tatsächlich angenehm zu sein. Autos gab es nicht, nur einen schmalen geteerten Weg, der durch das einzige Dorf führte und den Bewohnern abends als Flaniermeile dient. Rauchschwaden zogen mittags über die Häuser, wenn der frische Fisch gegrillt wurde. Bunte Blusen und ausgebleichte Jeans hingen zum Trocknen über den Steinterrassen.

Den ganzen Tag über tönte Salsa-Musik aus den Transistorradios, die vor den Türschwellen standen. Pelikane zogen ihre Kreise über der Bucht und schossen steil hinab, um Fische zu erbeuten. Aus dem Urwald klangen dunkle Vogelrufe, und große hässliche Krebse verkrochen sich eilig in ihren Löchern unter den Hauseingängen, wenn jemand vorbeikam.

Abends lag ich trotz meiner anhaltenden Rückenschmerzen in der Hängematte, die über Enriques Veranda gespannt war, tagsüber handelte ich mit einem der Bootsbesitzer einen guten Preis aus, um zu einem der einsamen Sandstrände zu fahren. Meistens kamen ein paar andere Backpacker mit. Es waren unbeschwerte Tage, in denen ich noch einmal Kraft schöpfte für Südamerika, den nächsten und letzten großen Abschnitt meiner Reise. An einem Montagabend veranstalteten die Einheimischen in einem Bootsschuppen, der mit Palmenblättern überdacht war, eine Tanzparty, bei der sehr viel Rum floss. Zwei Franzosen und ich waren die einzigen hellhäutigen Menschen, schon etwas angetrunken vom Flaschenbier aus der Strandbar eines älteren, nordamerikanischen Aussteigerpaares. Der DJ drehte die Bässe bis zum Anschlag, über der leicht bekleideten Menge glitzerte eine Discokugel. Eine Gruppe junger Inselbewohner freute sich, dass wir ihre zuckenden Bewegungen nachahmten.

Als ich auf den Steg hinausging, kam ich mit Marlen ins Gespräch, einer Mestizin mit knochigem, aber hübschem Gesicht und einem leichten Überbiss, der ihre blendend weißen Zähne hervorblitzen ließ. Sie trug eng anliegende weiße Hosen, ihre struppigen Haare waren leicht gelockt.

»Was treibt ihr denn hier?«, fragte sie, während die beiden hellsten Sternschuppen, die ich jemals gesehen hatte, über der Bucht niedergingen.

»Nichts besonderes. Einfach entspannen.«

»Ihr Ausländer habt es gut, immer durch die Gegend zu reisen. Ich war einmal in Panama City, das ist alles. Was machst du sonst so?«

Ich erzählte von meinem Studium und der Tour, die bereits hinter mir lag. Marlen arbeitete als Lehrerin und als Forschungsassistentin an einem biologischen Institut in Almirante.

»Du gefällst mir«, sagte sie unvermittelt.

Ich antwortete nicht, sondern blickte hinunter ins Wasser. Dort schwammen runde, vielleicht zwanzig Zentimeter lange Fische, die grün schimmerten. Leuchtfische? Halluzinierte ich bereits?

»Da ist ganz natürlich so«, beruhigte mich Marlen, als sie meinem Blick folgte. »Es gibt viele solche leuchtenden Fische bei uns.«

Wir verabredeten uns für den nächsten Tag. Marlen wollte mir die schönsten Strände von Bastimentos zeigen.

Als sie mittags ins Hostel kam, begrüßte Enrique sie herzlich. Marlen war bestens bekannt auf den Inseln, weil sie in jenem Jahr als Faschingsprinzessin wochenlang bunt kostümiert durch die Straßen gezogen war. Ihr Onkel hatte das Amt des Bürgermeisters von ihrem Vater übernommen. Noch dazu war sie eine der wenigen Bewohnerinnen von Bocas, die eine Universität besucht hatten.

Wir stapften auf einem schlammigen Weg über die Insel, vorbei an zwei grasenden Kühen, die sich in den Tropen gut eingewöhnt hatten. Ich sank bei jedem zweiten Schritt im feuchten, morastigen Boden ein, während Marlen elfengleich über Pfützen, Steine und Wurzeln hinwegschwebte.

»Leise, bleib stehen!«, flüsterte sie plötzlich und beugte sich zu einer dicken Baumwurzel hinunter. »Schau!«

Auf der gräulichen Rinde saß ein knallroter Frosch mit schwarzen Punkten auf dem Rücken. Seine langen Beine hatte er für den nächsten Sprung angewinkelt.

»Das ist eine Froschart, die es nur auf unserer Insel gibt. Die Tiere sind giftig, also aufpassen.«

»So ähnliche hab ich in Costa Rica gesehen, aber in Blau und Gelb.«

»Rot ist schöner«, sagte sie und lief in ihren rosafarbenen Pants und dem gelben Oberteil schon wieder weiter. Ein Vogel gurrte.

»Das war ein Tukan«, erklärte sie.

Am Strand angekommen, erzählte sie mir nach einem kurzen Bad eine traurige Geschichte.

»Eigentlich ist alles hier Naturschutzgebiet, aber das wird nicht genau beachtet. Auf der anderen Seite der Insel hat sich Michael Jordan eine Villa gebaut, nur ein paar Kilometer von einem uralten Indiodorf entfernt. Und es wird noch schlimmer: Eine amerikanische Firma hat die Erlaubnis bekommen, hier am *Red Frog Beach* eine Villensiedlung zu errichten. Angeblich nach strengen Auflagen, das sagt zumindest mein Onkel, aber das glaubt keiner. Ich auch nicht. Im Frühjahr brüten hier die Riesenschildkröten, die werden wohl verschwinden, und die roten Frösche auch«, fuhr sie fort. »Viele Bürger haben sich engagiert, um das Projekt zu verhindern, aber die Fähren mit den Baggern und den Baumaterialien pendeln schon hierher. Wir haben den Kampf wohl verloren.«

Es war genauso wie in Costa Rica oder an der Westküste Nicaraguas: Erst kam im frühen zwanzigsten Jahrhundert die Kolonialisierung durch die Frucht- und Kaffeekonzerne, danach rückten die Geheimdienste ein, um linke Regierungen zu stürzen, und jetzt rollte die Invasion der reichen Ruheständler. Zwar weniger brutal, aber mindestens genauso zerstörerisch.

»Lass uns zurückgehen, ich habe Hunger«, sagte Marlen. »Soll ich uns etwas kochen?«

Nach einer halben Stunde waren wir wieder zurück im Dorf. Sie ging einkaufen, ich schrubbte mir den Dreck von den Beinen. Dann kochten wir unter ihrer Anleitung ein vorzügliches kreolisches Gulasch mit viel Knoblauch, Zwiebeln und Reis, das wir mit Enrique teilten. Nach dem Essen setzten wir uns auf die Veranda des Hostels. Marlen erklärte mir die Bäume, die vor meinem Zimmerfenster standen: ein Mangobaum, ein Mandelbaum, ein Papayastrauch, ein grüner und ein roter Avocadobaum. Nur den Zitronenbaum hatte ich selbst erkannt, weil eine einsame Zitrone an einem Ast baumelte.

Am nächsten Tag musste Marlen arbeiten, und ich verbrachte den Tag an einem abgelegenen Strand der Isla de Colón, der Hauptinsel. Unter einem Sonnenschirm warb ein kleiner, kräftiger Masseur für seine Künste: »Komm, nur zehn Dollar für eine Stunde! Du brauchst das.«

Das stimmte. Während er mich massierte, unterhielten wir uns über Ernährung.

»Rindfleisch ist verseucht, und Huhn besteht nur aus künstlichen Hormonen. Solltest du alles nicht essen«, empfahl er.

»Und was ist mit Fisch?«

»Fische ernähren sich von anderen toten Fischen. Da kannst du dir alle möglichen Krankheiten einhandeln.«

Mein Rücken war so verspannt, dass ich aufschrie, als Ángel meine Schulterblätter mit seinen Händen bearbeitete.

»Du hast schlecht geschlafen, oder?«, fragte er. Tatsächlich hatte ich keine besonders gute Nacht hinter mir, wohl wegen der Hitze und meinem schmerzenden Rücken.

»Nein, das Fleisch in deinem Magen ist schuld daran.«

Zum Abschied reichte er mir noch eine Broschüre über vegane Ernährung, die ich bei der nächsten Gelegenheit entsorgte. Als ich Teenager war, hatte meine Mutter unseren Haushalt komplett auf vegetarisches Essen umgestellt. Damals fuhr ich an Heiligabend heimlich alleine zur Currywurstbude. Ich bin bis heute traumatisiert, obwohl es längst wieder Schnitzel gibt, wenn ich zu Besuch komme.

Mit meinen gelockerten Muskeln ging ich schnorcheln und schwamm um ein lebendiges Korallenriff, in dem sich viele kleine, bunte Fische tummelten. Ein bedrohlicher Stachelrochen schwebte an mir vorbei. Ich wollte ausweichen und schlug mir dabei den rechten Fuß an einem Felsen auf.

Jetzt war es an der Zeit, die Warnschilder zu befolgen und aus dem Wasser zu gehen: Das Archipel ist mit seinen vielen Mangroven und Riffen ein perfektes Revier für Haie, und Blut verheißt leichte Beute. Vegane Ernährung ist nicht ihr Ding.

Obwohl ich sehr hungrig war, bestellte ich im Strandrestaurant nur einen Salat, weil ich den Effekt der Massage nicht zerstören wollte. Aus einer Musikbox tönte »Like A Virgin« von Madonna. Auf der anderen Seite der Terrasse lehnte der Masseur mit einer vollbusigen Begleiterin an der Theke. Ich musste zweimal hinschauen, bevor ich glaubte, was ich dort sah: Er verspeiste eine riesige Portion Pommes mit Mayonnaise. Da wird er wohl schlecht schlafen, der liebe Ángel, dachte ich. Aber manchmal ist Lebensfreude eben doch wichtiger als gute Vorsätze.

Zurück auf Bastimentos war es ziemlich ruhig geworden. Der Grund dafür war die anstehende Abstimmung, bei der das Land über die Erweiterung des Panamakanals entscheiden sollte. Drei Tage lang galt zu diesem Zweck das *Ley Seca,* das »trockene Gesetz« ein strenges Alkoholverbot, das eine nüchterne Stimmabgabe garantieren sollte. An den Laternenpfosten hingen rote und grüne Fahnen mit den Aufschriften »Nein! Haltet sie auf« und »Ja! Für mehr Arbeit«.

Ich trank mit Marlen einen Saft in einem der wenigen geöffneten Restaurants. Erst redeten wir über die Abstimmung, dann wechselte sie unvermittelt das Thema.

»Ich würde dich gern morgen meiner Familie vorstellen.«

Das ging mir etwas zu schnell. Ich war auf meiner Reise für viele Dinge offen, wollte aber sicher nicht als Faschingsprinz in der Karibik enden. Marlens Ansinnen erinnerte mich daran, dass ich längst schon hätte weiterreisen sollen.

»Marlen, es tut mir leid, aber ich muss morgen nach Panama City. Du weißt ja, dass ich noch einen weiten Weg vor mir habe.«

»Schade!«

Sie stand sofort auf und ging auf einem staubigen Weg davon.

Früh am nächsten Morgen nahm ich ein Boot zum Festland und erreichte gerade noch rechtzeitig den Bus nach Panama City. Auch dieses Land ist klein, aber die vielen Kurven im Regenwald und über die vulkanische Zone zogen die Fahrt in die Länge.

Unterdessen blätterte ich in einer englischsprachigen Wochenzeitung, die in Panama erscheint, und entdeckte folgende Anzeige:

Red Frog Beach
Die ultimative Entdeckung einer Insel
Panamas Top Beach Resort
Gelegenheiten für Wohneigentum

Auf einer exotischen Insel in der Karibik setzt Red Frog Beach einen neuen Standard für luxuriöses Leben, dort, wo unberührter Regenwald unentdeckte, wundervoll weiße Sandstrände verbirgt. Dieses Weltklasseresort erstreckt sich über fünf Kilometer und wird zwei Yachthafen beherbergen. Geräumige Villen mit Strandblick und elegante Wohnresidenzen umgeben einen luxuriösen Beach Club mit Spa und einen Arnold-Palmer-Golfplatz. Residenzen ab $ 269 000.

Besuchen Sie unsere Verkaufsbüros in Panama City, Torre de Las Americas. Rufen Sie uns an unter 800-968-9906 oder informieren Sie sich auf unserer Website www.readfrogbeach.com. Kostenloses DVD-Paket mit mehr Informationen!

Das Inserat war mit Zeichnungen von roten Fröschen umrahmt. Wut und Entsetzen stiegen in mir auf. Solche Landentwickler zählen zu den größten Verbrechern der Gegenwart. Natürlich wären ihre Schandtaten nicht ohne die Einheimischen möglich, die bereitwillig verkaufen – aber was kann man ihnen vorwerfen, wenn sie plötzlich einen bequemen Weg aus der Armut finden?

Eine Stunde vor Panama City bog der Bus auf die Panamericana, und aus Freude über das Wiedersehen mit meiner Straße widmete ich ihr ein Gedicht:

Im Bus
Auf der Straße
Sitze ich

Noch weit
Ist mein Weg
Denke ich

Doch nah
Ist mein Ziel
Fühle ich

Im Bus
Auf der Straße
Sitze ich

Als wir den Panamakanal überquerten, war es bereits dunkel. Bald erreichten wir die Lichter von Panama City, der fortschrittlichsten aller lateinamerikanischen Städte, eine Bankenmetropole und ein Shoppingparadies nach westlichem Maßstab, das Wohlhabende aus den Nachbarländern anlockt. Ich buchte mich in einem Hostel im neunten Stockwerk eines Bürogebäudes ein. Die Adresse hatte ich in einem Café auf Bocas entdeckt.

Müde von der Fahrt, legte ich mich gegen elf Uhr auf meine Pritsche im Dormitorium. Irgendwann schreckte ich aus dem Tiefschlaf hoch. Mein Reisewecker zeigte drei Uhr morgens. Stimmen riefen durcheinander, meiner Wahrnehmung nach zwei Männer und eine Frau. Schimpfworte drangen ins Zimmer. Ich stand auf. Als ich den Gang betrat, sah ich, wie ein kräftiger, junger Mann ein schmächtiges Mädchen in einem lila Oberteil und verwaschenen Jeans würgte.

»Du Hure!«, schrie er.

»Gib's ihr!«, brüllte ein anderer, der daneben stand. Im Hintergrund schien sich noch ein dritter Mann aufzuhalten. Das Mädchen weinte und versuchte, sich loszureißen.

»Wollt ihr mich umbringen oder was?«

Verschlafen wie ich war, zögerte ich nur kurz, dann näherte ich mich den Streitenden.

»Seid ihr denn verrückt, zu zweit auf eine Frau loszugehen?«, rief ich. Verwundert über meine Einmischung, lockerte der sichtlich betrunkene Typ seinen Würgegriff. Das Mädchen flüchtete zitternd zu mir. Langsam krochen auch andere Backpacker aus ihren Betten und schauten sich die Szene an.

»Du musst mir helfen, die wollen mich umbringen«, schluchzte sie.

»Bastard! Idiot!«, beschimpfte mich der Schläger. »Was willst du überhaupt hier?«

Ich flüchtete mit dem Opfer zum Fahrstuhlaufzug, und wir fuhren hinunter zur Rezeption. Im Neonlicht der Kabine erkannte ich Würgemale an ihrem Hals.

»Danke, dass du mir hilfst! Die haben gedroht, mich vom Balkon zu werfen«, klagte sie in amerikanischem Akzent, immer wieder von Weinkrämpfen unterbrochen: »Wir müssen die Polizei rufen. Ich zeige sie an.«

Der schläfrige Rezeptionist weigerte sich, uns das Telefon zu reichen.

»Was wollt ihr überhaupt? Geht lieber mal ins Bett.«

Erst als das Mädchen ihm erklärt hatte, was vorgefallen war, gab er nach. Wir warteten unten. Wenig später fuhren zwei Streifenwagen vor. Gleich vier Beamte in blauen Uniformen betraten das Hostel und fuhren mit uns im Lift nach oben.

Dort wurden wir mit bösen Blicken empfangen. Das ganze Stockwerk, in dem fast nur Männer wohnten, hatte mich zum Feind erkoren. Viele wohnten offenbar schon seit Langem in dem Hostel und empörten sich, dass ich ihre familiären Angelegenheiten gestört hatte.

»Ich bin übrigens Amanda«, stellte sich das zierliche Mädchen den Beamten vor. Sie hatte sich etwas beruhigt.

»Wer hat dich denn angegriffen?«, fragte der Anführer der Polizistentruppe.

Amanda deutete auf die drei jungen Männer, die immer noch an der Balkontür lungerten.

»Eure Ausweise, sofort!«, befahl der Beamte.

Es stellte sich heraus, dass die beiden Schläger aus Israel stammten. Der dritte war der Nachtwächter im Hostel, er wohnte in Panama City. Die Polizisten notierten die Namen und wollten auch meine Papiere sehen. Einer der Israelis bekam mit, dass ich Deutscher bin.

»Was spielst du dich eigentlich hier auf?«, rief er wutentbrannt. »Du Nazi! Erzähl lieber mal, was dein Opa im Zweiten Weltkrieg gemacht hat!«

»Du bist tot«, sagte der andere mit kalter, ruhiger Stimme zu mir.

Amanda suchte nun in ihren Hosentaschen nach dem Schlüssel zu dem abgesonderten Zimmer, in dem sie angeblich mit ihrem Freund wohnte. Sie fand ihn nicht.

»Ihr Typ ist heute Abend mit einer anderen durchgebrannt«, höhnte einer der Schläger.

»Ruhe!«, befahl der Chef der Polizeitruppe und griff drohend an seine Hüfte, an der ein Revolver, ein Gummiknüppel und zwei Paar Handschellen hingen.

»Willst du die Männer anzeigen?«, fragte er Amanda.

»Ja«, stammelte sie.

»Dann kommen alle mit auf die Wache.«

Es war inzwischen vier Uhr morgens, das ganze Hostel auf den Beinen. Ich stopfte meine Sachen in meinen Rucksack, nachdem mir einer der anderen Hostelgäste bereits damit gedroht hatte, alles aus dem Fenster zu werfen.

»Du fährst nicht mit«, sagte ein junger, grimmiger Beamter zu mir, als wir unten vor dem Streifenwagen standen. »Sie steigt alleine ein.«

Nur weil Amanda an mir zerrte, durfte ich doch mit. Ein paar Minuten später standen wir auf der Polizeiwache um zwei Schreibtische herum. Einer nach dem anderen wurde unter der blau-roten panamaischen Flagge vernommen, während eine Assistentin die Reisepässe fotokopierte.

Zwei Polizisten trennten Amanda und mich von den drei Männern, die mir böse Blicke zuwarfen. Ein paar Formulare mussten ausgefüllt und unterschrieben werden, die Lage entspannte sich etwas.

Ich wurde entlassen, als draußen gerade die Sonne aufging. Amanda versöhnte sich mit den Schlägern und fiel schließlich einem von ihnen in die Arme. Ich hatte keine Lust mehr auf Panama City, winkte ein vorbeifahrendes Taxi heran und bat den Fahrer, mich zum Busterminal zu bringen.

Das nächste Land auf meiner Reise war Kolumbien. An einem Aushang im Hostel hatte ich gelesen, dass Privatleute von einer Karibikstadt namens San Blas Überfahrten dorthin anbieten, in die Hafenstadt Cartagena. Auf dem Landweg ging es nicht weiter: Zwischen Panama und Kolumbien verläuft sich die Panamericana irgendwo im Dschungel des Darién Gap. Dort hausen Guerillas, Giftschlangen und Drogenschmuggler.

Wer selbstmörderisch veranlagt ist, kann sich von Einheimischen gegen viel Geld tagelang durch die Wildnis schleppen lassen. Erst kürzlich war ein Fotograf von *National Geographic* dort ausgeraubt und ermordet worden. Das musste dann doch nicht sein, schließlich gab es ein paar Menschen auf dieser Welt, die ich wiedersehen wollte. Ein Segelboot schien mir aus diesem Grund eine Variante zu sein, der ich den Vorzug gab.

Im Busterminal erwachte gerade das werktägliche Treiben. Kioskbesitzer zogen ratternd ihre Rollläden nach oben, Schalterangestellte setzten sich auf ihre Drehsessel. Eine Fahrplanansage folgte scheppernd auf die nächste. An einem Zeitungsstand prangte auf den Titelseiten aller Ausgaben dasselbe schreckliche Bild: verkohlte Leichen in einem niedergebrannten Bus, und mitten im Chaos ein Feuerwehrmann, der in der Asche stöberte. Dazu die Überschrift: »Inferno: 18 Menschen sterben! Brand in Linienbus in Panama City.«

Ich kaufte mir eine der Zeitungen. Mitten in einem Wohngebiet, nicht weit vom Terminal entfernt, war am Vorabend der Motor eines altersschwachen Busses in Brand geraten. Sekundenschnell zogen die Flammen wie eine Feuerwand nach hinten, wo es keinen Ausgang und keine Notfallhämmer gab, um die Scheiben einzuschlagen. Die Passagiere verbrannten, bevor die Feuerwehr eintraf.

Sehr ermutigende Lektüre, direkt vor einer Busfahrt.

Ich fragte mehrere Ticketverkäufer nach einer Verbindung Richtung San Blas, aber niemand konnte mir weiterhelfen. Was ich mangels Reiseführer an jenem Morgen nicht wusste: Es führen keine Buslinien dorthin. Die Stadt ist nur mit dem Flugzeug oder auf einer schmalen Schotterstraße per Anhalter zu erreichen.

Ein Busfahrer schien mir an diesem Morgen jedoch helfen zu können.

»Warte, ich schreib es dir auf.«

In großer Schrift notierte er die Nummern von zwei Buslinien und einige Ortsnamen in mein kleines, schwarzes Büchlein.

»Abfahrt auf Plattform neun.«

Dort wartete der Bus bereits, und ich stieg ein, nicht ahnend, dass alles auf einem großen Missverständnis beruhte. Nach einer halben Stunde fuhren wir los. Einziger weiterer Passagier war eine dicke, dunkelhäutige und stark geschminkte Frau, die sich mit dem Fahrer lautstark über das Busunglück unterhielt.

»Mein Gott, das ist so schrecklich!«

»Ja«, antwortete der Busfahrer. »Weißt du was? Mein Kollege hat überlebt, weil er rechtzeitig ausgestiegen ist. Dann hat er zugeschaut, wie die anderen verbrannten. Jetzt haben sie ihn verhaftet.«

»Geschieht ihm recht, dem Bastard.«

Der Busfahrer bekreuzigte sich.

Ich folgte den Anweisungen auf meinem Zettel, stieg einmal an einer Straßenkreuzung in einen Kleinbus um und bekam langsam ein seltsames Gefühl: Nach einer Langstreckenfahrt sah das hier nicht aus, außer mir hatte keiner der Passagiere größeres Gepäck dabei. Ich ließ meine Zweifel wieder fallen, zu erschöpft war ich von der weitgehend durchwachten Nacht und nickte ein. Als ich wieder aufschreckte, befanden wir uns mitten im Dschungel. Die Straße lief im rechten Winkel auf einen riesigen See zu. Ich schaute auf die Uhr, gerade mal eine Stunde war seit dem Umsteigen vergangen, wir konnten also nicht weit von Panama City entfernt sein.

»Aussteigen!«, rief der Fahrer. »Endstation.«

Zwei Frauen standen im Schilf und warteten offensichtlich auf ein Holzkanu, das sich langsam näherte. Sie betrachteten mich neugierig.

»Geht es von hier nach San Blas?«, fragte ich.

»Wie bitte?«, antwortete eine der Frauen. Sie schaute mich an, als sei ich nicht ganz richtig im Kopf.

»Nach San Blas möchte ich.«

»Da bist du völlig falsch, das liegt irgendwo Hunderte Kilometer in diese Richtung«, sagte sie und deutete in einer ausladenden Geste über den Dschungel hinweg. »Wer hat dich denn hierher geschickt?«

Ich erzählte von dem Fahrer und zeigte ihr den Zettel mit den Anweisungen.

»Das muss ein Missverständnis sein. Aber wenn du schon mal hier bist und Zeit hast, dann komm doch mit uns mit. Hier gibt es auch Indios, genauso wie in San Blas. Es sind die Embera, sie wohnen in einem abgeschiedenen Dorf, eine halbe Stunde Bootsfahrt von hier. Wir arbeiten dort als Lehrerinnen.«

Warum nicht. Ich kam mir vor wie in einem absurden Traum.

»Fünf Dollar!«

Der alte Mann wollte erst Geld sehen, bevor er meinen schweren Rucksack in den Bug hievte. Wir Passagiere mussten uns nach hinten setzen, um das schmale, aber mindestens sieben oder acht Meter lange, aus einem einzigen Holzstamm gezimmerte Kanu im Gleichgewicht zu halten.

Wir ruderten erst über den See, dann durch dichtes Schilf in einen Fluss hinein. Immer wieder schreckten wir Reiher auf, die sich mit lauten Flügelschlägen entfernten. Tiefgrünes Dickicht umgab uns, aus dem gelegentlich dunkelrote, fleischige Blüten herausragten. Schlingpflanzen umklammerten die hohen Bäume.

»Nicht ins Wasser springen, da leben Krokodile«, scherzte die Lehrerin, die mich zu der Fahrt eingeladen hatte.

»Hab ich nicht vor.«

Wir erreichten einen Steg, ich schulterte meinen Rucksack und folgte den Frauen auf steinernen Stufen einen steilen Anstieg hinauf. Zwischen Kokospalmen lag in einer Lichtung das Indiodorf vor uns: Hütten mit Schilfdächern, gestützt von hohen Pfählen, auf satten Wiesen stehend. Mehrere Männer mit nacktem Oberkörper und bunten Lendenschürzen kletterten auf einer Holzkonstruktion herum, die offenbar der Dachgiebel für eine Art Empfangshalle werden sollte. Einige Jungs kamen auf uns zugelaufen. Irgendwoher krächzte ein Papagei. Über dem Pfad hing ein Schild: »Willkommen in Parara Puru.«

Ein Indio mit glatter, dunkler Haut und langen Haaren kam auf mich zu. Er reichte mir die Hand, offenbar in offizieller Mission.

»Was führt dich hierher?«

»Wir haben ihn mitgebracht. Er ist anständig«, sagte eine der Lehrerinnen.

»Setzen wir uns doch mal kurz zusammen. Ich heiße Vano«, sagte der Mann. Offenbar hatte er die Aufgabe, die Absichten fremder Besucher zu prüfen und ihnen die Aufenthaltsregeln zu erklären. Ich berichtete ihm von der langen Reihe an Zufällen, die mich nach Parara Puru gebracht hatte. Er musterte mich und schien zu überlegen, ob ich verrückt sei, entschied sich aber dagegen.

»Du darfst fotografieren, aber nicht die Häuser betreten«, sagte er.

»Hat Euer Stamm schon immer hier gelebt?«, fragte ich.

»Nein. Die Generation unserer Großeltern ist wegen der vielen Kriminellen aus dem Darién Gap, dem Dschungel an der Grenze zu Kolumbien, geflüchtet«, berichtete Vano. »Genauso wie heute herrschte dort auch damals Unfrieden. Die Regierung hat unseren Familien dann dieses Gebiet zugewiesen. Lange lebten wir hier auf traditionelle Weise, bauten Reis an, erlegten Affen und manchmal einen Tiger. Vor zehn Jahren hat sich alles schlagartig geändert: Die Gegend wurde zum Nationalpark erklärt. Wir durften nicht mehr jagen und für unsere Plantagen und Reispflanzungen keine Bäume mehr fällen.«

»Und wovon lebt ihr jetzt?«, fragte ich.

»Übergangsweise unterstützt uns die Regierung. Wir werden uns für organisierte Touristengruppen öffnen, die aus Panama City kommen und eine Aufenthaltsgebühr zahlen. Außerdem wollen wir unsere Handarbeiten verkaufen.«

Der Naturschutz in Panama schien eine paradoxe Sache zu sein. Während anderswo Bulldozer ungestört die Wildnis in Nationalparks plattmachten, wurden diese Indios dazu verdammt, ihre traditionelle

Lebensweise aufzugeben und ihre Dörfer in Freilichtmuseen zu verwandeln.

»Es sind aber sowieso nicht mehr viele wilde Tiere zu finden«, relativierte Vano. »Wir leben hier längst in der Gegenwart. Die meisten Familien haben in ihren Schilfhütten einen Fernseher und einen Kühlschrank. Vielleicht ist der Tourismus die einzige Möglichkeit, unsere Leute davon abzuhalten, ganz in die Städte zu ziehen, in denen sie heute schon einkaufen. Schau dich ruhig ein wenig um.«

Das tat ich. Etwas oberhalb des Dorfeingangs wusch eine ältere Frau an einem öffentlichen Wasserhahn bunte Tücher, die sie anschließend zwischen zwei Kokospalmen zum Trocknen aufhängte. Sie dienten den Frauen in Parara Puru als Röcke, oben herum trugen sie nur Ketten und liefen ansonsten barbusig durchs Dorf.

Auf einer Anhöhe waren zwei selbst gezimmerte Fußballtore in den sandigen Boden gesteckt. An den Baumstämmen hingen Basketballkörbe.

»Willst du mit uns spielen?«, riefen mir zwei Jungs zu. Der eine trug Shorts mit dem Wappen von Real Madrid, der andere mit dem vom FC Barcelona.

»Oliver Kahn toca muy bien«, sagte der Kleinere in gebrochenem Spanisch.

»Ja, stimmt, er ist ein guter Torwart«, bestätigte ich.

Wir mussten unser Spiel kurz unterbrechen, weil ein Hahn mit steilem, rotem Kamm eine ganze Herde Hennen über den Sand jagte. Neben dem Fußballplatz stand das Schulhaus, das aus einem Zimmer bestand. Ausgehöhlte Baumstämme dienten als Bänke. Auf der Schwelle saßen zwei Mädchen.

»Willst du uns bei den Hausaufgaben helfen?«, fragte eine der beiden.

»Klar, warum nicht, wenn ich das überhaupt kann.«

»Danke. Aber lass uns etwas weiter weg gehen, unsere Lehrerin ist streng, die darf das nicht sehen.« Ich musste also meine Begleiterinnen hintergehen.

Rechnen war kein Problem: Die Mädchen lösten die mehrstelligen Divisionen und Multiplikationen auch ohne meine Hilfe. Danach packten sie ein anderes Buch aus: *Sciencias Sociales – Educación Básica,* auf dem ein Foto des Panamakanals zu sehen war. »Wir müssen einen Aufsatz über Politik schreiben.«

Dafür war ich der falsche Ratgeber: Mit der Verfassung Panamas und der aktuellen Lage kannte ich mich nicht aus. »Und wir dachten, du bist ein schlauer Gringo!«, sagte eines der Mädchen.

Vano bot mir an, in Parara Puru zu übernachten, für fünfzig Dollar, aber das war mir zu teuer. Am frühen Abend nahm ich das Holzkanu zurück zur Anlegestelle und wartete dort auf den nächsten Bus zurück nach Panama City. Eine andere Verbindung gab es nicht, alles Weitere musste ich von dort organisieren.

Auf Anweisung des Fahrers stieg ich durch die Hintertür ein. Mein Rucksack war zu unhandlich, um ihn durch den Mittelgang zu schleppen. Auf den schmalen Tritten geriet ich ins Wanken und stieß mit meinem linken Arm an ein blank poliertes, metallenes Auspuffrohr, das ungeschützt zum Dach hinaufführte. Ich spürte einen heftigen Schmerz. Es roch nach versengtem Haar, und ich sah, dass ein zehn Zentimeter langes Stück Haut an meinem Unterarm weggebrannt war. Ich biss auf die Zähne, und vorerst schien der Schock die Schmerzen zu lindern.

Im nächsten Bus lernte ich ein junges spanisches Paar kennen, mit dem ich den Abend in der Hauptstadt verbringen sollte. Maitena arbeitete als Fotografin in einer Hotelanlage in Costa Rica, ihr Freund Xabi war für ein paar Monate zu Besuch gekommen. In Panama City wollten sie Zubehör für Maitenas Kamera kaufen, das es in Costa Rica nicht gab.

Wenig später befand ich mich also wieder in jener Stadt, die ich am frühen Morgen nach dem Ärger im Hostel fluchtartig verlassen hatte. Wir fanden eine Unterkunft, diesmal in einem richtigen Hotel mit Einzelzimmern, und gingen gemeinsam zum Essen. Ich betäubte die Schmerzen am Unterarm mit Alkohol. Anschließend zogen wir weiter in eine Diskothek. Bald wollten die Spanier zurück in ihre Unterkunft, ich vergnügte mich allein weiter. Viele Frauen bemühten sich um meine Aufmerksamkeit. Als ich die Toilette der Disco aufsuchte, lief ich einem der Israelis aus dem unseligen Hostel geradewegs in die

Arme. Wir schauten uns böse an und gingen mit zusammengepressten Lippen aneinander vorbei.

Zurück auf der Tanzfläche, kam ich mit einem sehr jung aussehenden langhaarigen Mädchen ins Gespräch. Sie erklärte mir, was es mit den vielen Frauen auf sich hatte. »Es sind alles Huren aus Kolumbien. Ich auch. Immer wieder kommen wir für ein paar Wochen her, verdienen viel Geld in unserem Job und fliegen heim zu unseren Familien. Ich finanziere mir so mein Studium.«

Ihre Geschichte klang glaubhaft. Plötzlich weinte sie und flehte mich an, sie mitzunehmen.

»Wenn du mich schon nicht willst, dann zahl mir wenigstens das Taxi«, bat sie.

»Wir fahren zusammen, ich setze dich ab.«

Todmüde fiel ich danach in mein Hotelbett. Am nächsten Morgen hatte ich nicht die Kraft, mich per Anhalter auf den Weg nach San Blas zu machen. Ich beugte mich meinem Schicksal und kaufte ein günstiges Ticket für einen Flug nach Kolumbien.

Cartagena
Colón
PANAMÁ
Medellín
BOGOTA
VENEZUELA
GUYANA
SURINAM
FRANZ. GUAYANA
KOLUMBIEN
QUITO
Manta
Cotopaxi
5896
Guayaquil
Amazonas
ECUADOR
PERU
BRASILIEN
LIMA
Machu Picchu
Cuzco
BOLIVIEN
Copacabana
LA PAZ
Potosi
Uyuni
San Pedro de Atacama
PARAGUAY
Antofagasta
CHILE
ARGENTINIEN
PAZIFISCHER OZEAN
Valparaíso
SANTIAGO
URUGUAY
BUENOS AIRES
ATLANTISCHER OZ
San Carlos de Bariloche
Puerto Montt
El Bolsón
Quellón
El Chalten
El Calafate
Falkland-Inseln
Torres del Paine
Puerto Natales
Punta Arenas
Feuerland
N
500 km

11
Es ist nicht mein letzter Tag

Es war schon dunkel, als ich nach eineinhalb Stunden auf dem Flughafen von Medellín landete. In einem schlingernden Bus fuhr ich die steilen Hänge in die Stadt hinab, die sich zwischen den nördlichsten Ausläufern der Anden ins Tal des Río Medellín quetscht. Im Dunkeln wirkten die beleuchteten Straßen der Stadt, die sich vom Zentrum aus die Hänge hinaufzogen, wie die Beine einer riesigen, goldfarbenen Spinne.

Mir war übel, ich hatte Kopfweh und einen seltsamen Ausschlag. All diese Symptome schob ich auf meine Brandwunde, die sich inzwischen entzündet hatte. Keine guten Voraussetzungen für einen Besuch in jener Stadt, die aus Fernsehnachrichten und Hollywoodfilmen als Sitz eines skrupellosen Drogenkartells bekannt ist. Dessen Anführer Pablo Escobar liegt längst auf dem Friedhof. Die Kartelle sind in den Norden des Landes oder gleich nach Mexiko weitergezogen, und die Stadt erholt sich langsam von ihrer brutalen Vergangenheit.

Ich freute mich auf Kolumbien, das einzige Land in Südamerika, das ich schon vor meiner langen Reise einmal besucht hatte. Sieben Jahre zuvor hatte ich als Austauschstudent in Washington einige Kolumbianer kennengelernt, darunter Andres, Claudia und Gabriela: freundliche und offene Menschen, die mir von ihrem Land erzählten, das so wunderschön sei und ganz anders, als es in der Welt wahrgenommen werde. Sie luden mich ein.

In Bogotá feierte ich mit ihnen meinen Geburtstag, wohnte in den Luxusvillen ihrer Eltern am Stadtrand und ging mit ihnen abends in Vierteln aus, die sich kaum von westlichen Großstädten unterschieden: moderne Autos, Multiplex-Kinos, französische Bistros. Nur die schwer bewaffneten Patrouillen in den Straßen der Städte und die Militärposten an den Brücken auf dem Land erinnerten daran, dass Bürgerkrieg herrschte. Die Oberschicht bekam davon wenig mit.

Wir fuhren damals hinauf in die Anden, vorbei an Slums, durch arme Dörfer, in denen die Menschen gemeinsam mit Eseln, Hunden und Katzen auf der Straße lebten, und hinab nach Cartagena, an der Karibik, in deren türkisem Wasser Delfine tanzten. In Bogotá nahm mich eine Polizeistreife fest, weil ich verbotenerweise Regierungsgebäude fotografiert hatte. Die strengen Beamten ließen mich erst frei, als Gabriela kam und bestätigte, dass ich ein harmloser Tourist sei.

In Kolumbien zeigt die Natur alles, was sie kann. Etwas nördlich des Äquators gelegen, versammeln sich auf einer Fläche, die dreimal so groß ist wie Deutschland, sämtliche Klimazonen der Welt – nicht der Länge, sondern der Höhe nach, vom Regenwald in der Ebene bis hinauf zu alpinen Wiesen und Gletschern im Hochgebirge.

In Deutschland gilt Kolumbien noch immer als ein Land, in dem man als Reisender nichts verloren hat, es sei denn, man will entführt werden. »Bitte, bleib da nicht so lang. Und melde dich, wenn du wieder raus bist«, forderten mich Freunde schon vor meinem ersten Besuch auf. In Wirklichkeit lassen Guerillas und Paramilitärs die Touristen seit vielen Jahren in Frieden, vorausgesetzt, sie stolpern nicht durch abgelegene Kokafelder, sondern bleiben in den erschlossenen Gegenden. Lieber verlangen sie Schutzgelder von Hotels und Restaurants.

An den Rändern der großen Städte und im Dschungel läuft der Bürgerkrieg weiter, und die Gegner sind nicht immer klar voneinander zu trennen: Im Flugzeug hatte ich im *El Comercio* gelesen, dass erst kürzlich einige Soldaten auf der Suche nach Guerillas in einer abgelegenen Provinz zehn Polizisten erschossen hätten. Die Zeitung vermutete, dass die Parteien um die Hoheit in einem Drogenanbaugebiet kämpften. Statistisch gesehen sterben in der Provinz Antiochien, deren Hauptstadt Medellín ist, jeden Tag drei Menschen eines gewaltsamen Todes. In Medellín suchte ich gar nicht erst nach einem Hostel. Ich kämpfte nicht mit Guerillas, sondern mit meinem Körper, fühlte mich zu schwach, um ein Stockbett zu besteigen oder vor einer Dusche zu warten, bis ich an der Reihe war. Auf Empfehlung des Busfahrers, der mich im Zentrum absetzte, ging ich ein paar Hundert Meter weiter zum Hotel Fernando Botero, benannt nach dem bekanntesten kolumbianischen Bildhauer und Maler der Gegenwart.

Es war kurz nach Mitternacht, das Hotel mit Gittern verrammelt. An der Wand links neben der Tür fand ich eine Klingel. Ich läutete, nichts geschah. Die Gasse hinter mir war dunkel und menschenleer. Noch einmal läutete ich. Ich hörte Schritte, und durch die Scheiben schien ein fahles Licht auf. Ein Wachmann in grüner Uniform drehte mehrfach den Schlüssel im ersten Schloss, dann in einem zweiten, und öffnete schließlich die schwere Glastür.

»*Hola*«, sagte er. »Wie geht's?«

»Ganz gut«, antwortete ich. »Haben Sie noch ein Zimmer für die Nacht?«

»Klar, komm einfach rein. Du siehst müde aus.«

Ich betrat die Lobby, über deren blank polierten Marmorboden mehrere Sofas und Sessel in grün-braunen Farbtönen verteilt waren. An der Rezeption saß eine junge, blondierte Frau, die gähnte und gleichzeitig versuchte, mich anzulächeln.

»*Buenas noches, señor!*«

»*Buenas noches.* Ich komme gerade vom Flughafen und bräuchte noch ein Zimmer.« Sie blickte kurz in den Computer und nannte mir den Preis, umgerechnet rund vierzig Euro für eine Nacht. Ich war bereit, das zu zahlen.

In Zimmer 1004 angekommen, ließ ich meinen Rucksack, der mir heute besonders schwer vorkam, auf den Boden fallen und schleppte mich ins Bad. Mein Kopf und meine Glieder schmerzten, ich fühlte mich fiebrig und allein. Bald legte ich mich in das bequeme Bett und versuchte zu schlafen, aber immer wieder weckte mich mein aufgewühlter Magen. Am frühen Morgen fand ich endlich Ruhe.

Als ich aufwachte, war es hell. Während ich mich an das Tageslicht gewöhnte, erinnerte ich mich an die Details eines wirren Traumes, an dessen Ende ich mich in Miesbach wiederfand, meiner oberbayerischen Heimat. Die Wohnung meiner Oma im Erdgeschoss des alten Familiensitzes hatte sich in eine Jugendherberge verwandelt. Ich arbeitete dort als Helfer und verlieh Isomatten an durchreisende Backpacker, deren Gesichter mich an gute Bekannte erinnerten.

Ich versuchte aufzustehen, fiel aber sofort wieder aufs Bett, schwitzend und mit pochendem Herzen. Jede Bewegung fiel schwer. Mein Gesicht war geschwollen, der heftige Ausschlag hatte sich über den ganzen Körper ausgebreitet. Ich zog ein T-Shirt und meine Jeans an, nahm den Aufzug nach unten und fragte die Rezeptionistin, diesmal eine freundliche, ältere Dame mit Goldzahn, nach dem nächsten Krankenhaus. Sie bestellte ein Taxi, das mich ein paar Straßen weiter ins Hospital de Los Tres Santos brachte.

Es war ein Sonntag und sehr heiß. Im schlecht klimatisierten Warteraum entdeckte ich gerade noch einen freien Sitzplatz. Ich ging zur Anmeldung und schilderte mein Problem.

»Zwei Stunden wird das dauern«, beschied mir ein Assistent im türkisfarbenen Kittel. »Und übrigens, Ausländer müssen in bar bezahlen.«

Ich zog eine Nummer und setzte mich. Mir gegenüber saß ein Junge mit Gipsbein, neben mir eine ältere Frau im Rollstuhl und ein schniefendes Mädchen. Alles war sauber und glänzte, an der Wand hingen Bilder von grünen Hügeln. Ich atmete schwer. Die wenigen Schritte hatten mich erschöpft.

Die rote Ziffernanzeige über der Eingangstür zeigte 139, ich hielt die Nummer 172 in der Hand. Die Menschen schauten mich neugierig an. Ein Gringo, groß und mit blauen Augen, an einem Sonntag in einem Krankenhaus in Medellín? Was hat der für ein Problem? Ich verhielt mich ruhig, antwortete höflich auf Fragen und versuchte, in Malcolm Gladwells *Tipping Point* zu lesen, das ich in Panama City gekauft hatte.

Es ging in dem Buch gerade um den *fundamental attribution error,* ein Konzept aus der Psychologie, das den Fehler beschreibt, nur den einzelnen Menschen für sein Verhalten verantwortlich zu machen und die Umstände und Zwänge zu übersehen, in denen dieser Mensch steckt.

Ich starrte auf die Anzeigetafel und überlegte, warum diese Tafeln überall auf der Welt gleich aussahen, egal ob man im Kreisverwaltungsreferat in München, im Supermarkt in Bologna oder im Krankenhaus in Medellín wartete.

Nach eineinhalb Stunden formten die roten Striche endlich meine Nummer. Eine Pflegerin in türkisfarbenem Plastikumhang brachte mich in ein türkis gestrichenes Behandlungszimmer mit einer schmalen Pritsche in Türkis, machte kehrt und schloss die Tür hinter sich. Ich war allein. Es roch nach Desinfektionsmitteln. In einem Wandregal befanden sich Scheren, Spritzen, Mullbinden und ein Stethoskop. Daneben hing ein Plakat mit dem Querschnitt des menschlichen Körpers. Nach zehn Minuten klopfte es an der Tür. Herein kam eine junge Ärztin, die sich mit einem kräftigen Händedruck vorstellte.

»Was bringt dich denn hierher?«, fragte sie und blickte in meine geschwollenen Augen. Ich berichtete ihr von meinen Leiden und zeigte ihr die eitrige Brandwunde an meinem Arm.

»Das ist nicht der Grund«, sagte sie, »so viel steht fest. Die Wunde verheilt ganz gut. Du hast entweder Dengue oder Malaria, das sehe ich sofort.«

Ich schwieg und versuchte abzuschätzen, wie lange ich meine Reise wohl unterbrechen müsste.

»Jetzt schauen wir uns das erst einmal genau an, dann nehmen wir Blut ab und geben es ins Labor.«

Malaria wird es schon nicht sein, hoffte ich. Dengue kannte ich aus den Berichten anderer Tropenreisender als eine Fieberkrankheit, gegen die es weder einen Impfstoff noch eine spezielle Medizin gibt. Das Virus schaltet den Körper weitgehend aus, und die Erkrankten liegen untätig im Bett. An der schweren Version von Dengue, übertragen von einer bestimmten Sorte Stechmücken, sterben jedes Jahr Tausende von unterernährten Kindern. Bei der leichteren Form würde die erste Welle nicht länger als eine Woche dauern, dann hätte man ein paar Tage Pause, auf die eine weniger unangenehme zweite Welle folgen kann.

»So, jetzt setz dich ins Wartezimmer, wir rufen dich auf«, sagte die Ärztin, nachdem sie mein Blut in mehrere Ampullen abgefüllt hatte. »Die Analyse dauert zwei Stunden, dann wissen wir Bescheid.«

Also wieder warten. Ich dämmerte vor mich hin. Irgendwann hörte ich meinen Namen und sah die Assistentin im türkisfarbenen Kittel winken. Ich ging mit ihr zum Behandlungszimmer, in dem sich wieder die Ärztin befand, um mir die Diagnose mitzuteilen.

»Es ist Dengue«, sagte sie. »Nicht erschrecken, das ist nicht schlimm. Du wirst in den nächsten Tagen viel schlafen.«

Nach nichts anderem stand mir der Sinn. Bevor ich das Krankenhaus verließ, bezahlte ich die Rechnung und ging zu einer nahe gelegenen Apotheke, um ein Rezept einzulösen, das mir die Ärztin ausgehändigt hatte. Die Tabletten kosteten umgerechnet zwei Euro; es schien sich um eine kolumbianische Version von Paracetamol zu handeln. Das war alles.

Während der kurzen Taxifahrt zum Krankenhaus hatte ich mich halbwegs orientiert, nun suchte ich zu Fuß den Weg zurück zum Hotel. Ich kam an einer endlosen Reihe von Gemüseständen und Autowerkstätten vorbei, auch an einer Videothek. Gute Idee, dachte ich mir, warum nicht ein paar Filme ausleihen, um die Zeit zu vertreiben, bis das Fieber abklingt? Geistig war ich ziemlich wach, nur mein Körper versagte seinen Dienst.

Ich stellte mir eine ziemlich bunte Mischung zusammen, von *Habla con ella* (*Sprich mit ihr*) von Pedro Almodóvar bis *Alfie* mit Jude Law und *Capote,* dargestellt von Philipp Seymour Hoffman. Um eine Ausleihkarte zu bekommen, musste ich eine Privatadresse angeben. »Ich bin Austauschstudent«, erklärte ich dem jungen Mann an der Kasse und nannte ihm die Straße meines Hotels, was ihm nicht weiter auffiel.

Gaststudenten waren nichts Ungewöhnliches in Medellín, das sich wegen seiner Universitäten auf Plakaten als *»la más educada«* feiert, also als die am besten ausgebildete Stadt. Des Landes? Der Welt? Ich konnte das nicht beurteilen. Jedenfalls, das hatte mir Gabriela schon früher erzählt, soll es in Medellín die hübschesten Mädchen Kolumbiens geben. Das interessierte mich momentan nicht sonderlich.

Eine kleine Plastiktüte mit Filmen und Medikamenten in der Hand, erreichte ich schließlich das Hotel Fernando Botero und nahm den Aufzug in die zehnte Etage. Immerhin hatte ich von meiner Krankenzelle aus einen annehmlichen Blick hinab auf die Stadt mit ihren modernen Bürohäusern und den beiden Metrolinien, die sich direkt unter meinem Fenster kreuzten – die einzigen Metrolinien in Kolumbien überhaupt.

Ich legte mich wieder ins Bett und schaltete durchs Fernsehprogramm. Es liefen Gewinnshows in knallbunten Studios, moderiert von kleinen, dicken Männern, denen große Frauen mit sehr dicken Brüsten und wenig Kleidung assistierten. Das erinnerte mich an die Werbeplakate für Brustoperationen, die ich auf dem Weg vom Krankenhaus zum Hotel gesehen hatte – offenbar ein Standardangebot in Kolumbien.

Meine Freundin Gabriela hatte mir erzählt, dass manche kolumbianischen Väter ihren Töchtern sogar den Eingriff bezahlen, um sie besser verheiraten zu können, womöglich sogar an einen Ausländer, das ist ihr Traum. Ganz Lateinamerika hat eine Obsession für Frauen mit großen Brüsten, *tetas grandes.*

»Ich bin mit meinen zufrieden, die sind ganz natürlich«, klärte mich Gabriela auf.

Ein paar Monate zuvor hatte ich in der US-Ausgabe der Männerzeitschrift *GQ* den Bericht eines Amerikaners gelesen, der sich von einer Heiratsagentur nach Barranquilla, der Hauptstadt der kolumbianischen Provinz Atlántico, fliegen ließ. Dort wurden ihm bei einem Abendessen fünfzehn Kolumbianerinnen vorgestellt. An den Tagen danach traf er sich getrennt mit seinen Favoritinnen – und entschied sich für eine »besonders niedliche, mit großen, tiefgründigen Augen«.

Eine Weile lebten der Amerikaner und die Kolumbianerin in Brooklyn zusammen, dann gab es Streit. Die Kolumbianerin schimpfte über das schlechte Wetter, spottete über das schlechte Essen und die schlechte Laune der Menschen in New York. Sie flüchtete nach Hause und brachte dort einen Sohn zur Welt.

»Heute sind wir Freunde, manchmal telefonieren wir«, endete der in lässigem Tonfall geschriebene Artikel. »Meinem Sohn geht es gut.«

Im Fernsehen lief gerade Werbung für Joghurt. Ich schlief wieder ein, bis sich mein Magen meldete. Es war dunkel, mein Shirt durchgeschwitzt, und das Bettlaken darunter feucht. Zurück aus dem

Badezimmer schaltete ich mein kleines Notebook an und schob die erste DVD hinein: *Alfie*, etwas Leichtes für die Nacht.

Der Film war wie für mich gemacht. Ich fühlte mich, als würde ich mit Jude Law auf dem Motorroller durch das East Village düsen und mit ihm die Läuterung eines jungen, zwanghaft ungebundenen Mannes vollziehen – wobei das Fieber natürlich half. Auch der Kitsch und die sanfte Musik taten mir gut und passten zu meinem Selbstmitleid. Ich wusste zu diesem Zeitpunkt nicht, dass das Drehbuch des Films eine Vorlage hatte, ein Theaterstück aus den Fünfzigerjahren, und wunderte mich über die Qualität von Alfies Monologen.

»Es ist mein Leben, und ich kann allein darüber bestimmen«, sagt Alfie an einer Stelle. »Aber ich habe keinen inneren Frieden. Und wenn du den nicht hast, dann hast du gar nichts.«

Die Suche nach dem inneren Frieden war einer der Beweggründe für meine Reise, auch wenn ich ahnte, dass dieser Friede nirgendwo in der Welt zu finden war, sondern in mir steckte, und ich ihm einfach die Zeit lassen musste, sich zu entwickeln. Ein alter Mann erzählt Alfie in dem Film, er habe in seinem Leben zwei Dinge gelernt: »Finde jemanden, den du liebst, und lebe jeden Tag so, als sei es dein letzter.«

Ein gutes Konzept, vorausgesetzt, man liegt nicht gerade mit Dengue-Fieber im Bett. Aber es war glücklicherweise auch nicht mein letzter Tag.

Ich schlief wieder ein, träumte wild, wachte zitternd auf und verstand nicht, wo ich war. Nach einer Weile wurde es hell, aber schon dämmerte ich wieder hinweg. Es war fast schon Mittag, als ich am nächsten Tag auf die Straße hinunterging, um mir ein paar trockene Kekse zu holen. Danach schaute ich mir *Alfie* noch einmal an, auf Spanisch, als kleinen Sprachkurs. Wieder notierte ich einen Satz, diesmal mehr wegen seiner grammatikalischen Konstruktion als wegen seines Inhalts, wie ich mir einbildete: »Bei allen Frauen, die ich kennengelernt habe, komme ich nicht umhin, an all das zu denken, was sie für mich getan haben, und wie wenig ich für sie getan habe.«

Abends rief ich Gabriela an. Wir hatten schon in einem früheren Telefonat ausgemacht, uns irgendwo in Kolumbien für ein Wochenende zu treffen. Vor allem wusste ich, dass sie geduldig zuhören würde, wenn ich über meine unangenehme Lage jammerte.

»*Hola Roberto*«, rief sie erfreut, als ich mich meldete. »Immer noch so verrückt wie früher?«

»Heute nicht, sonst schon«, antwortete ich. »Liege leider mit Dengue im Bett.«

Gabriela reagierte darauf, als hätte ich Schnupfen. »Das geht schnell vorbei. Am besten ausruhen und keine Partys.« Wir verabredeten, uns in fünf Tagen in der Zone Cafetera zu treffen, dem Kaffeeanbaugebiet in der Mitte des Landes.

Vorerst ging ich wieder in den Schlafmodus, unterbrochen von weiteren Filmen. Zwei Tage ging das so, danach fühlte ich mich so gut, dass ich ein wenig durch die Straßen gehen wollte. An der ersten Ecke kaufte ich, gepackt von plötzlichem Heißhunger, einige Empañadas, frittierte Teigtaschen mit Hackfleischfüllung und scharfen Soßen in verschiedenen Farben. Empañadas gibt es überall in Südamerika, aber nirgends sind sie besser als in Kolumbien. Nicht gerade Schonkost, aber ich musste mich stärken.

Gegenüber, auf der Plaza Botero, spielte sich zwischen Blumenbeeten und Skulpturen ein Fest ab, bei dem eine Art Prinzengarde in weiß-türkisfarbenen Kostümen auf der Bühne tanzte. Botero stammt aus Medellín, und auf diesem Platz hat er sich austoben dürfen: Eine dicke bronzene Hundeskulptur stand neben einer dicken bronzenen Hand und einer dicken bronzenen Frau, die sich auf ihrem Podest räkelte.

Auf der anderen Seite des Platzes betrat ich das Museo de Antiochia, in dem mehrere Ausstellungen von zeitgenössischen kolumbianischen Künstlern liefen. Viel eindrücklicher aber war der Raum mit den Ergebnissen eines Malwettbewerbs, den eine kolumbianische Bank unter Schülern verschiedener Altersklassen veranstaltet hatte. Eine der Aufgaben war es, den größten Wunsch in ein Bild zu fassen. Der zweite Preis in der Kategorie »Vier bis sechs Jahre« ging an Daniel Ortega Ruíz, der eine Wiese mit spielenden Kindern und einem Hund gemalt hatte. Darüber stand als Titel: »Auf der Wiese wandern, ohne auf Minen zu treten.« Den vierten Platz machte: »Auf ein Konzert von Madonna gehen.«

Ich ging weiter durch die Innenstadt, vorbei an Schuhputzern und Billigläden, die mit Plastikwaren vollgestopft waren. Auf dem Gehsteig verkaufte ein kleiner Junge Paninibilder mit italienischen Fußballspielern, schwer bewaffnete Plastiksoldaten und Roboter. Auch hier lag der Geruch von Empañadas in der Luft, der sich mit den Rußwolken der Autos mischte, die mehr standen als fuhren. Etwas weiter salutierte ich respektvoll dem Freiheitshelden Símon de Bolívar, dem in Medellín wie in jeder größeren kolumbianischen Stadt ein zentraler Platz gewidmet ist. Nach ein paar Hundert Metern begegnete ich schon wieder Botero, diesmal aber in dramatischerer Form. Oberhalb des Zentrums der Stadt liegt der Parque San Antonio, nicht wirklich ein Park, sondern eine asphaltierte Fläche zwischen einer Kirche und einem Supermarkt.

»Im Jahr 1996 tötete eine heimtückische Bombe hier zehn Menschen, darunter zwei Polizisten«, war auf einer Metallplatte vor einem kleinen Café zu lesen. Daneben stand ein etwa zwei Meter hoher dicker Vogel aus Bronze mit einem großen Loch im Bauch und zerschossenen Flügeln, rechts daneben noch einmal derselbe Vogel, aber mit rundem, vollem Bauch und nach oben gestreckten Flügeln. Den ersten »Friedensvogel« – so heißt Boteros Skulptur – hatte die Bombe zerfetzt. Botero entschied daraufhin, einen neuen Vogel neben den alten zu stellen, als ein Mahnmal gegen die Sinnlosigkeit der Gewalt, die sich in Kolumbien meistens nach innen richtet.

Niemals hat Kolumbien gegen Menschen einer anderen Nation gekämpft, mit der Ausnahme einer Handvoll Soldaten, die Präsident Álvaro Uribe in den jüngsten Irakkrieg schickte, weil er sich für die amerikanische Hilfe im Kampf gegen die Drogenkartelle revanchieren wollte. Dafür gibt es seit der Staatsgründung fast durchgehend Bürgerkrieg – früher zwischen Liberalen und Konservativen, heute zwischen Drogenkartellen, Guerillas und Paramilitärs, und erst seit Kurzem scheint das Land etwas zur Ruhe zu kommen.

In den Wochen meines Aufenthalts schien Uribes Position in Gefahr. »Skandal: Romanze zwischen Parlamentariern und Paramilitärs«, titelte die Wochenzeitung *Semaña,* die ich an einem Kiosk neben dem Parque San Antonio kaufte. Mithilfe meines kleinen, längst zerfledderten Wörterbuchs studierte ich den Artikel, während ich einen Cappuccino trank. Ein Kronzeuge in einem Drogenprozess hatte in seiner Aussage bestätigt, was viele Kolumbianer längst wussten: Den relativen Frieden im Land hat sich die Regierung erkauft, indem sie sich mit den Paramilitärs verständigte und deren Fürsprecher in politisch einflussreiche Positionen aufsteigen ließ. Wer aber, fragte ich mich, sind eigentlich diese Paramilitärs, von denen immer die Rede ist?

Zurück im Hotel, rief ich bei Gabriela an.

»Die Paramilitärs sind die Frankensteins Kolumbiens«, erklärte sie mir. »Als die linken Guerillas in den Achtzigerjahren regelmäßig reiche Großgrundbesitzer überfielen und deren Äcker verbrannten, fühlten diese sich von Polizei und Militär nicht ausreichend geschützt. Sie beschlossen, sich selbst zu verteidigen, besorgten sich Waffen und bauten Privatarmeen auf. Schnell stellten die Chefs dieser Armeen fest, dass sie mit ihren Waffen sehr mächtig waren. Dazu beobachteten sie, wie die Guerillas ins Drogengeschäft einstiegen und damit viel Geld verdienten. Die Paramilitärs begannen, auf eigene Rechnung gegen die Guerillas zu kämpfen, bauten selbst Kokain an und verkauften es. Seitdem haben wir mindestens vier Kriegsparteien im Land – die Guerillas, die Paramilitärs, die Drogenkartelle und die Regierung. Irgendwo dazwischen gibt es die normale Bevölkerung, die mit der ganzen Sache überhaupt nichts zu tun hat, aber täglich darunter leidet.«

Gabriela hatte schon als Kind gelernt, was es bedeutet, in diesem Land zu leben. Ihre Mutter arbeitete im Obersten Gerichtshof an der Plaza Bolívar in Bogotá, als im August 1985 eine Guerillaarmee vorfuhr und das Gebäude mit Mörsern und Raketen unter Beschuss nahm. Gabriela, damals acht Jahre alt, wartete mit ihrem Bruder bei Bekannten auf eine Nachricht von ihrer Mutter, während im Fernsehen Bilder des brennenden Justizpalasts zu sehen waren. Viele Menschen starben, Gabrielas Mutter überlebte. »Trotzdem, obwohl wir es uns leisten könnten, würde meine Mutter niemals Kolumbien verlassen«, sagte Gabriela zum Schluss des Telefonats. »Es ist unser Land, und wir sind hier daheim. Auch wenn man manchmal verzweifeln möchte.« Sie selbst arbeitete für das kolumbianische Umweltministerium, aber mit ihrer internationalen Ausbildung würde sie auch woanders eine gute Stelle finden.

Ich lag also wieder in meinem Hotelzimmer und blickte auf die engen Straßen mit den vielen bunt angemalten, stinkenden Bussen hinab, die ohne ein System von Fahrplänen und Haltestellen durch die Stadt krachten. Ich schluckte Paracetamol, las ein paar Seiten und versuchte zu schlafen.

Nach einem weiteren ruhigen Tag beschloss ich am nächsten Abend, es war ein Donnerstag, nicht mehr untätig im Hotel herumzusitzen. So viele Menschen hatten mir erzählt, dass Medellín ein guter Ort zum Feiern sei, das wollte ich mir anschauen. Meine eingerissenen Lippen und Mundwinkel und die geschwollenen Augen sollten mich nicht davon abhalten. In die Mundwinkel schmierte ich Salbe, was mich wie eine Art Vampir aussehen ließ. Das passte ganz gut, denn es war Halloween.

Ein Taxifahrer brachte mich in die Gegend zwischen Carretera 65 und Carretera 75, auf der Höhe von Calle 50 – ähnlich wie Bogotá hat Medellín eine sehr verwirrende Version des typisch amerikanischen Straßensystems installiert –, laut meinem *Footprint*-Reiseführer für Südamerika, den ich schon von Boston an mit mir herumschleppte, das beste Ausgehviertel der Stadt. Nach der führerlosen Zeit in Mittelamerika war ich ganz froh über die nützlichen Informationen.

In einem großräumigen Restaurant unter freiem Himmel aß ich einen Salat und beobachtete, wie sich sechs kräftig geschminkte Mädchen mit Sonnenbrillen, großen Ohrringen und verdächtig großen Brüsten an einen Nebentisch setzten. Das also ist Medellín, dachte ich mir. Das sind die schönen Frauen in dieser Stadt. Als die Mädchen bestellen wollten, wies der Kellner sie ab, weil sie keine Ausweise dabeihatten – offenbar noch Teenager.

Nachdem ich meine Rechnung bezahlt hatte, streifte ich durch die Straßen, vorbei an einem Brunnen, auf dessen Stufen mindestens hundert Jugendliche saßen und große Bierflaschen leerten, die sie sich aus einer kleinen Trinkstube gegenüber holten. Die Szenerie wirkte friedlich. Ich ging hinein, stellte mich an den Tresen, rauchte zwei Zigaretten und unterhielt mich mit dem Barkeeper, der alle Bücher von Hermann Hesse gelesen hatte. Er war enttäuscht, dass ich nur mit dem *Steppenwolf* aufwarten konnte. An einem Tisch in der Ecke saß eine Gruppe lachender junger Leute – ein Typ in orangefarbenem T-Shirt und zerzausten Haaren, dazu zwei junge Frauen, die eher italienisch als kolumbianisch wirkten und Oberteile trugen, die mit Blumen verziert waren. Der vierte Stuhl schien nicht besetzt zu sein.

Nach den einsamen Tagen im Hotel sehnte ich mich nach Gesellschaft und näherte mich dem Tisch. »Ist der Stuhl noch frei?«, fragte ich. Vorsichtiges Kopfnicken erhielt ich als Antwort.

»Wo kommst du her?«, fragte der Typ.

»Aus Deutschland«, erwiderte ich, und schon fanden wir uns in einem Gespräch darüber, wie sehr Kolumbien noch immer darunter litt, dass es gegen Australien die Teilnahme an der Fußballweltmeisterschaft in Deutschland verspielt hatte. »Eine Tragödie!«

Wir stellten uns einander vor: Marcela, Leonora und Felipe. »Woher kennt ihr euch?«, fragte ich.

»Wir arbeiten zusammen im Kino. Felipe am Popcornstand, Leonora an der Kasse und ich als Kartenabreißer«, erzählte Marcela, die fröhlich auf ihrem Holzstuhl wippte. Der Job im Kino, erklärte Felipe, habe den Vorteil, dass sie nicht früh aufstehen müssten. Felipe holte eine neue Runde Bier, die nächste übernahm ich.

Nach einer Weile schlugen die drei vor, in einen Club oberhalb der Stadt zu fahren. Wir hielten ein Taxi an, und nach vielen Serpentinen erreichten wir den Laden, als die letzten Gäste ihn gerade verließen. Aus Sicherheitsgründen gibt es in den meisten Städten in Kolumbien eine strenge Sperrstunde.

»Lasst uns irgendwo Bier holen und bei mir zu Hause trinken«, schlug Felipe vor.

Wir fuhren mit dem Taxi also den Berg wieder hinab, hielten an einer Tankstelle und schließlich in einem Wohnviertel mit ziemlich dunklen Straßen. In dem Haus, in dem Felipe wohnte, nahmen wir den Aufzug in den fünften Stock. Wir stolperten beinahe über seinen schlafenden Mitbewohner, an dessen Bett vorbei der Weg in Felipes Zimmer führte. »Keine Sorge, das ist er gewöhnt«, sagte Felipe. Der Mitbewohner rührte sich nicht.

Felipes Bett nahm mehr als die Hälfte des Raumes ein, in dem ein Filmplakat von *Pulp Fiction* und ein Schwarz-Weiß-Foto von Che Guevara an der Wand hingen. Wir verteilten uns auf dem Boden und der Matratze, öffneten Bierdosen, hörten eine alte Platte von R.E.M. und unterhielten uns. Worüber? Das war um diese Uhrzeit egal. Nach einer Weile stellte ich mich mit Marcela ans Fenster, um zu rauchen.

Marcela erzählte mir, dass sie allein mit ihrer Schwester und ihrem kleinen Bruder in einer Wohnung in der Nähe lebte. Sie war erst neunzehn, deutlich jünger, als ich sie geschätzt hatte. »Ich muss schon seit drei Jahren Geld verdienen und für meine Geschwister sorgen«, erzählte sie. »Nebenher versuche ich Betriebswirtschaft zu studieren, um irgendwann einen vernünftigen Job zu bekommen.«

»Was ist denn mit deinen Eltern?«, fragte ich Marcela.

Ihr stiegen die Tränen in die Augen.

»Die sind schon lange tot. Ich sage den Leuten immer, es war ein Unfall. Aber was es wirklich war, kannst du dir vielleicht denken.« Ich fragte noch einmal nach, aber sie gab mir keine weitere Antwort. Aus ihren Andeutungen schloss ich, dass es eine sehr kolumbianische Art gewesen sein muss, ums Leben zu kommen.

Am nächsten Morgen hatte ich wieder Kopfweh, diesmal aber aus anderen Gründen. Mir ging es besser. Die Lippen begannen zu heilen. Ich fuhr in einem engen und stickigen Bus hinauf nach Manizales, in die Zona Cafetera. Dort sollte ich Gabriela treffen. Wir gingen im Hochgebirge wandern, während ich auf die zweite Welle des Fiebers wartete, die zum Glück ausblieb.

12
Auf dem höchsten Berg der Welt

Ein paar Tage nach meiner Wanderung mit Gabriela und eine Grenzüberquerung später stand ich um acht Uhr morgens in einem kleinen Sportgeschäft an einer Straßenecke in Quito. Ich hatte etwas zu lange geschlafen und war in meinem Etagenbett aufgeschreckt; wohl ahnend, dass die anderen Bergsteiger schon in dem Laden auf mich warten würden. Schnell nahm ich eine lauwarme Dusche. Fürs Frühstück auf der Terrasse des Hostels blieb keine Zeit. Auf einer holprigen Gasse oberhalb der Altstadt von Quito hielt ich ein Taxi an, dessen brummelnder Fahrer mich in zehn Minuten in ein Geschäftsviertel brachte.

Die beiden Holländer Emile und Casper suchten sich gerade ihre Nylonhosen aus, als ich durch die Ladentür stolperte und mich in mehreren Sprachen entschuldigte. Gutes Team, dachte ich mir, während ich die beiden Jungs musterte. Genauso wie ich hatten sie eine Tour ins Hochgebirge gebucht, um gemeinsam mit einem Bergführer den Cotopaxi zu besteigen, einen jener Vulkane südlich von Quito, unter denen es beständig brodelt und auf deren Gipfeln immerwährender Schnee liegt.

»*Hey, good morning*«, sagte Emile. »*Ready for adventure?*«

»*Hola Roberto*«, rief mir die Aushilfe des Ladens zu, bei der ich zwei Tage zuvor die Tour bezahlt hatte. »Wie geht's?«

»Geht schon«, antwortete ich, sowohl zu Emile als auch zur Aushilfe gewandt, »bin etwas nervös.«

Ich brauchte nicht lange, um meine Ausrüstung zusammenzusuchen. Eine Fleecejacke und einen Anorak hatte ich im Rucksack. Nur Handschuhe und Stiefel aus Hartplastik fehlten mir, und dazu natürlich das Werkzeug, ohne das sich verschneite Felsen nicht bezwingen lassen: Steigeisen. Diese würden wir später im Schnee an die Stiefel schnallen. Weiterhin benötigten wir noch einen Klettergurt mit

Karabinern und einen Eispickel, der uns auf den glatten Hängen etwas Halt geben sollte.

»*Vamos,* wir müssen los«, rief Elias, ein besonders klein gewachsener Ecuadorianer mit dunklen, langen Locken, der uns in einem roten Jeep zu dem Berg bringen sollte. Wir luden unsere Ausrüstung in den Kofferraum, verstauten unsere Rucksäcke neben den Tütensuppen, Teebeuteln und Schokoriegeln, die Elias eingekauft hatte, und stiegen ein. Neben mir auf dem Rücksitz saß Casper, vor ihm, auf dem Beifahrerplatz, streckte sich Emile aus.

Erst einmal mussten wir aus der Stadt herauskommen. Der Verkehr war dicht, und der Jeep hatte sich in der Sonne schon längst aufgeheizt. Elias versuchte uns mit Geschichten über den Berg bei Laune zu halten.

»Das Wort ›Cotopaxi‹ kommt aus der Sprache der Inka und bedeutet so viel wie ›Thron des Mondes‹«, erklärte er, während er zwei Lastwagenfahrer anhupte. »Der Chimborazo ist noch höher, aber der ist hinter vielen Hügeln versteckt und außerdem erloschen. Den Cotopaxi kann man dagegen aus dem Tal sehen«, fuhr Elias fort. »Für die Inka war der Berg heilig. Einmal, als sie gegen die Spanier kämpften, brach der Cotopaxi aus, fluchtartig verließen die Angreifer die Gegend.«

»Jetzt ist der Cotopaxi schon über hundert Jahre ruhig, nur manchmal spuckt er etwas. Viele Menschen hier denken, dass er bald wieder zu brodeln anfängt. Die Stadt Lacatunga, die unterhalb des Berges liegt, ist schon zweimal zerstört worden. Aber bei einem erneuten Ausbruch wären jetzt auch die Vororte von Quito betroffen, die sich weit ins Tal hinein ausgebreitet haben.«

Nie zuvor hatte ich einen so hohen Berg wie den Cotopaxi bestiegen, immerhin konnte er auf stolze 5897 Metern verweisen. Ich lehnte mich in meinem Sitz zurück, schaute aus dem Fenster des Jeeps und fragte mich, ob ich mir nicht zu viel vorgenommen hatte.

Vor mehr als zweihundert Jahren wagte sich Alexander von Humboldt als erster Mensch an den Cotopaxi, um dessen Gestein zu erforschen – ohne Schneeschuhe, Eispickel und Seil. Früher dachten die Menschen, der Cotopaxi sei der höchste Berg der Welt. Das ist er auch, aber nur, wenn man vom Erdmittelpunkt misst und nicht von der Erdoberfläche. Der Himalaja ist so gesehen niedriger, weil er weiter weg vom Äquator liegt.

Humboldt hat es nicht bis zum Gipfel geschafft. Der Forscher entkam nur knapp einem Ausbruch: »Im Hafen von Guayaquil, 52 Meilen in gerader Linie vom Rande des Kraters, hörten wir Tag und Nacht das Brüllen des Bergs, gleich dem wiederholten Abfeuern einer Batterie; und wir unterschieden dieses schröckliche Getöse selbst auf der Süd-See, südwestlich von der Insel de la Puna, noch.«*

Es war Wilhelm Reiß, ein deutscher Geologe, dem zusammen mit seinem kolumbianischen Führer Ángel Escobar im Jahr 1872 die erste schriftlich dokumentierte Besteigung des Cotopaxi gelang. Sie nutzten einen erkalteten Lavastrom an der Westflanke, um die schroffen Eiswände zu umgehen. Zehn Jahre später fand der Engländer Edward Whymper, der als erster Mensch das Matterhorn besteigen sollte, jenen halbwegs sicheren Pfad, den auch wir benutzen wollten.

Endlich erreichten wir den Stadtrand und bogen in die Panamericana ein. An beiden Seiten reihten sich Händler, die lautstark alte Reifen, gebrauchte Ersatzteile und Werkzeug anpriesen. Dazwischen standen Grills, an denen Männer mit gegerbter Haut und Frauen in schmutzigen Schürzen ovalförmiges Schmalzgebäck frittierten. Eine Geruchsmischung aus Benzin und heißem Fett wehte durch die geöffneten Fenster in den Jeep, dazu feiner Staub.

»Elias, halt mal an der Tankstelle«, bat Casper, kurz bevor die Häuserzeilen endeten. »Wir brauchen noch was.«

Die beiden Holländer wollten dringend Lippencreme als Schutz gegen die Höhensonne kaufen. Sie fanden nur eine Art ecuadorianische Labellos, für sich selbst wählten sie einen mit Erdbeergeschmack, mir schenkten sie einen mit Zitrone.

Elias sprach kein Wort Englisch, Emile und Casper kein Spanisch, weshalb ich den Übersetzer spielen musste. Der fünfte und wichtigste Mann in unserer Gruppe fehlte noch, Francisco, der Bergführer, der in einem Dorf auf dem Weg in den Nationalpark auf uns wartete.

* Alexander von Humboldt: »Pittoreske Ansichten der Cordilleren und Monumente americanischer Völker«, Tübingen 1810.

»Der war schon mehr als fünfzigmal auf dem Gipfel«, sagte Elias, als er wieder den Motor startete. »Ich noch nie.«

Wir fuhren durch industrielles Brachland. Magere Menschen hatten sich in unfertigen Gemäuern ihre Schlafplätze eingerichtet und durchwühlten Müllberge, um Nahrung zu finden. Sie waren umgeben von streunenden Hunden. Öl versickerte in den Boden und manches andere Gift, das hier unkontrolliert abgelagert wird.

Eine Weile schwiegen wir, dann sagte Elias plötzlich in die Stille hinein: »Ich werde mit euch raufgehen. Ich muss es mal wieder versuchen. Bisher bin ich dreimal umgekehrt, weil mir die Luft ausging. Aber irgendwann muss ich es ja schaffen.«

Die meisten Einheimischen gehen nicht gern auf Berge hinauf. In ihnen steckt immer noch der Glaube der Inka, dass dort oben Götter wohnen, die nicht gestört werden wollen. Die heutigen Touristen halten sie für genauso verrückt wie die einstigen deutschen Naturforscher, die auf der Suche nach unentdeckten Tieren und Pflanzen jahrelang durch die Anden stiegen.

Im Autoradio lief eine Kassette von Modern Talking. Elias trällerte mit. Emile berichtete, dass Casper und er vor zwei Tagen mit der Seilbahn auf den Pichincha bei Quito hinaufgefahren waren, um sich an die dünne Luft in den hohen Lagen zu gewöhnen. So etwas hatte ich nicht gemacht. Ich war schon in Kolumbien in den Bergen und hoffte, dass mein Körper sich auf die Gegebenheiten eingestellt hatte.

Die beiden Holländer waren stämmig und wirkten sportlich, sie kannten sich im Gebirge aus, obwohl sie aus einem ziemlich flachen Land stammten. Casper erzählte, dass er nächsten Winter als Skilehrer im österreichischen Ischgl arbeiten werde.

»Musst mal vorbeikommen, dann feiern wir abends zusammen«, sagte er.

»Klar, mach ich, werde einen Kurs bei dir nehmen«, antwortete ich.

»Nein, geht nicht, ich fahre nur mit Mädels.«

»Na, dann sehen wir uns an der Theke, mit den Mädels.«

Wir führten noch mehrere solcher belanglosen Gespräche, offenbar, um unsere Nervosität zu überdecken.

Mehrere Tage hatte ich in der dicken Luft von Quito verbracht, nur eine Stunde südlich des Äquators gelegen, den ich im Bus, von der kolumbianischen Grenze kommend, überquert hatte. Ich besichtigte die Altstadt und schaute von der Terrasse meines Hostels hinab auf die golden angestrahlte Basilika und hinüber zur riesigen Marienstatue auf dem Panecillo-Hügel. Für ein paar Tage war das gut, aber jetzt musste ich wieder raus.

Noch immer sangen Modern Talking im Autoradio, als wir nach einer Stunde Fahrt das Dorf Machachi erreichten, in dem Francisco wohnte. Er wartete vor seinem Haus auf uns, bekleidet mit schwarzer Nylonhose und roter Allwetterjacke, in der linken Hand trug er einen großen Rucksack mit seiner Bergausrüstung.

»*Hola*«, rief er fröhlich. »Ich habe euch etwas mitgebracht.« Beim Bäcker um die Ecke hatte er Sandwichs und Gebäck gekauft. »Damit ihr während der Tour bei Kräften bleibt.«

Er quetschte sich zu uns auf die Rückbank, und Elias gab wieder Gas. Wir fuhren nicht weiter auf der Panamericana, sondern auf einer schmalen Teerstraße aus Machachi hinaus. Nach ein paar Hundert Metern bogen wir nach rechts auf einen Schotterweg, der zwischen schmalwüchsigen Pinien sofort steil anstieg.

»So wie ihr ausseht, schaffen wir es in einem Tag bis zum Gipfel«, sagte Francisco lachend. Mit seiner gedrungenen, athletischen Figur wirkte er vertrauenswürdiger als der schwächliche Elias. »Da habe ich schon andere Leute hochgeschleppt.«

Während der Jeep sich um die vielen Kurven nach oben schlängelte, wechselte die herrschende Farbe in der Natur um uns herum erst von Grün auf Gelb, dann von Gelb auf Braun. Die Pinien schrumpften zu Büschen. Nur noch selten spross Gras zwischen dem Gestein hervor. Der Cotopaxi war noch nicht zu sehen.

Elias bremste vor einem Lama, auf dem ein kleiner, vielleicht fünfjähriger Junge in blau-rotem Trainingsanzug mit Puma-Logo saß. Seine Mutter führte das Tier an der Leine, während er die Zügel hielt. Als wir stehen blieben, versteckte der Junge erst sein Gesicht unter seinem runden, beigefarbenen Sonnenhut, dann lächelte er schüchtern und blinzelte mit seinen dunkelbraunen Augen. Francisco schenkte ihm einen Keks, und wir konnten nicht umhin, das Lama und ihn zu fotografieren.

Die Augen des Lamas waren genauso dunkelbraun wie die des Jungen, aber viel größer – so groß, dass sich die ganze Berglandschaft in ihnen spiegelte. Zusammen mit der bulligen Schnauze, der gespaltenen Oberlippe und den langen, schräg abstehenden Ohren verliehen sie dem Tier den Gesichtsausdruck eines Fernsehkomikers, der in die Kamera schaut, sich über seine gelungene letzte Pointe freut und wartet, bis das Lachen im imaginären Publikum verebbt.

»Weiterfahren, gleich spuckt es uns an«, scherzte Francisco.

Das Lama in seinem hellbraunen, spärlichen Fell blieb anständig, aber schüttelte zweimal den Kopf, als wolle es uns bedeuten, endlich den Weg wieder freizumachen.

»*Adiós*«, riefen wir aus dem Fenster. Der kleine Junge winkte, wir lachten und winkten zurück.

Nach einigen weiteren lang gezogenen Kurven öffnete sich der Blick auf eine Ebene. Es stand jener Berg vor uns, den Alexander von Humboldt in seinem Tagebuch begeistert beschrieben hatte: »Der Cotopaxi hat die schönste und regelmäßigste Form unter allen colossalen Spitzen der hohen Anden. Er ist ein vollkommener Kegel, welcher, mit einer ungeheurn Lage Schnees bedeckt, bei Sonnenuntergang in blendendem Glanze erstrahlt, und sich auf dem azurnen Himmels-Gewölbe mahlerisch heraushebt.«

Den Schnee konnten wir sehen, das mit der perfekten Form mussten wir Humboldt glauben, denn etwas oberhalb der Schneegrenze zog sich eine Wolkenkante um den Berg, die den Gipfel komplett verschluckte. Es wirkte, als hätte jemand die obere Hälfte des Kegels mit einer riesigen Schere abgeschnitten.

»In den Wolken schneit es jetzt wahrscheinlich«, sagte Francisco. »Die Schneegrenze ist in den letzten zehn Jahren um fünfhundert Meter nach oben gerutscht. Bald liegt da oben nur noch dann Schnee, wenn es unten regnet.«

Elias blieb vor einer Schranke stehen, direkt neben einem grünen Schild, auf dem »Willkommen im Nationalpark« stand. Der Cotopaxi füllte mit seinem breiten Sockel den Horizont fast vollständig

Mit Sturmhaube, Stirnlampe und Eispickel durch die dunkle Nacht im Hochgebirge

Zwei Däninnen, ein einheimischer Führer und ich erkundeten den Amazonas.

Nur langsam hebt sich der Morgennebel über Machu Picchu, der einst prachtvollen Stadt der Inka in Peru.

Diese Terrassen bei Cuzco dienen der Salzgewinnung.

In Peru gibt es nicht nur weiße und schwarze Schafe, sondern auch schwarze Schafe mit weißem Fell.

Ladevorgang an einer Bushaltestelle bei Nasca: Nicht nur Gemüse, auch lebende Tiere werden auf dem Dach transportiert.

Gegenwind auf der Fahrt zur Sonneninsel auf dem Titikakasee

Freiluftmetzgerei auf einem Markt im Elendsviertel von El Alto, Bolivien

Blick hinab auf La Paz, höchstgelegene Millionenstadt der Welt und Sitz der bolivianischen Regierung

Heißes Bad 4000 Meter über dem Meeresspiegel: eine Quelle im Grenzgebiet zwischen Bolivien und Chile

Eine Lamaherde quert die Hochebene von Uyuni mit ihren riesigen Salzseen.

Original oder Fälschung? Diese Straßenschlucht findet sich in Valparaíso, nicht in San Francisco.

Trekking mit Eran, Arava, Ran und Yael aus Israel rund um das Fitzroy-Massiv in Patagonien

Eisklettern auf dem Gletscher des Cerro Torre

Blick von der Terrasse einer Estancia in Patagonien,
auf die ich mich zum Schreiben zurückzog.

Zu Besuch bei einer der letzten Tehuelche-Familien auf dem Reservat Camuso Aike in Patagonien

Ein echter Gaucho: Mayo Arredondo lebt ohne Strom und fließendes Wasser in der patagonischen Steppe.

Auf der zu Chile gehörenden Isla Magdalena in der Magellanstraße lassen sich Pinguine nicht von ihren Zärtlichkeiten ablenken.

Die Eismassen des Perito-Moreno-Gletschers im äußersten Süden Argentiniens

Am Ende aller Straßen: Südlich von Punta Arenas kommt nur noch Wildnis, und am Horizont die Vorgebirge der Antarktis.

aus. Unter den Wolken wirkte der Berg fast wie ein Raumschiff, das gerade erst zischend auf der Hochebene gelandet war. Mich schauderte.

Francisco beschäftigte sich mit den Parkwächtern, die in einer kleinen Holzhütte saßen. Nach einer Weile fing er an zu gestikulieren, es schien irgendein Problem mit den Papieren zu geben. Wir warteten eine Weile geduldig, stiegen aus und pinkelten in das spärliche Gras neben dem Jeep.

Als auch nach zehn Minuten nichts geschah, begab ich mich zu der kleinen Holzhütte, vor der Francisco stand.

»Bitte, eine Ausnahme«, hörte ich Francisco flehen.

»*No!*«, entgegneten die Wächter.

Sofort verstand ich, dass wir in eine jener Situationen geraten waren, vor denen jeder Reiseführer warnt: Francisco hatte keinen Erlaubnisschein bei sich, und das, obwohl uns die Agentur verschiedene offizielle Urkunden und Beglaubigungen gezeigt hatte. Ich sah, wie er einen Fünfzig-Dollar-Schein durch seine kurzen, behaarten Finger gleiten ließ. Auch das schien die Parkwächter nicht weiter zu interessieren.

»*No*«, sagten sie noch einmal. »*No!*«

Ich kehrte zum Jeep zurück. Die Holländer und ich machten ein Foto nach dem anderen von der Silhouette des Cotopaxi, weil wir langsam daran zweifelten, ob wir jemals dort oben ankommen würden. Längst hätten wir weiterfahren müssen, um unsere Unterkunft für die Nacht, das Refugio José Ribas, vor Einbruch der Dunkelheit zu erreichen. Eine Stunde warteten wir schon vor der Schranke.

Auf einmal drehte sich Francisco zu uns um und lachte. Er hatte den Parkwächtern doch irgendwie den Stempel abgerungen.

»Wie hat das denn geklappt?«, fragte ich.

»Das sage ich euch lieber nicht«, antwortete Francisco.

Elias ließ den lärmenden Motor des Jeeps wieder an. Je steiler sich der Berg vor uns aufbaute, umso mehr fragten wir uns, wie wir jemals den Gipfel erreichen sollten.

»Wie viele Leute schaffen es denn bis ganz nach oben?«, fragte ich Francisco.

»Nicht einmal die Hälfte von denen, die bei der Hütte losgehen. Frauen sind normalerweise besser als Männer. Ich war schon öfter mit einer Frau oben am Gipfel, deren Partner lange vorher umgekehrt ist.«

Die Holländer schauten sich zweifelnd an, ich fühlte mich inzwischen etwas mutiger. Francisco erzählte uns von der Höhenkrankheit und dem Schwindel, der viele Bergsteiger bereits unterhalb der Hütte überkommt.

»Ein Teil davon ist Veranlagung. Aber auch wer normalerweise kein Problem hat, dem kann schlecht werden, wenn er sich die Tage zuvor nicht gut ernährt oder zu wenig geschlafen hat.«

Der Schotterpfad zog sich inzwischen flach durch das Hochland. Flechten nährten sich vom kargen Boden. Je tiefer sich die Sonne zum Horizont neigte, desto bedrohlicher wirkten die braune Erde, der weiße Schnee und die dunkelgrauen Wolken auf uns. Wir befanden uns in einer anderen Welt, geformt von der Ewigkeit, in der Zeit nicht zählt. Der Wind fegte und pfiff um den Jeep, als wolle er uns aus seinem Reich vertreiben.

Jetzt hatten wir den Parkplatz auf etwas mehr als viertausend Metern erreicht. Es lag Schnee. Wir verteilten die Fertigsuppen, das Brot und die Nudeln auf unsere Rucksäcke, schnürten sie zu und stiegen den steilen Hang hinauf. Wolken trieben um den Gipfel, nur selten gaben sie den Bergkegel frei, und wenn, dann nur einen kleinen Ausschnitt davon. Zwei Stunden brauchten wir für diese erste Etappe, die mir noch harmlos vorkam.

An der Hütte angekommen, fielen auf einmal dichte Schneeflocken. Zwei andere Bergsteigergruppen saßen in dem Gemeinschaftsraum beim Essen, Francisco ging in die Küche und setzte einen Topf mit kaltem Wasser auf den Herd. Ein Bildnis der Mutter Maria hing an einer Holzwand, daneben verblichene Postkarten des Vulkankraters, in den wir am nächsten Tag blicken würden, falls alles klappen sollte. In einem Medizinschrank lagen ein paar Aspirintabletten und ein Wundverband.

Das Matratzenlager befand sich unter dem Dach der Hütte. Als ich die knirschende Holztreppe hinaufstieg, schlug mir ein scharfer

Geruch entgegen. Auf einer Pritsche krümmte sich ein Bergsteiger aus einer der beiden Gruppen. Er hatte sich gerade in einen Eimer übergeben. Wir begrüßten uns, das schaffte er noch.

»Ich fühle mich schrecklich«, sagte Jason, als ich meinen Schlafsack ausbreitete. »Ich bin eigens aus Seattle gekommen, eine verdammt weite Strecke, und jetzt das.«

Für ihn sollte es nichts werden mit dem Cotopaxi. Wer schon auf dieser Höhe die dünne Luft nicht verkraftet, der muss unten bleiben. Höhenkrankheit kann tödlich sein, nicht nur im Himalaja.

Ich ging wieder nach unten in das Speisezimmer, aus dem deutlich angenehmere Düfte wehten. Francisco hatte eine Nudelsuppe zubereitet und setzte sich zu uns auf die Bank.

»Schlafen werdet ihr hier oben nicht können, weil ihr an die dünne Luft nicht gewöhnt seid«, sagte Francisco, während wir die Suppe löffelten. »Aber ruht euch zumindest aus, damit ihr etwas Kraft sammelt.«

Es war acht Uhr abends. Inzwischen hatte es aufgehört zu schneien. Ich trat vor die Hüttentür, die der Wind sofort hinter mir zuschlug. Anschließend stapfte ich hinüber zu einem Vorsprung, von dem aus ich die ganze Hochebene überblicken konnte. Die gegenüberliegenden Berge waren in Wolken gehüllt, darüber breitete sich ein Streifen freier Himmel aus, der von der gerade untergegangenen Sonne feuerrot und orange beleuchtet wurde. Weiter oben tauchten wieder graue Wolkenfetzen auf, die wie Dampf über einem brennenden Hochofen zu schweben schienen.

Ein Spanier mit rotem Vollbart und einer roten Pudelmütze auf dem Kopf bat mich, ihn mit seiner Freundin vor dem feurigen Kessel zu fotografieren. Wir wechselten nur die allernotwendigsten Worte, als müssten wir der Natur Respekt erweisen. Danach machten die Spanier eine Aufnahme von mir. Als ich das Bild später sah, wirkte es unwirklich, so, als hätte jemand meinen Oberkörper ausgeschnitten und auf ein kitschiges Poster geklebt.

»*Gracias*«, sagte der Spanier. »Und euch auch viel Glück morgen!«

Ich ging zurück in die Hütte und half den Holländern, das Geschirr abzuspülen. Erst jetzt nahm ich noch eine dritte Gruppe wahr, zu der ein älterer Mann mit amerikanischem Akzent und ein junges Paar gehörten.

Emile, Casper und ich setzten uns an den abgeräumten Tisch, nachdem wir mit dem Abwasch fertig waren, kommentierten die Fouls von holländischen Fußballspielern und tranken eine Tasse Tee. Später gingen wir nach oben. Jason schnarchte jetzt ungerührt. Ich streckte mich auf der Pritsche aus und versuchte, zumindest etwas zu schlafen.

Als Francisco uns, wie angekündigt, kurz nach Mitternacht rüttelte, war ich eingenickt. »Jungs, rasch aufstehen, sonst wird das nichts mit dem Gipfel!«

Wir drei schlüpften sofort in unsere Berghosen, die Ausrüstung hatten wir schon vor dem Hinlegen startklar gemacht. Unten aßen wir ein paar Scheiben Brot, immer angetrieben von Francisco, der vollkommen ausgeschlafen wirkte: »Wenn wir nicht rechtzeitig loskommen, wird es zu gefährlich. Sobald die Sonne den Schnee aufweicht, sinken wir ein.«

Wir gingen nach draußen in die eisige Kälte, schnallten unsere Stiefel an, zogen die Handschuhe über und klemmten die Berglampen an die Mütze. Die Luft war klar, die dichten Wolken hatten sich verzogen. Fahl leuchtete der Schnee im Licht, das aus der Hütte kam. Außer unseren flüsternden Stimmen war kein Geräusch zu hören, bis die Mitglieder der anderen Gruppe die Treppe hinunterpolterten.

»Da müssen wir rauf!«, rief Francisco, gestikulierte schwungvoll mit seiner linken Hand und streckte seinen rechten Zeigefinger nach oben in die Nacht. Emile brauchte noch ein paar Minuten, weil er sich im Klettergurt verheddert hatte. Dann war es so weit. Die ersten Kehren stiegen wir ohne Seil den Berg hinauf, immer dicht hintereinander gehend. Zweitausend Meter unter uns glitzerten die Lichter von Quito. So mancher Bewohner der Stadt war wohl noch auf den Straßen oder in einer Bar. Über uns leuchteten die Sterne so kräftig, dass ich versucht war, in die Luft zu springen und sie anzufassen. Der Schnee war hart gefroren und knirschte unter den Füßen.

Wir gingen schnell. Manchmal drehte sich Francisco zu mir um. Mit meiner Stirnlampe leuchtete ich sein Gesicht an, das über dem dunklen Boden zu schweben schien wie eine der Mondlaternen, die kleine Kinder am Martinstag durch die Straßen tragen.

Ich fühlte mich kraftvoll. Keinen Moment zweifelte ich mehr daran, den Berg bezwingen zu können. Emile und Casper schnauften hinter mir, von Elias war nichts zu hören.

Eine Stunde war vergangen, als Francisco plötzlich stehen blieb.

»Pause, Jungs«, rief er durch die lautlose Nacht.

Trotz der Kälte hatte sich mein Körper warm gelaufen, ich musste mir ein paar Schweißtropfen vom Gesicht wischen. Francisco rollte das Seil aus und hakte es in die Karabiner an unseren Hüftgurten, während wir die Steigeisen an unseren Stiefeln aus Hartplastik befestigten.

Francisco deutete auf mich: »Du bist kräftig und bleibst direkt hinter mir«, sagte er. »Es gibt keine besondere Technik. Schau einfach, wie du zurechtkommst, und ruf sofort, wenn etwas nicht stimmt.« Hinter mir im Seil folgte der Rest der Gruppe: Emile, Casper, Elias.

»Letztes Mal musste ich schon nach zwei Stunden umdrehen«, erzählte unser Fahrer.

»Dann hast du noch eine Stunde«, scherzte Francisco.

Schweigend zogen wir durch den Schnee. Ich versuchte zunächst, in kurzen Stößen zu atmen. Als ich zu hecheln begann und merkte, dass nicht genug Sauerstoff in meinen Lungen ankam, stellte ich auf lange Atemzüge um. Meine Beine machten ganz gut mit.

Wir näherten uns einem Steilhang und versuchten, ihn in spitzen Kehren zu bezwingen. Die Steigeisen verhinderten, dass wir auf dem Eis abrutschten, das unter dem Schnee lag. Die Sturmmütze schützte mein Gesicht vor dem beißenden Wind. Ich versuchte, Francisco zu folgen, der ziemlich flott vorausging.

»Pause«, rief Elias auf einmal. »Ich kann nicht mehr!«

Es war so weit. Wir blieben stehen, damit Francisco ihn abschnallen konnte. Elias war noch früher gescheitert als bei seinem letzten Versuch. Francisco konnte ihn allein nach unten schicken, weil er den Weg noch von den letzten Anläufen kannte. *»Hasta mañana«*, sagte er, »bis morgen.« Eine Weile sahen wir noch den Lichtkegel seiner Stirnlampe in der Dunkelheit, dann war er verschwunden.

Wir setzten unseren Anstieg in gleichmäßigem Tempo fort. Der Pfad wurde flacher, wir hatten den Rand eines Gletschers erreicht. Vorsichtig setzte ich einen Stiefel vor den anderen. Mein Zeitgefühl hatte ich verloren, zehn Minuten fühlten sich an wie eine Stunde und eine Stunde wie die ganze Nacht. Oft wusste ich im Dunkeln nicht mehr, ob wir aufwärts, seitwärts oder sogar abwärts gingen. Nur das Ziehen in den Muskeln lieferte einen Hinweis darauf, dass wir nach oben stiefelten.

Emile und Casper baten immer öfter um Pausen. Während wir hielten, beugten wir unsere Oberkörper nach vorn, um tief zu atmen, wie es uns Francisco gezeigt hatte. Auf diese Weise sollte das Blut schneller durch den Körper zirkulieren. Casper setzte sich in den Schnee. Wir tranken Wasser, aßen Bananen und Schokolade. Am Horizont wurde es langsam hell, und vereinzelt hingen noch Wolkenfetzen über den Bergen.

»Das ist die Yanasacha-Wand.« Francisco deutete auf eine senkrecht emporragende Eisfläche. Viele Seilschaften waren früher ratlos vor diesem Klotz aus Sand, Asche und Eis stehen geblieben. Unser Führer kannte den Weg um das Eis und trieb uns an. Nach einem weiteren steilen Hang erreichten wir eine Senke. Wir blickten nach oben und sahen zum ersten Mal während des Aufstiegs den Gipfel über uns. Das Ziel war noch weit, und bald darauf war ich es, der sich in den Schnee setzen musste. Mir war die Luft ausgegangen.

»Ich dachte, du bist der Stärkste«, sagte Francisco. »Deshalb habe ich dich nach vorn geholt.« Ich hatte keine Energie mehr, darauf zu antworten.

Es war sechs Uhr morgens, die ersten Sonnenstrahlen hatten es über den Horizont geschafft und brachen sich in den riesigen Eiszapfen, die von einem Felsvorsprung hingen. Die Sterne waren längst verblasst, und auch die Lichter von Quito weit unter uns waren im Morgendunst nicht mehr zu erkennen. Wir standen in einer ruhigen, weißen Welt, unbelebt und doch voller Energie. Schwer vorstellbar sind die Kräfte, die über Jahrtausende diese Landschaft geschaffen haben.

Tief unter uns lag jenes graubraune Plateau, über das wir uns dem Berg genähert hatten. Lange Wellen aus erkalteten Lavaströmen wechselten mit tiefen Furchen, durch die bei den Ausbrüchen des Cotopaxi die Schlammlawinen gerollt waren. Von hier oben sah die Landschaft aus wie die faltige Gesichtshaut einer jener mumifizierten Leichen aus der Zeit der Inka, die noch heute in Ausgrabungsstätten gefunden werden. Das Wechselspiel von Hochebenen und noch höheren Bergen setzte sich lange fort. Erst weit hinten, am Horizont, wurde es flach. Dort lag der Pazifik.

Am anderen Ende des Plateaus ragte ein weiterer Felsgipfel hervor, wie eine unförmige Warze. »Das ist unser Übungsberg«, sagte Francisco. »Viele Gruppen bleiben dort fünf Tage, um sich zu akklimatisieren und damit ihre Chancen zu erhöhen, den Gipfel des Cotopaxi zu erreichen«.

Ich hatte gedacht, dass ich das nicht nötig hätte, und jetzt hing ich im Berg, meinen körperlichen Grenzen nahe. Trotzdem sagte mir mein Kopf, dass ich es schaffen würde. Mein Problem war weniger die dünne Luft als die zitternden Beine.

»Hast du noch Wasser?«, fragte Emile.

Ich reichte ihm meine graue Plastikflasche, aus der er einen kräftigen Schluck nahm. Mein Hirn sendete den Befehl an die Beine, weiterzugehen, so schmerzhaft das auch sein möge. Vor uns lag ein Firnfeld, auf dem der trockene Schnee so sehr glitzerte, dass ich trotz Gletscherbrille geblendet war und kurz die Augen schließen musste.

Längst kam es mir vor, als seien Emile und Casper hinter mir meine besten Freunde und nicht nur zwei Backpacker, die ich zufällig in Quito getroffen hatte. Das Seil verbindet auf einer solchen Tour nicht nur die Klettergurte an den Hüften, sondern vor allem die Menschen, die an ihm hängen.

Wir nahmen das letzte Stück in Angriff.

»Noch eine Stunde«, sagte Francisco. Emile und Casper hatten wieder Kraft gesammelt. Ich nahm mich zusammen, atmete tief ein und zog mich weiter nach oben. Jeder Schritt kostete Überwindung. Wir näherten uns dem Ziel.

Das allerletzte Stück ging fast senkrecht hinauf. Ich rammte den Eispickel bei jedem einzelnen Schritt fest in den harten Boden, um Halt zu bekommen. Wir feuerten uns gegenseitig an. »Ihr schafft das!«, rief Francisco uns zu. Die letzten Meter schleppte ich mich halb gehend, halb fallend den Cotopaxi hinauf. Der Schnee verschwamm vor meinen Augen – und dann stand ich oben.

Unter uns lag ein endloses Land aus Felsen, Hügeln und Tälern. Fast schien es, als sähen wir von hier oben die ganze Welt. Emile und Casper fielen sich in die Arme. Wir knallten die Flächen der Handschuhe aneinander. Die Kälte schnitt durch unsere warmen Oberteile. Schräg über uns war die Sonne aufgegangen, als wir noch am letzten Steilhang kletterten. Es war vollbracht.

Vor uns öffnete sich der Krater des Vulkans, fast vierhundert Meter tief. Ein gewaltiger Schlund, in dessen Tiefe das ewige Feuer loderte, von dem im kalten Wind hier oben nichts zu spüren war.

Während ich um mich blickte, schossen viele Fragen auf einmal durch meinen Kopf. Was zählt der Mensch? Was bedeutet Glück? Woher kommt es? Woraus besteht es? Vielleicht nicht aus großen Erfolgen, sondern aus diesen Momenten, in denen die Welt eine Einheit zu sein scheint? Sind es vielleicht nur solche Augenblicke, in denen ein Mensch ganz da ist, wirklich lebt? Trotz meiner schweren Beine fühlte ich mich unendlich leicht.

Kurze Zeit später erreichte auch eine zweite Seilschaft den Gipfel, die wir beim Aufstieg gar nicht wahrgenommen hatten. Offenbar hatte sie auf den letzten Metern aufgeholt. Lange war es wegen des eisigen Windes auf dem Gipfel nicht auszuhalten.

»*Vamos,* Jungs, wir müssen runter«, rief Francisco. »Weiter unten schmilzt schon der Schnee!«

Jetzt ging alles ganz schnell. Schon nach ein paar Minuten kamen wir an der Senke vorbei, von der aus wir uns so mühsam auf den Gipfel geschleppt hatten. Als das steilste Stück hinter uns lag, rutschten wir auf dem Hosenboden nach unten. Sobald einer der Holländer aus der Spur geriet, spannte das Seil so stark, dass der Klettergurt meine

Weichteile quetschte. Ich schrie auf und flehte die Holländer an, doch bitte etwas sachter zu bremsen.

»Das hältst du aus«, rief Casper lachend.

Zwei Stunden waren seit dem Abstieg vergangen, als wir das rostbraune Dach unserer Hütte entdeckten. Wir schnallten die Steigeisen ab, und Francisco rollte das Seil auf. Den letzten Teil des Abstiegs schlenderten wir mehr, und man konnte uns kaum für Bergsteiger halten, die gerade fast zusammengebrochen wären. Mit seiner weiß umrahmten Sonnenbrille und seiner tief in die Stirn gezogenen Kapuze wirkte Emile wie ein Außerirdischer. Die Gegend verstärkte den Eindruck. Von hier oben waren weder Bäume noch Gras zu erkennen, nur getrocknete Lava, Geröll und Eis. Francisco hatte sich schon Mütze und Handschuhe ausgezogen und ging vergnügt und zufrieden vor uns her.

Es folgte eine Kehre nach der anderen, und die Hütte schien in die Ferne zu rücken, während wir versuchten, uns ihr zu nähern. Dann aber war es so weit. Ich fiel auf dem Pflaster vor dem Toilettenhäuschen in den Schnee und schloss meine Augen.

Nach einer kurzen Atempause gingen wir nach oben, um die Rucksäcke zu packen, die wir im Schlafraum zurückgelassen hatten.

»Elias wartet schon auf dem Parkplatz«, trieb uns Francisco an.

Im Speisesaal saß noch Jason, der deutlich gesünder aussah, aber traurig in unsere abgekämpften Gesichter blickte. Wir stiegen den letzten Hang hinunter, setzten uns in den Jeep, den der kleinlaute Elias ruckartig in Bewegung setzte, und schliefen augenblicklich ein.

13
Zwei Nächte bei der Kriminalpolizei

Kurz nach meiner Ankunft in Lima, der Hauptstadt Perus, drückte ich die schwere Tür des Hostal Europa in der Altstadt auf und betrat die Eingangshalle. An der hohen Decke hing ein ausladender, verstaubter Kronleuchter. Hinter einem Schreibtisch saß eine grauhaarige Frau in einem nonnenähnlichen Gewand.

»Guten Abend, Reisender, wie geht es Ihnen?«

»Haben Sie noch ein Zimmer frei?«

»Das sollte kein Problem sein.«

Ich zahlte für zwei Nächte in bar, woraufhin sie mir den Schlüssel für Zimmer 309 reichte. Auf der Treppe kam ich an zwei geöffneten Räumen vorbei, in denen sich halbnackte Männer mit Bierdosen in der Hand auf Französisch unterhielten. Die Wandteppiche und Messinggeländer im Treppenhaus stammten aus einer Zeit, in der die Gäste älter, vornehmer und leiser waren. In meinem Zimmer befanden sich einzig ein schmales Bett und ein Stuhl, der Waschraum und die Toiletten lagen auf der anderen Seite einer Terrasse, auf der auch eine Bar und ein kleiner Imbissstand waren.

Nachdem ich meine Sachen abgestellt hatte, setzte ich mich an einen der wackligen Tische neben einer mehreren Meter hohen Topfpalme und einer Schildkröte aus Holz. Auf einmal spürte ich etwas an meinem linken Fuß. Ich schaute nach unten und erschrak: Die Schildkröte schob ihren Panzer direkt an mir vorbei – keine Holzdekoration, sondern ein Haustier. Daheim hielten unsere Nachbarn früher auch Schildkröten in ihrem Garten, nur etwas kleiner. Warum ist das eigentlich aus der Mode geraten? Tierschutz?

In der ersten Nacht schlief ich wegen des pausenlosen Verkehrslärms schlecht, der durch das dünne Glasfenster in mein Zimmer drang. Ich stand früh auf, steckte den Stadtplan, den ich am Flughafen mitgenommen hatte, unter den Arm und ging nach unten. In der

Eingangshalle suchte ich nach einem Schließfach, um meine Wertsachen einzusperren. Ich wollte sie nicht den ganzen Tag durch eine Stadt voller Taschendiebe tragen. Fächer gab es, aber keine passenden Schlösser dazu.

Ein Umhängeschloss zu kaufen erschien mir zu umständlich, und ich machte mich mit meinem Geldbeutel auf den Weg. Nach ein paar Kreuzungen, die ich überquerte, geriet ich in eine Menschenmenge. Auf dem Gehweg stand ein Wasserwerfer, die Polizei regelte den Verkehr, und auf einem Platz schrien Blumenverkäufer und Devotionalienhändler um die Wette, die Holzkreuze, Grablichter und grellbunte Heiligenbilder anboten.

»Hierher, drei Rosen für fünf Soles«, rief eine kleine, rundliche Frau in einem grün und lila bestickten, sackförmigen Kleid.

»Hier, nur vier Soles«, tönte es noch lauter von einem benachbarten Stand, um den sich bereits eine Kundengruppe gesammelt hatte. »Billiger geht es nicht!«

Mein Stadtplan sagte mir, dass ich vor der Klosterkirche San Francisco stand. Vor dem hohen Portal der hellgelb angemalten Kirche warteten ältere Leute, Jugendliche in Trainingshosen und sogar kleine Kinder in einer Schlange, die mindestens hundert Meter lang war, alle mit Blumen in der Hand. Viele der Wartenden weinten, als hätten sie gerade eine schlimme Nachricht empfangen.

»Was ist denn hier los?«, fragte ich eine blondierte Frau, deren orangefarbenes Leibchen sie als Polizistin auswies.

»Heute ist der Tag des heiligen Judas Thaddäus«, antwortete sie. Meinen ratlosen Blick ignorierend, drehte sie sich weg.

Judas? Klar. Aber Thaddäus? Der Verräter aus der Bibel hieß doch irgendwie anders, dachte ich mir. Später las ich auf einem Computer im Internetshop, dass Judas Thaddäus auch einer der zwölf Apostel war, aber niemanden verraten hatte. In der katholischen Kirche gilt er als Schutzheiliger für alle hoffnungslosen und verzweifelten Fälle.

Ich kaufte mir ein Ticket, um das Kloster von Lima zu besichtigen, den früheren Sitz des spanischen Vizekönigs. Eine breite Treppe leitete mich hinauf zu einem Wandelgang, der um einen grün bewachsenen Hof führte. Meine Schritte hallten auf dem glatten Steinboden.

Rechts öffnete sich eine Tür zu einem Raum, der mit einer roten Kordel abgesperrt war – eine Bibliothek voll mit großen, verstaubten Lederbänden, in deren Mitte ein riesiger Globus stand. Hier war die Zeit stehen geblieben, und ich wartete darauf, dass jeden Moment ein gelehrter Jesuitenmönch den Raum betreten und heilige Schriften studieren würde.

Ich schaute mich noch etwas um, verließ dann aber das Kloster und ging hinab zum Río Rímac. Über der Steinbrücke, die über den Fluss führte, schwebte ein fauliger Geruch. Der Río Rímac speist sich aus den Gletschern der Andengipfel und hat gemeinsam mit dem pazifischen Humboldtstrom und seinem arktischen Wasser aus dem Wüstenbecken, in dem Lima liegt, ein fruchtbares Delta mit erträglichen Temperaturen gemacht. Hier flossen aber leider auch die Abwässer mit.

Das Flussbett trennt die Altstadt vom Stadtteil Rímac, nicht gerade die beste Gegend: kleine Bierkneipen, Ramschläden und Internetcafés reihten sich dort aneinander. Fliegende Händler verkauften Handyhüllen aus Plastik und billige Sonnenbrillen, Kartenleser und Hütchenspieler scharten ein zwielichtiges Publikum um sich. Entlang der schmutzigen Straßen verfielen Villen aus der Kolonialzeit. Ich blickte hinüber zu den nördlichen Hügeln, auf denen Hunderttausende von Menschen in Slums leben, viele von ihnen Indios, die vor den Gräueltaten im Bürgerkrieg aus den Bergen geflüchtet sind. Kurz streunte ich durch die Straßen des stinkenden, heruntergekommenen Viertels, dann kehrte ich über die Brücke zurück in die Altstadt.

Im Cortina, der ältesten Bar Limas, trank ich einen Kaffee, danach schlenderte ich weiter durch die Stadt. Im Museum der Zentralbank verliebte ich mich beinahe in ein gemaltes Frauengesicht, das »Porträt von Rosa Amarco«. Ein Schild wies es als ein Werk von Ricardo Grau aus. Der Künstler brachte in den Dreißigerjahren die moderne europäische Malerei nach Peru.

Auf der Plaza de Armas geriet ich erneut in eine Menschenmenge, diesmal eher wütend als demütig. Demonstranten forderten auf Flugblättern und Plakaten den Rücktritt des Bürgermeisters, weil er die

Hilfsarbeiter der Stadt mit Hungerlöhnen abspeise. Auch hier standen Wasserwerfer, wie schon vor dem Kloster. Polizisten mit Helmen und Plastikschilden überwachten die Menge. Die Stimmung war angespannt. Ich machte ein paar Fotos aus der Hüfte und verzog mich danach in eine der Gassen. Wieder spürte ich dieses mulmige Gefühl, das ich schon aus Kolumbien kannten, ausgelöst von den schwer bewaffneten Soldaten an den Brückenköpfen und der Militärpolizei in den Städten.

Ziemlich erschöpft fuhr ich nach meiner Besichtigungstour mit dem Bus in den Stadtteil Miraflores. Eine Metro gibt es in Lima nicht, obwohl Baupläne dafür schon seit zwanzig Jahren bestehen. Demnächst soll es wirklich losgehen. Miraflores gilt als einer der reichsten Stadtteile von Lima, viele Bars und Galerien sind hier zu finden. Nach einem Gericht namens *Lomo saltado,* gebratenem Rindfleisch mit Zwiebeln, Ingwer und Chili, stieg ich die Treppe zur Pazifikbucht von Lima hinunter. So schön sie aussieht, so ist deren Wasser doch hochgiftig, da die Abwässer der Fabriken ungeklärt in die Bucht hineinfließen.

An einem Aussichtspunkt über dem Strand von Costa Verde endete mein Weg. Die Klippen fielen steil zu einer sechsspurigen Küstenstraße ab. Die Sonne war gerade untergegangen, erste Sterne zeichneten sich am blauroten Himmel ab. Ein paar Meter vor mir küsste sich ein Liebespaar.

Je länger mein Blick über die Bucht schweifte, desto tiefer verlor ich mich in Gedanken. Wie es wohl wäre, fragte ich mich, nach Südamerika auszuwandern?

»Zu viel verbindet mich mit diesem Kontinent, als dass ich ihn dort unten links auf dem Globus liegen lassen könnte«, schrieb ich etwas später auf der Terrasse einer Bar in mein kleines, schwarzes Notizbuch. Warum nicht nach Kolumbien ziehen, wo ich gute Freunde habe und als Fotograf und Journalist leben könnte? Ich schob die Frage wieder beiseite und widmete mich einem reinen, ungetrübten Glücksgefühl. Es ist mein Leben, dachte ich, und ich werde es leben, wie ich es will. Ich trank mein drittes Bier, das half bei diesen Gedanken.

An einer nahe gelegenen Haltestelle wartete ich vergeblich auf einen Bus, um zurück in die Altstadt zu kommen. Schließlich nahm ich ein Taxi. Als wir durch das Geschäftsviertel San Isidro fuhren, entdeckte ich ein riesiges Werbeplakat für ein Shakira-Konzert am Straßenrand. Ich las das Datum, genau dieser Abend.

»Können wir da hinfahren?«, fragte ich den Taxifahrer. Shakira verfolgte mich auf meiner Reise. Schon mehrfach war die kolumbianische Sängerin in einer Stadt aufgetreten, in der ich mich gerade befand.

»Keine Chance, vor dem Stadion sind fünf Kilometer Stau, und die Karten sind längst verkauft.«

Nicht schlimm, die Musik nervt eher, aber ein Konzertbesuch hätte eine interessante kulturelle Expedition werden können: Ganz Südamerika liebt Shakira. Überhaupt gelten kolumbianische Frauen in Peru als fröhlich und sexy. Die Kolumbianer dagegen halten die Peruaner für hässlich und langweilig, das hatte mir Gabriela erklärt. Trotzdem hatte sie einen Exfreund aus Lima.

Ich betrachtete die glitzernden Hochhäuser der Banco Santander und der Banco Continental. Bald hatten wir die Plaza de Armas in der Altstadt erreicht. Wir hielten vor dem Bischofspalais mit einem der berühmtesten Holzbalkone Limas, und das will etwas heißen, denn Holzbalkone gibt es in Lima viele. Fein gedrechselt, mit komplizierten geometrischen Mustern, schien er an die Steinfassade geklebt zu sein. Gerüchten zufolge meldeten fromme Priester früher aus den kleinen Fensterchen ihre spontanen Bedürfnisse bei den leichten Damen auf der Straße an.

Aus der Kathedrale kamen gerade viele Hundert Menschen. Ältere Männer und Frauen trugen Kerzen an mir vorbei. Ihre Gesichter waren erleuchtet und ihre Augen feucht. Sie waren schlicht gekleidet. Wenn nicht ein paar gelbe Taxis an der Kathedrale vorbeigefahren wären, hätte sich die Szene auch ein paar Jahrhunderte früher abspielen können. Eine Andacht für Judas Thaddäus?

»Was haben Sie denn gefeiert?«, fragte ich einen älteren Mann, der direkt an mir vorbeiging und mich mit einem weihevollen Blick musterte.

»Wir sind vom Neokatechumenat und haben mit dem Bischof unsere Jahresmesse gefeiert«, antwortete er.

»Was ist das denn, Neokatechumenat?« Ich verhaspelte mich bei dem Versuch, das Wort auszusprechen.

»Wir sind eine ziemlich große Gruppe innerhalb der katholischen Kirche. Es geht uns darum, unter allen Umständen ein ausgeglichenes und glückliches Leben zu führen. Viele Menschen verzweifeln, wenn sie krank sind oder kein Geld haben. Wir wissen, dass es auch dann eine Gnade ist, auf dieser Welt zu sein. Und welcher Religion gehörst du an?« Die Frage kam für mich ein wenig unvermittelt.

»Ich bin katholisch. Früher war ich sogar Ministrant.« Einschränkend fügte ich hinzu, dass ich heute nicht mehr ganz so von der Kirche überzeugt sei. Die Antwort betrübte den Mann, er wollte sich schon fast abwenden.

»Der Papst kommt aus meiner Gegend«, sagte ich

»Wir vermissen den alten Papst«, antwortete er. »Der neue ist zu kühl und streng.«

Mit diesen Worten ging mein Gesprächspartner von dannen. Ich blickte hinüber zum Präsidentenpalast, über dem die riesige rot-weiße Nationalflagge Perus wehte. Ein sanfter Wind spannte das Tuch und das Landeswappen in seiner Mitte, mit einem wilden Lama, einem Chininbaum und einem goldenen Füllhorn.

Südamerikaner schmücken sich gern in ihren Nationalfarben und feiern oft und ausgiebig patriotische Feste. Nicht allzu überraschend, ist die Vertreibung der kolonialen Unterdrücker doch, historisch gesehen, noch nicht lange her. Die Unterdrücker sind verschwunden, die katholische Kirche, die sie mitgebracht haben, ist geblieben.

Ein junger Mann mit einer blauen Baseballkappe unterbrach meine Gedanken. »*Hola,* ich bin Alfredo«, sagte er und lachte mich an. Wir plauderten, erst auf Spanisch, dann auf Englisch. Er trug sehr weit geschnittene, ausgewaschene Jeans und eine beigefarbene Nylonjacke. Für einen Peruaner war er ziemlich groß, ging mir aber trotzdem nur bis zum Kinn. Seine Figur war gedrungen und kräftig, sein Gesicht breit und freundlich.

»*Hola*«, antwortete ich zurückhaltend.

»Wo kommst du her?«

»Aus Deutschland.«

»Cool. Ein Freund von mir hat in Berlin zwei Discos. Ich will dieses Jahr rüber und ein paar Wochen für ihn arbeiten, aber der Flug ist wahrscheinlich zu teuer.«

Ganz netter Typ. Kurz wurde ich misstrauisch, weil er mich so unbedarft angesprochen hatte und mir nicht klar war, was er von mir wollte. Die Tasche mit der Kamera zog ich enger an mich, und mir fiel ein, dass sogar das Auswärtige Amt auf seiner Website vor abendlichen Dieben in der Altstadt von Lima warnte. Schnell beruhigte ich mich wieder, Alfredo schien wirklich harmlos zu sein.

»Ich warte schon seit einer Stunde auf zwei Freunde, aber es sieht nicht so aus, als ob die noch auftauchen«, sagte er. »Hast du Lust, mit mir ein Bier trinken zu gehen?«

»Ja, aber nur eines, habe schon ein paar hinter mir.« Warum nicht, dachte ich mir, für ein Gespräch mit einem Einheimischen war ich als aufgeschlossener Reisender immer zu haben. Ich bildete mir ein, nach der langen Reise die Menschen halbwegs einordnen zu können – und traute ihm. Schon war die Falle zugeschnappt.

Wir überquerten auf der alten, mir schon bekannten Steinbrücke den Río Rímac. Das hätte mich stutzig machen müssen, denn genug Bars hätte es auch auf der anderen Seite des Flusses gegeben.

»Und, wie gefällt dir Peru?«, fragte mich Alfredo. In Lateinamerika wollen alle Einheimischen immer gleich wissen, wie man ihr Land findet.

»Bin gestern erst angekommen, wirkt aber ziemlich angenehm«, antwortete ich höflich.

»Wo gehen wir eigentlich hin?«

»In eine Bar gegenüber der Cristal-Brauerei, dort gibt es gutes Bier.«

Ich stellte mir eine gemütliche Brauereigaststätte vor, ähnlich wie das Cortina in der Altstadt, in dem ich morgens gefrühstückt hatte. Umso verdutzter war ich, als Alfredo eine Art Kiosk ansteuerte, in dem ein paar alte Männer auf Plastikstühlen saßen. Hinter einer Glastheke, in der Kaugummis und ziemlich ausgetrocknete Teigtaschen mit Fleisch- und Gemüsefüllung lagen, stand eine stämmige ältere Frau, der dieser Laden zu gehören schien. Grelle Neonlampen beleuchteten die hellblau gestrichenen Wände, es roch nach abgestandenem Bier und Zigaretten. Aus einem Radio tönte eine schrille Frauenstimme.

Alfredo steuerte auf einen mannshohen Kühlschrank zu, der mit Bierflaschen der Marke Cristal gefüllt war, und orderte eine Schachtel Zigaretten. Wir setzten uns mit einer Einliterflasche und zwei Gläsern an einen Plastiktisch im hinteren Teil des Kiosks. Ich überlegte mir, ob ich nicht gleich wieder gehen sollte. Aus einer Mischung aus Erlebnishunger und Müdigkeit blieb ich sitzen. Wir redeten über Frauen, Partys und Politik.

Nach einer Weile, ich hatte noch eine der großen Bierflaschen aus dem Kühlschrank geholt, lenkte Alfredo das Gespräch auf Sex.

»Und, hast du schon mal was mit Männern gemacht?«

Hatte ich nicht.

»Wirklich? Glaub ich dir nicht. Ist doch gut, es mal auszuprobieren.«

Ich hatte kein Bedürfnis danach, mit Alfredo erst recht nicht. Er sprach mit immer schwererer Zunge, ich begann mich zu langweilen. Es war halb elf Uhr abends.

»Alfredo, ich geh jetzt in mein Hotel«.

»Ein Bier noch.«

»Gut, ein allerletztes.«

Wieder musste ich zahlen, wie fast immer, wenn ein Europäer mit Südamerikanern ausgeht. Die Menschen hier halten westliche Touristen ausnahmslos für reich, auch wenn sie ungewaschene Backpacker sind, weil sie das Geld und die Zeit haben, solche Vergnügungsreisen zu unternehmen.

Alfredo ging kurz raus, angeblich, um in Ruhe auf seinem Handy zu telefonieren. Im Radio sang noch immer die Frau mit der schrillen Stimme.

Als die Flasche leer war, stand ich auf und verabschiedete mich vor der Tür des Kiosks. Alfredo wollte mir noch schnell eine Disco zeigen, angeblich zwei Blocks weiter, für die nächsten Abende.

»Alfredo, ich will jetzt wirklich schlafen«, entgegnete ich.

»Komm, wir schauen nur kurz rein. Es ist wirklich gut dort, und du kannst vor der Tür ein Taxi nehmen.« Noch einmal siegte die Neugier in mir.

Nur wenige Straßenlampen beleuchteten die heruntergekommenen Häuser. Ein paar junge Leute liefen scheinbar ziellos auf der Straße herum. Wir gingen nach links, noch weiter weg von der Altstadt und meinem Hotel. An der nächsten Ecke gab es keinen Nachtclub, an der übernächsten auch nicht. Langsam kam mir die Sache seltsam vor. Wir wollten gerade eine kleine Straße überqueren, als hinter uns Bremsen quietschten. Ein silberner Jeep stellte sich quer vor uns, auf dem Dach blinkten rote Lichter, auf den Türen las ich den Schriftzug »Policía Nacional«. Drei Polizisten sprangen auf den Gehweg.

»Stehen bleiben! Polizeikontrolle! Nicht bewegen!«

Ich erschrak, beruhigte mich jedoch schnell wieder. Was hatte ein friedlicher Reisender wie ich schon zu befürchten? Die Polizisten bildeten einen Kreis um uns und riefen sich etwas zu, das ich nicht verstand.

»Papiere!«, sagte einer, es klang sehr militärisch streng. Ich kramte in meiner grünen Umhängetasche, fand meinen Reisepass und händigte ihn dem Beamten aus. In diesem Moment ließ Alfredo zwei kleine, gefaltete Briefchen zwischen uns auf die Straße fallen.

»Drogen!«, schrie der zweite Polizist. »Sofort einsteigen!«

»Warum denn?«, fragte ich verschüchtert, ohne eine Antwort zu bekommen. »Das ist nicht von mir!«

Alfredo folgte dem Befehl und winkte mich zu sich.

»Die wollen nur schnell unsere Personalien überprüfen, mach dir keine Sorgen.«

Folgsam setzte ich mich auf die Rückbank des Jeeps.

Die Polizisten stiegen ein. Der dritte von ihnen, mit ziemlich dickem Bauch, zwängte sich neben mich und zog die Tür zu. Ich kam mir vor wie auf einem Gefängnistransport. Der Beifahrer nahm eines der Briefchen, öffnete es und zog seinen rechten Zeigefinger durch das weiße Pulver.

»Kokain, keine Frage«, sagte er und schaute mich böse an. »*Vamos!*«

»Das ist nicht von mir!«, rief ich.

»Sei still!«, befahl mir der Beifahrer. »Du solltest Folgendes wissen: In Peru wird jeder strafrechtlich untersucht, der auch nur zusammen mit Drogenbesitzern angetroffen wird. Wir fahren zur Wache.«

Ein paar Minuten später hielten wir an, finsterste Dunkelheit umgab uns, nur das Armaturenbrett und ein kleiner Computerbildschirm auf der Mittelkonsole leuchteten. Straßenlaternen gab es in dieser Gegend nicht. Der Fahrer, dessen Gesichtszüge ich nur grob erkennen konnte, drehte sich zu mir um und redete auf mich ein. »So, jetzt erklär mal, was da los ist! Der Fall ist ziemlich eindeutig!«

Ich holte Luft und erzählte die Geschichte, wie ich in Alfredos Begleitung von der beleuchteten Plaza de Armas in dieses dunkle Viertel der peruanischen Hauptstadt geraten war und mit ihm friedlich drei Flaschen Bier getrunken hatte.

»Glaub ich dir nicht«, sagte der Fahrer. »Das hast du doch alles erfunden.«

Rechts neben mir auf der Rückbank jammerte Alfredo.

»Bitte, bitte«, flehte er, in einem immer verzweifelter klingenden Tonfall.

»Was ist deine Erklärung?«, fragte ihn der Beifahrer, ein kräftiger Typ mit einer großen, breiten Nase.

»Ich habe den Typ gerade erst auf der Straße getroffen. Er wollte Kokain von mir kaufen«, sagte er, in meine Richtung nickend. Im ersten Moment dachte ich, ich hätte ihn falsch verstanden, aber er wiederholte seinen Satz. Was sollte das? Wenn er mich anschwärzen wollte, was brächte ihm das, wenn er gleichzeitig zugibt, Drogendealer zu sein?

Wir fuhren weiter durch menschenleere Straßen, bogen mal rechts, mal links ab. Nur wenige Fenster in den dunklen Häusern waren beleuchtet. Ich versuchte nachzuvollziehen, wohin wir fuhren. Wir erreichten eine Kreuzung mit kleinen Läden und Restaurants, an der ich ein paar erleuchtete Aufschriften leise vor mich hersagte, um sie mir zu merken. Vier Männer gegen mich, davon drei bewaffnet. Was auch immer sie vorhaben, dachte ich, eine Chance habe ich nicht.

Also friedlich sein und das Spiel mitmachen, dessen Regeln ich noch nicht verstand.

Der Fahrer wirkte eher klein in dem riesigen Jeep. Unter einer der Leuchtreklamen konnte ich seine rechte Gesichtshälfte erkennen, in die sich Generationen von Indios eingezeichnet hatten, bevor irgendein Spanier dazwischenkam. Wir hielten wieder an.

»Wir müssen eine Blutuntersuchung machen.« Der Fahrer verschärfte seine Drohungen. »Du bleibst im Knast, bis das Ergebnis da ist, das dauert mindestens zwei Wochen. Frei kommst du nur, wenn sich keine Spuren von dem Zeug in deinem Blut finden lassen.«

Die Gesetze in Peru sind hart, das wusste ich. Mir fiel ein, davon gehört zu haben, dass viele Ausländer seit Jahren wegen geringfügiger Delikte in düsteren Gefängnissen in Lima sitzen. Manche hatten nur etwas Gras dabeigehabt. Es gibt sogar Hilfsprogramme, in denen durchreisende Backpacker den Insassen aus dem Westen etwas Geld und vernünftiges Essen in die schmutzigen Gemäuer bringen.

Ich hatte kein Kokain genommen. Auf Englisch beschimpfte ich Alfredo als Lügner und Betrüger, was die Beamten nicht verstanden. Dann wechselte ich schnell wieder auf Spanisch. Ich war jetzt nicht mehr nur verwirrt und besorgt, sondern wütend.

Wir hielten erneut an, auf dem Parkstreifen einer breiten Straße in einem Gewerbegebiet. Die Ziffern der Digitaluhr auf dem Armaturenbrett zeigten kurz nach Mitternacht. An den Uniformen der Polizisten waren weder Namen oder Abzeichen zu erkennen. Auf einmal wurde mir klar, worum es ging: Überall wird vor korrupten südamerikanischen Polizisten gewarnt, hier hatte ich gleich drei Exemplare vor und neben mir. Es ging um Geld.

Aus meinem Gedächtnis kramte ich den spanischen Begriff für Geldstrafe hervor.

»Ist es denn möglich, eine Strafe zu zahlen, um nicht ins Gefängnis zu kommen?«, fragte ich. Der Fahrer zögerte.

»Ja, tausend Dollar. Für euch beide.«

Ich schluckte.

»Lieber zahle ich tausend Dollar, als ins Gefängnis zu gehen. Wir müssten aber zum Geldautomaten fahren, weil ich nicht so viel Geld dabeihabe.« Ausnahmsweise trug ich wegen des fehlenden Umhängeschlosses für die Schließfächer im Hostel an genau diesem Tag meinen Geldbeutel mit Scheck- und Kreditkarten bei mir – ein seltsamer Zufall, gerade heute in diese Situation zu geraten.

Wir kehrten um und näherten uns einer Kreuzung mit beleuchteten Schildern, die mir bekannt vorkamen. Langsam verstand ich, dass wir die ganze Zeit im Kreis gefahren waren. Gegenüber einem blau beleuchteten Geldautomaten der Banco Continental hielten wir erneut. Der dickbäuchige Polizist neben mir stieg aus und blieb hinter dem Streifenwagen stehen, um mich zu bewachen. Ich erhaschte einen kurzen Blick auf das Nummernschild des Jeeps.

Mit dem Rücken zum Streifenwagen stand ich vor dem Geldautomaten, zog mit zittrigen Händen mein Notizbuch aus der Hosentasche und notierte das Kennzeichen. Ich hatte die Wahl zwischen Soles und Dollar. Zweimal hintereinander hob ich vierhundert Dollar ab, dann war das Tageslimit erreicht. Ich steckte das dicke Bündel von Zwanzig-Dollar-Noten in die linke Hosentasche und überquerte die Straße, zurück zum Streifenwagen. Kurz überlegte ich, davonzulaufen, aber der Fahrer hatte noch meinen Reisepass. Ich setzte mich also wieder auf die Rückbank.

»Wo ist dein Hotel?«, fragte mich der Beifahrer. »Wir bringen dich hin.«

»In der Altstadt, nicht weit weg von der Plaza de Armas«.

Wir überquerten auf einer breiten Brücke den Río Rímac, kamen zurück ins Zentrum. Scheinwerfer und Straßenlampen warfen breite Lichtkegel auf das im November fast ausgetrocknete Flussbett. Hier war mehr Verkehr, das beruhigte mich. Noch ein paar Blocks, dann hielten wir, wieder in einer dunklen Seitenstraße. Ich erkannte die Gegend: Wir standen zwei Kreuzungen hinter der Santuario Santa Rosa, einer kleinen, rosafarbenen Kirche, an der ich schon tagsüber vorbeigekommen war.

»Gib mir das Geld!«, befahl der Polizist, der neben mir saß. Ich zog das Bündel mit den Scheinen aus der Hosentasche. »Es sind nur achthundert Dollar, mehr ging nicht.« Das schien ihm nicht wichtig zu sein. Ohne nachzuzählen, steckte er das Geld ein. Alfredo, der den

Lockvogel für die korrupten Polizisten gespielt hatte, und das ziemlich gut, schwieg.

»Gib mir deine Kamera«, sagte der Beifahrer in forschem Tonfall. Ich reichte sie ihm. Der Polizist drehte sie behutsam in seiner Hand und betrachtete sie von allen Seiten. Jetzt ist die Kamera auch weg, dachte ich. Doch es ging um etwas anderes.

»Hol den Film raus!«, befahl der Mann.

»Da ist kein Film drin, das ist eine Digitalkamera.«

»Dann den Chip.«

»Bitte nicht, da sind viele schöne Bilder drauf, die würde ich gern behalten.«

»Zeig sie uns!«, verlangte der Beifahrer. Offenbar wollte er sicherstellen, dass Alfredo auf keinem Bild zu sehen war. Als ich im Kiosk zwei Fotos gemacht hatte, weil ich das Ambiente mit dem Neonlicht und den Werbetafeln der Cristal-Brauerei ziemlich skurril fand, war Alfredo sofort ausgewichen. Ich hatte mir nichts dabei gedacht.

Jetzt beugte ich mich zwischen die beiden Vordersitze, nahm die Kamera in die Hand und schaltete das Display an. Erst waren die Fotos aus dem Kiosk zu sehen, dann die Nachtaufnahmen von der Plaza de Armas.

»Nicht schlecht, das sind schöne Bilder«, sagte der Beifahrer und schaute sich die Fotos vom Strand, Bankgebäuden und vielen Holzbalkonen genau an. »Du bist ein guter Fotograf.« Er nahm die Kamera wieder an sich.

Auf einmal musste ich innerlich lachen. Es war ein Uhr nachts, ich saß mit drei korrupten Polizisten und einem Trickbetrüger in einem Streifenwagen, und wir veranstalteten eine Diashow im Kleinformat. Eigentlich hätten wir nach dieser Irrfahrt von meinen achthundert Dollar noch gemeinsam ein Bier trinken gehen können. Aber das wäre dann doch zu viel der Freundschaft gewesen. Der Polizist gab mir die Kamera zurück, was mich überraschte. Ein Zug von Menschlichkeit?

»So, jetzt könnt ihr aussteigen«, sagte er. Noch immer behandelten sie Alfredo und mich so, als gehörten wir zusammen.

»Ich will auf gar keinen Fall mit dem Typen raus, mit dem will ich nichts mehr zu tun haben«, erwiderte ich. Warum auch, wo mir doch der Fahrer selbst erklärt hatte, dass ich mich allein durch den Umgang mit Drogendealern strafbar machte?

»Also gut«, antwortete er. »Du verlässt den Wagen hier. Da vorn biegst du links ab, aber ich warne dich, drehe dich nicht um. Und du«, ergänzte er in scharfem Tonfall in Alfredos Richtung, »springst erst an der nächsten Ecke raus.«

Der beleibte Polizist neben mir öffnete die Autotür und ließ mich aussteigen. Ich bog um die Ecke, wie man mir gesagt hatte. Nach einer Weile hörte ich, wie die Tür wieder zufiel. Gegen das Verbot blickte ich mich doch kurz um – und sah, dass Alfredo mit den Beamten weiterfuhr. Kein Wunder, das kriminelle Quartett musste noch das Geld aufteilen.

Etwas benommen durchquerte ich die Altstadt. Nach zehn Minuten stand ich auf dem Platz vor der Kathedrale, der jetzt leer war. Die Strahler waren ausgeschaltet, nur auf den Stufen vor dem Bischofspalais saßen Menschen. Ein junger Peruaner spielte zwei skandinavisch aussehenden Touristinnen auf der Gitarre vor. Die Szene passte so sehr in das Klischee von blonden Nordeuropäerinnen und Latino-Lovers, dass ich mir überlegte, welche der beiden Frauen mit ihm gehen würde. Vielleicht gar beide?

Backpacker wollen Sex, das ist keine Frage. Allein schon deshalb, um den daheim gebliebenen Freunden gute Geschichten erzählen zu können. Mindestens ein kleines Abenteuer gehört einfach dazu.

Ich erzählte der fröhlich singenden Dreiergruppe meine Geschichte, die ich gerade erlebt hatte. Irgendwie musste sie raus.

»Das war dumm, du hättest das Geld nicht zahlen sollen«, sagte der Gitarrenspieler, der mich sichtlich loshaben wollte. Ich sollte ihm keine Konkurrenz bei den Mädchen machen. Er reichte mir einen Plastikbecher mit Schnaps, dann zog ich weiter.

Als mich der Verkehr vor dem Fenster am frühen Morgen aus dem Schlaf riss, war mein erster Gedanke, so schnell wie möglich aus Lima zu verschwinden, um mein restliches Reisebudget zu retten. Aber sollte ich einfach weiterreisen, ohne Anzeige zu erstatten? Ich rief bei der Deutschen Botschaft an. Davon erwartete ich mir nicht viel, erst recht kein Geld, aber ein anderer Weg fiel mir nicht ein.

»Sie haben keine Chance, das Geld wiederzubekommen oder die Polizisten zu erwischen. Das ist Ihnen hoffentlich klar«, sagte der Attaché am Telefon. »Das Bundeskriminalamt hat hier einen Kontaktoffizier, dem werde ich Ihre Geschichte bei nächster Gelegenheit schildern. Rechtlich gesehen ist das natürlich eine Entführung. Immerhin wurden sie genötigt, in den Polizeiwagen einzusteigen. Das ist kein Einzelfall. Wir müssen dringend mit den peruanischen Behörden sprechen.« Außerdem solle ich bei der Indecopi anrufen, einem staatlichen Informationsbüro für Touristen.

Ich legte auf und wählte deren Nummer. Zweimal wurde ich weiterverbunden, bis ich meine Erfahrungen einer Dame schildern konnte.

»Würden Sie mir Ihren Namen buchstabieren?«, forderte sie mich mit barscher Stimme auf. »Sie wissen hoffentlich, dass Sie sich strafbar machen, wenn Sie Polizisten in Peru bestechen.«

Verstanden, es war also meine Schuld. Ich bedankte mich für den Hinweis und legte auf. Der Angestellte im Internetshop hatte Bruchstücke des Gesprächs mitbekommen und fragte mich nach den Details. Ich erzählte ihm die Geschichte in einer knappen Zusammenfassung, woraufhin er laut fluchte.

»Komm mit«, sagte er. »Wir gehen zur Frau, die an der Rezeption des Europa arbeitet. Sie hat gute Kontakte bei der Nationalpolizei. Du musst unbedingt Anzeige erstatten.«

Es handelte sich um dieselbe alte Dame, die mich zwei Tage zuvor im Hotel empfangen hatte. Sie seufzte, entschuldigte sich und schimpfte über ihre Landsleute, die Peru als Reiseziel in Verruf brächten. Danach rief sie bei der Generalinspektion von Lima an.

»Ist das wirklich den Aufwand wert?«, fragte ich.

»Vielleicht nicht für dich, aber für die nächsten Leute. Wir müssen solche Fälle bekannt machen, zur Abschreckung. Bitte hilf uns«, antwortete sie.

Also gut, ich entschied mich für eine Anzeige. Nicht nur wegen des Geldes, sondern auch, um meinen Ärger loszuwerden. Immerhin hatte ich das Nummernschild notiert, und die Gesichter müsste ich nach mehreren Stunden Fahrt beschreiben können, dachte ich.

Die Dame sprach ein paar Minuten ins Telefon, ich verstand ihre nuschelnde Stimme kaum. »So, jetzt fährst du zu dieser Adresse und gibst die Sache zu Protokoll«, sagte sie, drückte mir einen Zettel mit den Namen der Beamten, bei denen ich vorsprechen sollte, in die Hand und schickte den Angestellten des Internetshops auf die Straße, um ein Taxi anzuhalten.

In der Innenstadt stockte der Verkehr, und es dauerte fast eine Stunde, bis der Taxifahrer vor dem zehnstöckigen, grauen Bürogebäude der Generalinspektion hielt.

»Guten Tag, ich möchte zum Dezernat für Entführungsfälle.«

»Fünfter Stock«, antwortete die Frau am Empfang kurz angebunden und schrieb mir eine Zimmernummer auf. Ich nahm den Lift. Oben angekommen, fand ich mich in einer Amtsstube wieder, die mich mit ihrer hölzernen Ausstattung an Hitchcock-Filme erinnerte. Ein Inspektor in Zivil begrüßte mich und deutete auf einen Stuhl. Ich setzte mich, und die Vernehmung begann. Ein zweiter Beamter protokollierte auf einer mechanischen Schreibmaschine das Gespräch.

Zwei Stunden später saß ich auf einem braunen Sofa im Büro des Abteilungsleiters für Entführungen bei der peruanischen Nationalpolizei. Mein Fall war in kürzester Zeit zur Chefsache geworden, es sollte ein Exempel statuiert werden. Riesige Fenster öffneten den Blick auf Kirchtürme und Hochhäuser mit schmutzigen Fassaden. Ich bekam ein Glas Orangensaft und schilderte den Tathergang noch einmal.

»Danke, dass Sie gekommen sind«, sagte der Abteilungsleiter. »Wir vermuten, dass so etwas in letzter Zeit sehr oft passiert. Aber kein Tourist hat sich bisher getraut, Anzeige zu erstatten.« Es klopfte an der Tür, ein Beamter trat herein und überreichte dem Abteilungsleiter einen kleinen Zettel, den dieser schmunzelnd las. »Das Nummernschild lässt sich eindeutig einer Streife zuordnen, die gestern Abend in Rímac Dienst hatte«, sagte er. »Gut gemacht!«

Einer der Kriminalpolizisten legte mir mehrere Fotoserien vor. Den Fahrer und den dickbäuchigen Polizisten, der mir das Geld abgenommen hatte, erkannte ich sofort, den dritten Mann fand ich nicht. »Das war wahrscheinlich gar kein echter Polizist, sondern ein Komplize, der eine Uniform trug«, mutmaßte der Abteilungsleiter. »Unsere Streifen sind normalerweise nur mit zwei Beamten besetzt.«

Als Nächstes betrat ein junger Staatsanwalt das Büro. »Nicolás Iscarra«, stellte er sich vor und reichte mir die Hand. »Ich wurde schon informiert, aber bitte schildern Sie den genauen Ablauf noch einmal.«

Zum fünften Mal in wenigen Stunden erzählte ich, was geschehen war.

»Ich werde sofort eine offizielle Ermittlung wegen Entführung, räuberischer Erpressung und Amtsmissbrauch einleiten«, sagte Staatsanwalt Iscarra mit strenger Miene. »Wir bleiben in Kontakt.«

Zwei Kriminalpolizisten in Zivil brachten mich in einem grauen Toyota Corolla aus den frühen Neunzigerjahren zum Hostel zurück, damit ich dort meine Sachen abholen konnte: »Du übernachtest bei uns im Hochhaus, damit nicht jemand auf die Idee kommt, sich wegen der Anzeige an dir zu rächen. Bei uns spricht sich so etwas ziemlich schnell herum.«

Die Polizisten taten im Hostel so, als seien sie meine Freunde – scheinbar wollten sie bei den anderen Gästen kein Aufsehen erregen.

»Was haben Sie mit dem jungen Mann vor?«, fragte die ältere Dame an der Rezeption. Einer der Polizisten gab sich zu erkennen.

»Räumt doch mal lieber bei euch auf, statt hier im Hotel rumzustehen! Und wehe, ihr behandelt den jungen Mann nicht gut«, schimpfte sie, gab mir acht Dollar für die vergangene Nacht zurück und ließ mich gehen.

Wir luden meinen Rucksack in den Toyota und fuhren los. Langsam wurde es dunkel.

»Hast du Hunger?«, fragte mich einer der Beamten.

»Ja, klar.«

Wir gingen zu dritt essen, in einem Restaurant in der Nähe des Polizeihauptquartiers. Als die Rechnung kam, umgerechnet rund sechs Euro, reagierte keiner der beiden. Auch gut, wenn sie dafür fleißig ermitteln, dachte ich mir.

Zurück im Hauptquartier, wiesen mir die Beamten ein freies Büro zu, in dem ein Computer und ein Fernseher standen.

»Kannst du gern benutzen«, sagte einer der Polizisten, während er auf den Fernseher zeigte.

Ich blieb erst noch mit meinen Begleitern in deren Amtsstube sitzen. Wenig später brachte ein uniformierter Polizist eine Frau in einem roten Jogginganzug herein. Sie trug Handschellen und weinte. Die Kommissare reagierten nicht, sondern scherzten mit der einzigen Beamtin, die für ihre Nachtschicht ebenfalls einen Trainingsanzug gewählt hatte.

Einer der Beamten zeigte mir kurz danach den Schlafraum, und so erfuhr ich nicht mehr, was mit der weinenden Frau geschah. In dem Zimmer standen Stockbetten aus Eisenstangen mit durchgelegenen Plastikmatratzen. Mir war das gleichgültig. Ich rollte meinen Schlafsack aus, schlief sofort ein und wachte erst wieder auf, als ein Kriminalpolizist das Licht einschaltete.

»Hallo Deutscher, wir müssen arbeiten!«

In einer schimmeligen Dusche im Nebenraum bespritzte ich mich mit Wasser. Aus einem Fenster schaute ich elf Stockwerke hinunter auf die Straße. Es war schon hell.

Ich zog mich schnell an und fuhr mit den beiden Kriminalpolizisten im Lift hinunter in die Tiefgarage. »Wir fahren jetzt nach Rímac, und du zeigst uns, wo das alles passiert ist«, erklärte mir einer der beiden. Nach vielen Kreuzungen überquerten wir die alte Steinbrücke. Von dort aus konnte ich mich an den kurzen Weg erinnern, den ich mit Alfredo gegangen war. Erst übersah ich den Kiosk, so unscheinbar war er, aber schließlich hatte ich ihn gefunden. »Hier war es.«

Wir gingen hinein, meine Begleiter stellten sich vor, zeigten ihre Polizeiausweise und begannen, die stämmige Frau von gestern Abend zu befragen, die anscheinend Tag und Nacht den Kiosk führte.

»Kennen Sie diesen jungen Mann?«, fragte einer, und deutete auf mich.

»Ja, der war neulich erst hier«, antwortete sie, »zusammen mit einem anderen Typen, der öfter vorbeikommt, meistens mit Ausländern.« Sie hatte angenommen, es würde sich bei Alfredo um einen

Fremdenführer handeln, und machte ein erschrockenes Gesicht, als die Polizisten ihr meine Geschichte erzählten.

Meine Begleiter schauten sich genau im Kiosk um. Als wir wieder nach draußen gegangen waren, deuteten sie auf ein Gebäude mit einer kleinen peruanischen Flagge, das schräg gegenüber stand: »Das ist die Polizeiwache von Rímac, da arbeiten deine Freunde.«

Ich schaute hinüber, beobachtete den Eingang und wollte nicht glauben, wie einfach sich meine Entführer die Sache gemacht hatten. In mir stieg wieder die Wut auf, die ich an jenem Abend empfunden hatte.

Als Nächstes suchten wir den Geldautomaten, nach kurzer Zeit fanden wir ihn. Der Chef der dazugehörigen Banco-Continental-Filiale druckte einen Beleg darüber aus, dass zur Tatzeit jemand achthundert Dollar abgehoben hatte. Bilder von der Überwachungskamera konnte er uns nicht geben. »Die laufen direkt in die Sicherheitsabteilung unserer Zentrale.«

Wir fuhren anschließend dorthin und warteten lange im Foyer, bis ein Herr mit blauer Krawatte aus dem Aufzug stieg: »Ich kann im Augenblick nichts machen, werde aber die Filme analysieren lassen und mich melden«, versprach er.

Zurück im Hauptquartier, gab es für mich nichts mehr zu tun, aber die Polizisten baten mich, noch zu bleiben, da für den Abend eine Gegenüberstellung geplant war.

»Darf ich zumindest mal raus und mir einen Kaffee holen?«, fragte ich.

»Ja, aber wir kommen mit«, erwiderten sie.

Kaum hatten wir das Gebäude verlassen, liefen mehrere Menschen mit Fotoapparaten vor mir her. Ich war irritiert, und auf einmal stand ich vor einem Kamerateam, das einen Scheinwerfer auf mich richtete.

»Wie geht es dir? Wie konnte das passieren?«, fragte die Reporterin, die schon bestens informiert war und sich ausgesprochen mitfühlend zeigte. Die Kamera lief.

»So weit gut«, antwortete ich. »*Gracias.*«

Kurz überlegte ich, wie ich mit der Situation umgehen sollte. Offenbar handelte es sich um ein Fernsehteam eines Lokalsenders, der ein Interview aufzeichnen wollte. Nicht so toll, dachte ich mir, wegen einer solchen Sache auf dem Bildschirm zu erscheinen. Auf der Straße würde man mich sofort wiedererkennen. Zugleich dachte ich an die Rezeptionistin im Hotel, die sich freuen würde, weil der Bericht korrupte Polizisten davon abschrecken könnte, weitere Reisende auszurauben.

Den Beamten schien alles recht zu sein – einer von ihnen musste schließlich die Journalisten alarmiert haben. Ich beantwortete also einige Fragen auf Spanisch, mit starkem Akzent, und wir gingen weiter zu einem kleinen Café, in dem ich frischen Orangensaft bestellte.

»Wir bräuchten von deiner Bank auch noch einen Beleg, dass du das Geld tatsächlich abgehoben hast«, sagte einer der Polizisten.

Neben dem Café gab es einen Internet- und Telefonshop. Ich suchte nach der Telefonnummer der Citibank und rief bei der Betrugsabteilung an. Ein Mitarbeiter erklärte mir, dass ich gute Chancen hätte, das Geld erstattet zu bekommen, und versprach, einen Ausdruck der Kartenumsätze an das Polizeihauptquartier zu faxen.

Wir gingen zurück zum Hauptquartier. Stündlich wurde die Mappe mit der Aufschrift »Caso Alemán«, der Fall des Deutschen, auf dem Schreibtisch dicker. In dem Büro der beiden Polizisten wartete ich mehrere Stunden auf die Gegenüberstellung. Irgendwann kam einer der Beamten mit enttäuschtem Gesicht auf mich zu. »Heute wird es nichts mehr«, sagte er. »Du müsstest bitte noch eine Nacht bleiben.« Ich seufzte und fügte mich. Die Situation trug längst absurde Züge. Statt weiter durch die Anden zu wandern, sollte ich also vorerst bei der peruanischen Kriminalpolizei wohnen.

Am Abend saß ich gemeinsam mit den Beamten der Nachtschicht vor dem Fernseher. In den Hauptnachrichten ging es um die Wahlen in Ecuador und ein innenpolitisches Thema, das ich nicht verstand. Dann war ich dran, drei Minuten lang. Die blonde Reporterin – keinesfalls von einem Regionalsender, sondern vom peruanischen Nationalfernsehen – berichtete von einem deutschen Touristen, den drei Streifenpolizisten entführt hätten. Eine Abendaufnahme von der Plaza de Armas. Blaulicht. Ein Polizeijeep. »Deutscher Tourist entführt – von Polizisten«, stand in der Textzeile. Die Kamera zoomte auf mein Gesicht. »Nein, verletzt hat mich niemand«, sagte ich.

Die Polizisten lachten. »Siehst du, jetzt bist du berühmt«, scherzte die Inspektorin im Jogginganzug.

Am nächsten Morgen brachten mich meine Betreuer gemeinsam mit dem Staatsanwalt zur Gegenüberstellung in die schäbige Polizeiwache von Rímac. Ohne trennende Glaswand standen fünf Polizisten mit Nummern in der Hand vor mir. Ich durfte sie von vorne, von hinten und von beiden Seiten betrachten, und wieder konnte ich zwei meiner Entführer sofort identifizieren.

»Das reicht zwar noch nicht für eine Verurteilung, aber die Beweise häufen sich«, erklärte der Staatsanwalt.

Im Hauptquartier, in das wir nach der Gegenüberstellung zurückgefahren waren, schlief ich noch eine Nacht. Am nächsten Morgen wurde ich entlassen, musste aber noch ein paar Stunden warten, bis ich eine Kopie der Anzeige ausgehändigt bekam. Ich brauchte sie, um den Schaden von der Versicherung der Citibank erstattet zu bekommen. Drei Soles Bearbeitungsgebühr musste ich bezahlen, über die mir ein Kassierer eine Quittung der Banco de la Nación ausstellte. Danach holte ich mein Gepäck aus der Amtsstube und verabschiedete mich. Einer der Polizisten sollte mich am Busterminal absetzen, aber der graue Toyota Corolla sprang nicht an, also nahm ich ein Taxi.

Es war mir ziemlich gleichgültig, wohin ich fahren würde, ich wollte nur recht schnell weg aus dieser Stadt. Der nächste Bus fuhr um halb eins auf der Panamericana Richtung Süden nach Nasca. Das sollte mir recht sein, dachte ich, denn Nasca mit seinen unerklärbaren Linien im Sand ist ein Ort, an dem sich viele Touristen aufhalten. Da waren heimliche Racheakte korrupter Polizisten eher unwahrscheinlich.

Im Bus hörte ich Musik und schlief dabei ein. Als ich nach zwei Stunden aufwachte, hatte ich nur noch die Kopfhörer im Ohr. Mein iPod war verschwunden. Der Mann neben mir auch.

14
Modenschau auf Schienen

Eine Weile blieb ich noch an der Pazifikküste, verließ diese aber schließlich, um hinauf in die Cordillera mit ihren feuchten Gebirgszügen zu fahren. Ein quietschender Bus brachte mich über Nacht nach Cuzco, der einst prächtigen Hauptstadt des Inkareichs, das sich in seiner besten Zeit vom heutigen Kolumbien bis nach Chile erstreckte. Ich wohnte bei einer Familie, die in der Calle Carmen Alto ein paar kühle Zimmer vermietete, rund um einen Rosengarten mit einem kleinen Brunnen.

Pflichtbewusst besuchte ich Machu Picchu, die Ruinenstadt der Inka, durch die trotz der schweren Erreichbarkeit jährlich 250 000 Besucher klettern. Die erste Strecke des Weges, bis nach Ollantaytambo, legte ich mit einem geliehenen Mountainbike zurück, die zweite mit dem Zug, der täglich mehrfach durch ein enges Tal von Cuzco nach Aguas Calientes pendelt, dem kleinen Touristenort unterhalb der Ruinen. Dort kam ich abends an.

Es regnete stark, als ich am nächsten Morgen aufbrach, um den schmalen Pfad aufzusteigen, dessen Stufen die Inka vor Jahrhunderten angelegt hatten. Am Eingang zu Machu Picchu musste ich auf einen Führer warten, ohne den der Besuch nicht gestattet ist. Wir stapften an ein paar niedrigen Steinmauern vorbei, danach öffnete sich der Blick auf die alte Stadt.

Wie Linien auf dem Panzer einer Schildkröte zogen sich die Mauern und kleinen Straßen über den Bergsattel, der nach rechts und links steil ins Tal abfiel und sich gegenüber in den dicht bewachsenen, kegelförmigen Huayna Picchu auflöste. Dies ist jener Gipfel, der drohend hinter der Ruinenstadt aufragt, als wache er darüber, dass die Touristen die Magie des Ortes nicht zu sehr stören.

Die Wolken hingen tief, und es tröpfelte. Trotzdem versuchte ich mit drei deutschen Backpackerinnen, die für ein paar Wochen in einem Kinderheim in Arequipa im Süden Perus arbeiteten, den Huayna Pichu zu besteigen. Über glitschige Felsen schafften wir es bis nach oben, zur höchsten Opferstelle der Inka. Auf einmal lichtete sich die Wolkendecke, wenn auch nur für einen kurzen Moment, und tauchte die Ruinen unter uns in goldenes Licht. Beim Abstieg verliefen wir uns im Nebel und kamen erst nach mehreren Stunden wieder zu unserem Ausgangspunkt.

Auf der abendlichen Rückfahrt mit dem Zug Richtung Cuzco geriet ich in eine Gruppe von Fotografen, Modeschöpfern und Models, die meisten von ihnen Peruaner. Für ein amerikanisches Magazin produzierten sie eine Modestrecke im Tal der Inka. Mein nummerierter Sitzplatz befand sich mitten in dieser Truppe, und direkt neben mich setzte sich die einzige Ausländerin dieses Teams: eine große, blonde Frau mit grünen Augen, die skandinavisch wirkte. Wir machten uns bekannt. Laerke war eine sechsundzwanzigjährige Dänin.

»Da wirst du keine Chance haben«, sagte einer der Fotografen zu mir, »die hat einen Freund.«

Ich ignorierte seine Worte und setzte das Gespräch mit Laerke fort, während der Zug durch eine enge Schneise zwischen bewaldeten Gebirgszügen pflügte. Der Regen rann in schrägen Linien an den Fensterscheiben hinab, die im Fahrtwind vibrierten. Ein paar Meter neben den Gleisen plätscherte über Steine und Baumstämme das Wasser des Río Vilcanota, das nach Tausenden von Kilometern und mehreren Mündungen irgendwann den Amazonas erreichen würde.

»Ich habe schon als Model gearbeitet, als ich noch in der Schule war. Nach dem Abitur studierte ich aber erst einmal Medizin«, erzählte Laerke. »Nebenbei entwarf ich für mich selbst und meine Freundinnen Kleider. Als ich eine Pause vom Studium machen wollte, bin ich nach Südamerika geflogen und lernte beim Surfen in Ecuador meinen Freund kennen. Er ist Peruaner und führt eine kleine Öko-Lodge in Aguas Calientes«, fuhr sie in einem Wirrwarr aus Spanisch, Englisch und Deutsch fort. »Ich blieb bei ihm. Erst gab ich den Kindern in dem Ort Englischunterricht, dann wurde es mir auf dem Land zu langweilig und ich gründete in Lima meine Modefirma. Die Sachen verkaufen sich in Dänemark ganz gut, auch in Peru.«

Plötzlich pfiff die Lokomotive laut, wahrscheinlich hatte sich eine Ziege oder ein Schwein auf die Gleise verlaufen. Als sich der Zug in eine lang gestreckte Kurve schmiegte, sah ich aus dem Fenster drei weitere blau und gelb angestrichene Waggons – der eine hatte eine Glaskuppel und ein Restaurant für Luxustouristen, dahinter befand sich der zweite mit einem Kiosk für normale Touristen, und ganz hinten der besonders stark schwankende Waggon für die Einheimischen, in dem die Reise nur einen Bruchteil kostet und für den Ausländer keine Fahrkarte bekommen.

Was danach geschah, verbuchte ich als eine jener grotesken Begebenheiten, die sich das Leben regelmäßig für mich auf dieser Reise ausdachte und die mich nicht mehr überraschten: Während ich zwischen den Models und Fotografen saß, begann in unserem Waggon eine Modenschau, offenbar, um die vielen Touristen zu unterhalten. Meine Truppe hatte damit nichts zu tun: Als Models dienten junge Peruanerinnen, die gerade noch Fahrkarten kontrolliert und Kaffee ausgeschenkt hatten. Sie benutzten den Mittelgang als Laufsteg und flanierten unbeholfen. Aus dem Kassettenrecorder tönte knarzende Flötenmusik.

»Ganz toll, wunderbar«, feuerte Antonio, einer der Fotografen, in dessen dunklem, lockigem Haar eine Gucci-Sonnenbrille steckte, die Amateurmodels an und ließ ein Blitzlichtgewitter auf sie niedergehen.

»Diese Sachen sehen meinen gar nicht so unähnlich«, sagte Laerke scherzhaft, als sie die zur Schau gestellte Kleidung betrachtete – darunter weit geschnittene Blusen mit bunten Stickereien, wie sie in gröberer Form aus Eine-Welt-Läden in deutschen Kleinstädten bekannt sind, auch klassische schwarze Rundhüte und schwerer Schmuck in Form von Sonnen, Monden und Fröschen, der Funde aus Inka-Gräbern nachahmen sollte. »Ich benutze aber bessere Materialien.«

Laerke erzählte, sie wolle ihre Mode so ökologisch und politisch korrekt wie möglich verkaufen: »Meine Röcke und Blusen sind meistens aus Alpakawolle, die nicht mit Chemie behandelt wurde.« Dazu versuche sie, die Arbeitsbedingungen möglichst fair zu gestalten: »Für uns arbeiten vor allem Indios, die auf Inseln im Titicacasee wohnen. Wir zahlen ihnen doppelt so viel, wie sie in der Industrie verdienen könnten, in der Hoffnung, dass sie in ihrer Heimat bleiben, statt in die Slums von Lima zu ziehen. Da verelenden schon genug Familien im Müll.«

In Cuzco verbrachte ich noch einen Abend mit der Dänin, den Models und Fotografen. Laerke bat mich, meinen modefotografischen Sachverstand, von dem ich zuvor gar nichts gewusst hatte, bei einem nächtlichen Shooting im Garten des vornehmen Hostal El Balcón einzubringen.

»Vielleicht etwas mehr Licht von unten«, war einer meiner Kommentare, die ich in möglichst kompetentem und selbstsicherem Tonfall vorbrachte. Oder: »Der Hintergrund ist zu unruhig.«

Ansonsten unterhielt ich mich mit einem der Lichttechniker und fror vor mich hin. Die Nacht war kalt, vor allem für die Models in ihren kurzen Röcken und luftigen Blusen. Wir befanden uns auf fast viertausend Höhenmetern. Über uns funkelten die Sternbilder der südlichen Hemisphäre. Ich ging schlafen in mein Hostel, dessen Preis meinem Budget eher entsprach.

Morgens packte ich meine Sachen, um an den Titicacasee weiterzureisen. Hier wollte ich die Grenze nach Bolivien überschreiten. Es fügte sich, dass Laerke ihre Schneider auf den dortigen Inseln besuchen wollte, und so nahmen wir gemeinsam einen Bus über die Hochebene.

Ich war ein wenig erleichtert, Cuzco hinter mir zu lassen. Die Stadt hat sich von der Hauptstadt der Inka erst zu einer Hochburg des spanischen Katholizismus entwickelt, der den Kolonialherrschern als willfähriges Werkzeug für die Unterdrückung der Indios diente. Heute ist Cuzco ein Zentrum des vermeintlich alternativen Welttourismus, mit Esoterikshops, Kräuterläden, Massagesalons und dem angeblich höchstgelegenen Irish Pub der Welt.

In Puno nahm Laerke ein Boot, um zu den Inseln hinauszufahren, ich bestieg einen weiteren Bus für meine letzte Wegstrecke in Peru. Links lag friedlich und flach der Titicacasee, rechts wuschen Frauen an Bächen ganze Körbe von Röcken, Hosen und Hemden, die sie im

Gras zum Trocknen auslegten. Kinder spielten mit mageren Ziegen, die abwehrend meckerten.

Ich saß auf der Rückbank, mein rechter Nachbar war ein Bauer in einem nass geschwitzten, hellblauen Hemd, links von mir befand sich eine Frau mit einem Säugling, der in ein blaues Tuch gewickelt war und mich anschaute. Irgendetwas irritierte mich an seinem Blick. Ich schaute aus dem Fenster, zurück auf den Säugling, dann bemerkte ich es: Das vielleicht drei oder vier Monate alte Kind hatte dunkelbraune, fast schwarze Augen.

»Sehr hübsch, Ihr Kind«, sagte ich zu der Mutter, die lächelte und dabei drei Zahnlücken freilegte. »Ich komme aus Deutschland, da haben alle Babys blaue Augen, das ändert sich erst später.«

»Ja, hier ist es anders.« Die Frau lachte wieder schüchtern und schob ihrem Kind zwei dünne, dunkle Haarsträhnen aus dem Gesicht.

Es war wie fast immer auf meiner Reise: Sobald ich die Strecken verließ, die in den Reiseführern dringend empfohlen waren, befand ich mich als einziger Fremder zwischen lauter Einheimischen. Meist grüßten sie freundlich und fragten neugierig, woher ich komme und wohin ich reisen würde. In einem Dorf namens Juli stieg ein Mann mit einem Stapel Bücher ein, die er, im Gang stehend, laut anpries – ein Jahresrückblick mit den wichtigsten Ereignissen in Peru und ein Verzeichnis von Heilpflanzen, das mit drastischen Zeichnungen von Würmern illustriert war, die angeblich im Magen lebten und von den verschiedenen Heilpflanzen abgetötet würden.

Nach zwei Stunden erreichten wir die Endstation. Außer mir befanden sich nur noch drei andere Passagiere an Bord, alle anderen waren entlang der Strecke ausgestiegen, auch die Mutter mit ihrem Kind. »Du musst diesen Hügel hinaufgehen, dahinter siehst du den Grenzposten. Du musst schauen, wie du von dort weiterkommst«, erklärte mir der Fahrer, während er kräftig auf Kokablättern kaute und mir meinen schwarzen Rucksack hinabreichte, den er auf dem Dach festgebunden hatte. »Gute Reise noch, und viel Glück!«

Ich schulterte meinen Rucksack und machte mich auf den Weg. Es war Mittag, die Sonne brannte und brummende schwarze Fliegen setzten sich auf mein Gesicht. Bald erreichte ich einen steinernen Torbogen, der sich über die Schotterstraße spannte. Ein paar Hundert Meter weiter unten glänzte die Oberfläche des Sees in wechselnden Blautönen, die sich am Horizont in Dunst auflösten.

Rechts der Straße stand eine Kirche, deren Portal zugenagelt war. Sie wies einen jener Türme auf, wie sie in dieser Gegend häufig zu sehen sind – nicht mehr als eine schmale, hohe Wand, vielleicht zwei Meter breit, die sich nach oben in rechteckigen Schritten zuspitzte. Unter dem Giebel der Kirche fanden sich Löcher im Mauerwerk, in denen kleine Glocken angebracht waren. Im sanften Wind war ein pausenloses Säuseln zu vernehmen, das mich zum mittelalterlich wirkenden Grenzposten begleitete.

An der Schranke baten mich die peruanischen Beamten in ihren Bürocontainer, packten meinen Rucksack aus, blätterten mehrfach durch meine in Cuzco abgehobenen Dollarnoten und fragten mich mit grimmigen Gesichtern aus. Freundlicher wurden sie erst, als ich ihnen von meiner Begegnung mit Alejandro Toledo erzählte, dem früheren peruanischen Präsidenten, der zu meiner Studienzeit einen Gastvortrag in Harvard gehalten hatte.

»Freundlicher Mann, oder?«, sagte der Chef mit seinem streng gezupften Schnurrbart, stempelte meinen Pass und winkte mich nach draußen. Im bolivianischen Zollbüro musste ich ein paar Dollar für einen Einreisestempel bezahlen, das war alles.

»Willkommen und glückliche Reise«, strahlte mich die beleibte Beamtin hinter dem Schalter an. Ihre Uniformjacke spannte an den Schultern bedenklich. Nebenan wechselte ich Geld und setzte mich zu zwei anderen Passagieren in ein Sammeltaxi. Im Kofferraum lag ein mehrere Jahrzehnte altes Fernsehgerät von Telefunken, weshalb ich meinen Rucksack auf den Schoß nehmen musste.

»Ich bin zum ersten Mal in Bolivien«, erzählte ich dem Taxifahrer.

»Es wird dir gut gefallen, wir sind lustige Menschen«, antwortete er.

Von einem Hügel aus öffnete sich der Blick auf Copacabana, der ersten Stadt nach der Grenze, die sich in eine Bucht mit einem kurzen

Sandstrand schmiegt, als wolle sie mit ihrem brasilianischen Namensvetter konkurrieren – nur dass dieses Copacabana fast viertausend Meter höher liegt und nicht am Atlantik, sondern an einem der größten Binnenseen der Welt, auf dessen Inseln der Legende nach das Inkageschlecht seinen Ausgang nahm.

In Copacabana sollte es kommen wie so oft: An Orten, die ich für einen kurzen Aufenthalt ansteuerte, um einen ruhigen Abend zu verbringen, meine Wäsche zu waschen oder Proviant zu kaufen, blieb ich mehrere Tage, manchmal eine Woche. In der Stadt gab es ein paar Unterkünfte für Touristen, denn mit dem Bus sind es von hier nur zwei Stunden in die Hauptstadt La Paz mit ihrem internationalen Flughafen. Copacabana ist der Ausgangspunkt für Bootsfahrten auf dem Titicacasee, und auch Bolivianer, die es sich leisten können, fahren gern hierher.

Ich entschied mich für das Hostal La Cúpula, auf einer Anhöhe gelegen, mit Blick auf den See.

»*Hola,* wie geht's?«, begrüßte mich ein groß gewachsener Mann in Jeans, nachdem ich durch das offene Tor in den Innenhof getreten war. An der Stirn des Mannes setzte blondes Haar an, und seinen deutschen Akzent hatte ich sofort erkannt.

»Guten Tag, gut geht's, ich bin der Robert.«

»Michael«, antwortete er und reichte mir die Hand. »Mach's dir gemütlich.«

Ich brachte meinen Rucksack eine Wendeltreppe hinauf, öffnete mein Fenster und betrachtete die Sonne, wie sie sich hinter der Isla del Sol auf den See hinabsenkte. Über Copacabana leuchteten die mit orangefarbenen, blauen und grünen Kacheln verzierten Kuppeln der Kathedrale. Die maurischen Türme und großen Grabsteine vor dem Portal zeigten, dass die spanischen Eroberer hier ein weiteres religiöses Zentrum errichtet hatten, als wollten sie den Heiligtümern der Inka auf den Hügeln über der Stadt trotzen. Ein paar Meter weiter erkannte ich die gelbe Leuchtreklame einer Karaoke-Bar.

Am nächsten Morgen herrschte über dem See ein so reines und klares Licht, wie ich es lange nicht gesehen hatte. Ich beschloss, auf Wanderschaft zu gehen, und packte die notwendigsten Dinge in meinen

Rucksack. Michael hatte mir am Abend zuvor eine Karte gegeben, in der Wege entlang des Ufers eingetragen waren, dazu einige Orte, an denen Einheimische in Ruderbooten auf die Inseln übersetzten.

»Mach dir einen schönen Tag«, verabschiedete er mich, »und nimm genug Wasser mit!«

Ich marschierte den See entlang nach Nordwesten, vorbei an hageren, braun-weißen Kühen und an Eseln, die in der Sonne dösten. Fischer legten nicht weit vom Ufer ihre Netze aus, Reiher stiegen krächzend aus dem Schilf. Kinder, die eben noch vor der Tür gespielt hatten, verschwanden aus Angst vor mir in ihre Häuser und beäugten mich durch Fensterlöcher, die mit Folien und ein paar Scherben verklebt waren. Streunende Hunde und gackernde Hennen begleiteten mich am Rande kleiner Felder, auf denen das anspruchslose Quinoa, eine Art Getreide, neben Kartoffelpflanzen wuchs. Die Parzellen waren mit steinernen Linien sauber voneinander getrennt.

Nach einer Weile überquerte ich auf einer gebogenen Steinbrücke einen plätschernden Bach. Die Schotterstraße zog sich in einer weiten Linkskurve den Berg hinauf. Ich kam an einem Marienschrein vorbei, in eine Felswand gehämmert und mit frischen Blumen und Kerzen verziert.

Bald blickte ich hinab auf ein Dorf, das aus acht oder neun Häusern bestand, einer kleinen Kirche und einer Anlegestelle, an der sich Ruderboote im Schilf wiegten. Am Himmel flogen mächtige Geier. Durch mein kleines Fernglas konnte ich ihre hässlichen roten Hälse deutlich erkennen.

Vor dem ersten Haus im Dorf pries eine Schiefertafel gekühlte Erfrischungsgetränke an. Ich betrat den Laden, in dem ich wegen der plötzlichen Dunkelheit vor meinen Augen zunächst nichts erkannte. Nach ein paar Sekunden machte ich dann eine Waage aus, ein Regal mit Tütensuppen und einen Kühlschrank, dazu in einer hinteren Ecke einen Berg Kartoffeln.

»*Hola*«, rief ein vielleicht zehn Jahre altes Mädchen mit einem langen, dunklen Zopf, das in den Laden hüpfte, gefolgt von einem hechelnden braunen Hund mit struppigem Fell.

»*Hola,* wie geht's?«, antwortete ich. »Ich wandere schon seit ein paar Stunden, und mein Wasser ist ziemlich warm geworden. Kann ich bei euch etwas Kaltes zu trinken kaufen?«

»Klar. Wir haben Wasser, Cola, Limonade, was du möchtest.«

Ich entschied mich für eine Flasche Wasser und ein offenbar bolivianisches, in eine Glasflasche ohne Etikett abgefülltes Zitronengetränk. Das Mädchen addierte mit einem Plastikkugelschreiber zwei Zahlen auf einem Block.

»Zehn Bolivianos!«

»Nicht gerade billig«, beschwerte ich mich scherzhaft und reichte ihr zwei Geldscheine. »Warum bist du eigentlich nicht in der Schule?«

»Ich gehe immer nachmittags. Morgens muss ich arbeiten.«

Ich setzte mich auf eine Stufe vor dem Haus. Das Mädchen und der Hund folgten mir. »Woher kommst du?«, fragte sie und zupfte ihr rotes Trägershirt zurecht.

»Aus Deutschland. Das liegt in Europa, ziemlich weit weg«, erklärte ich.

»Ja, ich weiß, das kenne ich aus der Schule.«

Wir plauderten noch etwas.

»*How are you?*«, fragte sie mich, als ich mich verabschieden wollte, um zu zeigen, dass sie schon ziemlich viel Englisch gelernt hatte.

»*Adiós,* wir sehen uns«, sagte ich zum Abschied und schulterte meinen Rucksack.

Als Nächstes kam ich an einem Friseursalon vorbei, der geschlossen hatte, ebenso ein kleiner Supermarkt. Die Straße bog jetzt um die Kirche, die ich schon vom Hügel aus gesehen hatte und vor deren blau gestrichenem Portal ein Basketballkorb hing. Rechts oben auf dem Brett war eine Aufschrift zu erkennen: »Gestiftet von der Gemeinde Copacabana.«

Von der Bucht her wehte eine Brise, die den Staub auf dem Spielfeld aufwirbelte und die Hitze etwas erträglicher machte. Trotzdem flirrte die Luft. Zweihundert Meter weiter, am Ende des Dorfes, wo sich schon die Wiesen mit ihrem vom Wasser des Sees getränkten, hohen Gras ausbreiteten, stieß ich auf einen Jungen, der ein ausgebleichtes, schlecht gefälschtes Adidas-Shirt trug.

»Mein Onkel bringt dich für fünfzig Bolivianos mit dem Ruderboot auf die Sonneninsel, das dauert nur eine halbe Stunde«, bot er an und schaute in mein schwitzendes Gesicht. Ich überlegte. Yupapata, der letzte Ort auf der sich zuspitzenden Halbinsel, auf der ich marschierte, lag nach meiner Schätzung noch rund zwei Stunden nördlich von hier.

Ich nahm das Angebot an.

»*Vamos*«, rief der Junge und führte mich einen schmalen Pfad entlang zu einem zweigeschossigen Haus, das sogar einen Balkon hatte. Ein älterer Mann knüpfte vor der Tür ein grünes Fischernetz. »Das ist mein Onkel.«

Ein paar Minuten später begleitete ich die beiden über morsche Bretter durch das Schilf zu einem Ruderboot, das auf den ersten Blick wirkte, als sei es schon seit vielen Jahren nicht mehr benutzt worden. Der Anstrich war nicht mehr zu erkennen, dafür schien das Licht durch schmale Spalten zwischen den grob aneinandergenagelten Seitenplanken.

Ich stieg als Erster ein und verstaute meinen Rucksack unter der Bank, anschließend kam der Junge. Der Onkel schob das Boot mit einem langen Stab aus dem Schilf und sprang in letzter Sekunde auf. Das Wasser spritzte mir ins Gesicht, um uns herum schreckten Enten auf. Ansonsten war die Wasseroberfläche in der Bucht so glatt und grünblau wie die eines Alpensees am frühen Morgen, bevor die ersten Badegäste erscheinen.

»Im Sommer ist in unserer Bucht gar kein Wasser«, erklärte mir der Onkel. »Manchmal ist es ziemlich schwierig, hier zu fischen. Der See ist nicht sehr tief, und das Wasser ziemlich schmutzig.«

Der Titicacasee ist längst nicht so rein, wie er wirkt: Baden ist gefährlich, weil die Städte am Ufer ihre Abwässer seit jeher ungereinigt in den See laufen lassen. Dazu kommen die Düngemittel, mit denen die Bauern den trockenen Boden bearbeiten. Niemand fühlt sich für die Verschmutzung verantwortlich, weil der See genau auf der Grenze zwischen Bolivien und Peru liegt, zwei Länder, die ein schwieriges Verhältnis haben und sich gegenseitig die Schuld zuschieben.

Als der Onkel uns mit kräftigen Schlägen aus der Bucht hinausgefahren hatte, schlugen erste Wellen gegen die Planken. Eine Windböe war aufgekommen. Erst blieb das Boot noch auf Kurs, aber jede Minute stiegen die Wellen höher. Der Junge, der eben noch ein Lied geträllert hatte, war verstummt und starrte inzwischen mit gerunzelter Stirn auf das Wasser.

Der Wind nahm weiter zu. Schon spritzte Gischt auf meine Beine. Der Onkel stand jetzt fast im Boot und stach die Ruder senkrecht ins Wasser, um den Wellen zu trotzen. »Mach dir keine Sorgen«, rief er keuchend, »das ist normal hier, wir schaffen das!« Sein Neffe hatte den ersten Schreck verdaut und saß wieder entspannt auf dem vorderen Rand des Bootes.

Ich schaute hinüber zum Ufer der Sonneninsel, an dem jetzt ein Steg zu erkennen war. Wir kämpften gegen jede einzelne Welle, manche waren zwei Meter hoch.

Der Junge begann, mit einem Plastikeimer das Wasser aus dem Boot zu schöpfen. Mein Rucksack war längst nass. Der Onkel ruderte mit aller Kraft. Es lag nicht mehr viel Wasser zwischen uns und dem Ufer.

»Da drüben ist der Steg«, schrie er gegen den Wind an. »Wenn wir ankommen, werfen wir erst den Rucksack auf das Holz.« Er wollte weitersprechen, musste aber erst nach Luft schnappen. »Dann springst du hinterher. Wir können nicht anlegen, die Wellen sind zu hoch!«

Ich schwieg und bereitete mich auf das Manöver vor. Von einer Hütte am Ufer näherte sich ein Mann, der uns beobachtete und winkte. Als wir den Steg erreichten, half mir der Onkel, den Rucksack unter der Bank hervorzuzerren und an Land zu wuchten.

»Gib ihm ein Ruder«, befahl der Onkel seinem Neffen, auf den herbeigekommenen Mann deutend. Er bekam das Blatt zu fassen und versuchte, das Boot heranzuziehen. Ich stützte mich mit der linken Hand vom Bootsrand ab, schob mich nach oben und landete auf den Knien. Meine Hand war aufgeschürft, sonst hatte alles geklappt.

»Du musst noch zahlen«, rief mein Ruderer.

Das hatte ich in der Aufregung ganz vergessen, und er offenbar auch. Zwei Geldscheine, die ich in meiner Hosentasche fand, drückte ich ihm in seine ausgestreckte Hand, einen dritten musste ich erst aus dem Seitenfach meines Rucksacks hervorkramen. Der Mann neben mir auf dem Steg konnte das Ruder nicht mehr halten, eine neue hohe Welle schob das Boot hinaus. Ich hörte den Onkel fluchen, der Mann auf dem Steg lachte.

»Wie komme ich denn von hier nach Yumani?«, fragte ich den Mann nach dem Weg zum nächsten Ort an der Südspitze der Insel.

»Du musst hier den Hang hinaufklettern, zu den Ruinen, und dann nach rechts, immer dem schmalen Pfad folgen.«

Der Weg führte etwas unterhalb eines Bergkamms auf gleichbleibender Höhe in Richtung Norden. Am Wegesrand wucherten Heidepflanzen, um deren Blüten fette Hummeln surrten und kleine gelbe, blaue und rötliche Schmetterlinge flatterten. Nach einer halben Stunde erreichte ich einige Hütten, um deren Gemüsegärten niedrige Hecken gepflanzt waren. Ich hörte Hunde bellen. Ein Hahn blickte mich böse an, ganz so, als sei er empört, dass ich unerlaubterweise seine Insel betreten habe.

In steilen Stufen führte der Pfad jetzt abwärts zum See, nur um nach einer Kehre wieder anzusteigen. Wenige Minuten später sah ich die ersten Strohdächer von Yumani, vor denen einige Frauen in weiten Röcken, mit runden Hüten auf dem Kopf und Alpakas an der Leine einen fröhlichen Plausch hielten.

Mein Busnachbar auf dem Weg von Puno nach Copacabana hatte mir erklärt, dass die Farben der Bänder an den Hüten signalisieren, ob eine Frau ledig, verheiratet oder verwitwet sei. Zwei Frauen trugen braune Bänder, die dritte ein beigefarbenes Band. Leider hatte ich die Bedeutung der einzelnen Farben schon wieder vergessen.

Ich bog nach links ab, den Hang hinauf, vorbei an einheimischen Frauen, die frische Getränke, Kekse, bemalte Steine und bunte Stofffiguren feilboten. »Danke, ich brauche nichts«, rief ich einer Händlerin zu, die sich mir aggressiv in den Weg stellte, mit drei Flaschen Wasser unter dem einen und Chipstüten unter dem anderen Arm.

Der steile Weg führte durch den Ort weiter den Berg hinauf, gesäumt von einigen Restaurants und Unterkünften. Autos oder andere Fahrzeuge waren nicht zu sehen, dafür standen vor den Geschäften ein paar gelangweilt wirkende Esel und Maultiere. Ich begegnete einigen anderen Touristen mit roten Gesichtern, die durch die engen Gassen flanierten.

Bald erreichte ich den Bergkamm, der sich von Süden nach Norden über die ganze Insel erstreckte. Die tief stehende Sonne tauchte die Felsen und Felder in gelbliche, ockerfarbene und rötliche Farben. Es war, als stünde ich allein auf einem Vulkan, der sich gerade erst feurig aus dem dunkelgrünen Wasser erhoben hatte, das mich von drei Seiten umgab. Ich fühlte, dass ich lebte.

Plötzlich blies mir ein Windstoß eine Plastiktüte ins Gesicht, was mich zurück in die Wirklichkeit holte. Ich hatte Hunger, und vor mir sah ich einen hölzernen Wegweiser zu einer Gaststätte. Dort angekommen, setzte ich mich an ein großes Fenster, aus dem ich das Abendlicht in all seinen Abstufungen beobachten konnte, bestellte eine gegrillte Forelle und einen Salat.

Die Wirtin begann sich mit mir zu unterhalten, ich war ihr einziger Gast. An der Wand hinter mir hing ein Foto von Evo Morales, dem ersten bolivianischen Präsidenten indianischer Abstammung; daneben eine bunt verzierte Tafel mit dem Stammbaum der Inkaherrscher, deren Namen sich alle ziemlich ähnlich anhörten.

Die Forelle schmeckte gut. Ich zahlte, dankte und ging davon. Hinter einem verlassenen Gehöft verließ ich den Pfad und suchte nach einer ruhigen Stelle, um mein Zelt aufzuschlagen. Das war auf der Sonneninsel erlaubt, hatte ich auf einem Schild am Ortsausgang gelesen, aber in der Nähe von Ansiedlungen nicht erwünscht.

Ich suchte mir eine Stelle hinter einer Anhöhe aus. Der Boden war dort so hart, dass ich die Heringe nicht einschlagen konnte. Ich beschwerte die Zeltplane mit Steinen und dachte, das müsste reichen. Tat es aber nicht.

Nach zwei Stunden Schlaf schreckte ich auf. Es war dunkel, ein heftiger Wind blies, die Plane hatte sich gelöst und peitschte gegen das Innenzelt. Mithilfe der Sterne und meiner Stirnlampe baute ich das Zelt ab und stellte es ein paar Hundert Meter weiter an einer windgeschützteren Stelle wieder auf. Jeder Camper lernt dazu, dachte ich mir, und schlief wieder ein.

Am nächsten Morgen legte ich mehrere Stunden Fußmarsch mit meinem Rucksack zurück. Auf der Hälfte des Weges entdeckte ich in einer Kurve vor mir eine größere Menschengruppe. Als ich etwas näher kam, erkannte ich, dass es sich um mindestens fünfzig kleine Männer und Frauen in landesüblicher Kleidung handelte. Ein paar Kinder hüpften rund um die Gruppe und beobachteten mich. Die Männer bewegten sich rhythmisch, hämmernde Laute gingen von ihnen aus. Ich war auf einen Bautrupp gestoßen: Die Männer schlugen mit schweren Hämmern und Pickeln große Steine entzwei, die mitten auf dem Weg lagen. Die Frauen sammelten in ihren Schürzen kleine Steine von den Feldern und reihten sie am Wegesrand auf.

»*Hola*«, grüßte ich und blieb stehen. »Verdammt harte Arbeit!«

»Ja«, antwortete einer der Männer, der sich auf seinen Pickel stützte. Die Unterbrechung schien ihm gelegen zu kommen. »Wir machen den Weg schöner, alles für die Touristen, damit sie nicht stolpern oder sich verlaufen. Wir machen das einmal im Jahr, freiwillig.« Ich bedankte mich für die Arbeit und zog an dem Rest der Gruppe vorbei, hinter der mein Weg tatsächlich angenehmer zu begehen war.

Eine halbe Stunde später erreichte ich Pilcocaina, jenen Ort, auf dem die Bedeutung der Sonneninsel gründet: eine Ansammlung von Monolithen, geometrisch angeordnet, einer von ihnen flach geschliffen und einem Altar gleichend. Viele Menschen tummelten sich an der Opferstelle, darunter Ausländer mit Reiseführern, aber auch bolivianische Schulklassen mit ihren Lehrern. Sie wirkten recht erholt, weil sie offenbar den viel kürzeren Weg von der nördlichen Bootsanlegestelle genommen hatten.

Ein Mann, der um seinen Gürtel eine Plastiktasche geschnallt hatte, winkte mich zu sich. Gegen ein paar Bolivianos stellte er mir ein Ticket aus, das meinen Aufenthalt rechtmäßig machte. Ich folgte einer kleinen Gruppe von Amerikanern und ihrem Führer.

»Der Legende nach hat hier Viracocha gelebt, der Urvater der Inka. Mithilfe der Sonne und der Mutter Erde ließ er seine Kinder Manco Capac und seine Schwester Mama Ocllo aus dem Wasser des Sees steigen«, erzählte er und deutete auf die Reste von Stufen, die hinab zum Ufer führten.

»Von hier sind Viracochas Kinder mit dem Boot losgefahren und haben Cuzco gegründet. Ihre Nachfahren errichteten später Machu Picchu. Der Mythos ist umstritten«, fügte der Führer hinzu, »es gibt andere Versionen, aber dieser ist am weitesten verbreitet und wurde von den Spaniern nach Europa überliefert. Als Pizarro kam, kämpften gerade zwei Brüder um die Vorherrschaft im riesigen Inkareich. Einer kontrollierte den Süden, der andere den Norden. Pizarro spielte die beiden gegeneinander aus und nutzte die Verwirrung, um Cuzco zu erobern. Dann ging es ziemlich schnell bergab mit den Inka, nur noch Ruinen zeugen von ihrer Kultur.«

Das stimmte nicht ganz, denn noch immer sprechen die Einheimischen im Hochland von Peru und Bolivien heute Quechua, die Sprache der Inka, die für Fremde unverständlich ist. Auch haben die Abkömmlinge der Inka heimlich ihren Glauben an Pachamama, die Mutter Erde, durch die Missionszeit gerettet und mit der christlichen Lehre in eine Mischreligion überführt.

Ich streifte noch eine Weile zwischen den heiligen Felsen umher. Anschließend machte ich mich an den Abstieg, hinab nach Challapampa mit seinem weiten, ausladenden Sandstrand. Dort nahm ich kein Ruderboot, sondern ein ziemlich großes Motorschiff, angestrichen in Rot, Grün und Gelb, den Landesfarben Boliviens, das mich mit einem kurzen Halt in Yumani zurück nach Copacabana brachte.

15

Der schleichende und der schnelle Tod

Eine kurze Busfahrt brachte mich nach La Paz, wo ich abends durch die Stadt streifte, über die Plaza Murillo, vorbei am Parlament und am Präsidentenpalast, vor dem gerade Staatschef Evo Morales, umstanden von Leibwächtern, in eine Limousine stieg. Der Platz wirkte bescheiden, der Palast hätte auch das Rathaus einer Provinzstadt sein können. Offiziell ist La Paz auch gar nicht die Hauptstadt von Bolivien, sondern Sucre. Die Politiker arbeiten trotzdem hier. In der Mitte des Platzes steht der frühere Präsident Gualberto Villaroel friedlich auf seinem Sockel. In den Vierzigerjahren hatte ihn ein wütender Mob an diese Stelle gezerrt und öffentlich erhängt. Auch sonst ist einiges passiert auf dem Platz: Der Präsidentenpalast heißt im Volksmund »Palacio Quemado«, der verbrannte Palast, weil er im letzten Jahrhundert zweimal abgefackelt wurde. Jetzt war er ganz frisch in Dunkelgelb angestrichen, und die Ornamente an der Fassade waren weiß getüncht, gekrönt vom grün-rot-gelben Wappen Boliviens.

Ich hatte Hunger, bestellte Pizza in einem italienischen Schnellrestaurant und schaute mich noch etwas um. Neben dem Lokal befand sich eine Drogerie, die im Schaufenster eine Dose Red Bull für zwanzig Bolivianos anbot, »günstig« und »gerade aus Europa importiert«. Im nächsten Gebäude war ein Kino untergebracht. Während sich der Pizzateig im Ofen golden färbte, kaufte ich ein Ticket für einen Film, dessen Plakate ich an vielen Wänden in La Paz gesehen hatte: *Wer hat das weiße Lamajunge getötet?*

Das klang vielversprechend. Ich fragte das Mädchen hinter der Kasse, ob sich der Film denn lohne.

»Ja, unbedingt, ist total lustig«, antwortete sie, »der beste bolivianische Film seit Jahren.« Weil die Pizza zu lange brauchte, musste ich den Karton mit ins Kino nehmen, was dort einen fettigen Geruch nach Salami und geschmolzenem Käse verbreitete. Der Saal war mit

Samtsesseln und schweren Leuchtern ausgestattet, die trübes, staubiges Licht verbreiteten. Ich fühlte mich in das Europa der Zwanzigerjahre versetzt. Die Leuchter gingen aus, und der Vorhang öffnete sich.

In dem Roadmovie ließen sich eine kleine, rundliche Frau und ihr deutlich jüngerer Freund dazu überreden, ein Paket Kokain von La Paz durch das ganze Land an die brasilianische Grenze zu transportieren. Die Sache ist sehr komisch inszeniert, mit bissigen Kommentaren gegen Politiker und Wirtschaftsbosse. Es endet damit, dass das Paar irgendwo auf dem Land erst von Dorfbewohnern verprügelt und danach von der Polizei festgenommen wird – nicht wegen der Drogen, sondern weil die Frau ein kleines, weißes Lama überfahren und dabei getötet hat.

In einer der ersten Szenen des Films fahren die beiden bei Sonnenaufgang zu einem Aussichtspunkt über La Paz, um sich von der Stadt zu verabschieden, falls etwas schieflaufen sollte. Die Kamera schwenkte über eine schier endlose Menge von dicht aneinandergedrängten Häusern, hinter denen die Andengipfel aufragten. Auf der Leinwand wurden die Namen der Orte eingeblendet, durch die das muntere Paar fuhr. Der Aussichtspunkt lag demnach in der »Ciudad Satellite«, der Satellitenstadt, einem ärmlich wirkenden Viertel oberhalb des Zentrums. Nach dem Film verbrachte ich meine erste Nacht in La Paz in einer schmalen Zelle im Hostal El Carretero, in die nur ein kurzes Bett passte und deren Wände mit obszönen Zeichnungen bekritzelt waren. »Carretero« bedeutet auf Deutsch »Landstreicher«. Das passte, denn längst fühlte ich mich wie die moderne Version eines Vagabunden, immer auf der Suche nach Erlebnissen und Begegnungen, ohne festen Wohnsitz, nicht immer frisch gewaschen und ohne festes Ziel. Ich verdrängte die Tatsache, dass ich in zwei Monaten nach Hause fliegen musste.

Am nächsten Tag suchte ich nach einem Weg zur Satellitenstadt. Dazu wandte ich eine Strategie an, die in den meisten lateinamerikanischen Hauptstädten funktioniert: Ich stellte mich an den Rand einer großen Straße und wartete, bis einer der vielen bunten und stinkenden Busse, die an mir vorbeiratterten, das Schild »Ciudad Satellite« an der Windschutzscheibe trug.

Ich winkte dem Fahrer zu, der für jene wenigen Sekunden anhielt, die ich brauchte, um aufzuspringen. Ich warf mit der rechten Hand ein paar Bolivianos in einen Metallkasten. Mit der linken Hand erfasste ich eine Querstange, um beim ruckartigen Anfahren nicht durch den Gang geschleudert zu werden. Der Busverkehr wird in La Paz und den meisten anderen Großstädten Lateinamerikas privatwirtschaftlich betrieben. Das heißt: Je schneller die Fahrer ihre Strecke bewältigen, desto mehr Umsatz machen sie. Haltestellen gibt es nicht, Fahrpläne erst recht nicht.

Wir verließen das Zentrum und bogen auf eine vierspurige Straße, die in steilen Serpentinen einen Berg hinaufführte. Der Bus ruckelte im Schritttempo voran. Auf einer Brücke überquerten wir den beinahe ausgetrockneten Río Chokeyapu, dessen verbliebenes Wasser eher einer Giftschlacke als einem Flusslauf ähnelte. Mir kam die Gegend bekannt vor: Es war genau jene Straße, die ich zwei Tage zuvor vom Titicacasee aus herab nach La Paz gekommen war. Der Fahrer schaltete einen Gang herunter, der Motor brauste auf und schob den Bus an.

»Sag mir bitte, wenn wir in der Ciudad Satellite sind«, rief ich dem Fahrer zu. Er runzelte erst die Stirn, anschließend nickte er. »In Ordnung, mache ich gern.« Nach zehn Minuten ging es nicht mehr weiter hinauf. Der Bus hielt unter einer Fußgängerbrücke, die sich über die vierspurige Straße spannte. »Hier musst du aussteigen!«, sagte der Busfahrer. Ich nahm eine kurze Treppe, die vom Straßenrand ein paar Schritte auf einen breiten Platz hinauf führte, blickte mich dort oben um und verstand sofort, warum der Fahrer mich seltsam angeschaut hatte, als ich zu verstehen gegeben hatte, wo ich aussteigen wollte. Ich war mitten in einem schmutzigen, düsteren Elendsgebiet gelandet.

Riesige Pfützen zogen sich um einen Platz, über den in Fetzen gekleidete Familien mit Stofftüten schlichen. Es war Markttag, aus Bretterbuden schrien Händler und boten ihre Waren an. Mitten in der Sonne lag blutiges Fleisch, auf das sich Fliegen gesetzt hatten. An vielen Ständen lagen getrocknete Lama-Embryos, die in Bolivien als Glücksbringer gelten und mich stark an E.T. erinnerten. Zwei ältere Männer schubsten streunende Hunde beiseite, die mit ihren Nasen in Müllbergen wühlten, um sich selbst die besten Brocken zu sichern.

Bolivien ist das ärmste Land Lateinamerikas, obwohl seine Berge reich an Mineralien und die Böden im Tiefland feucht und fruchtbar sind. Im vorletzten Semester meines Studiums hatte ich ein Seminar in Entwicklungsökonomie bei Ricardo Hausmann besucht, der früher Minister in Venezuela und Chefvolkswirt der Interamerikanischen Entwicklungsbank in Washington war.

Hausmann stahl mir viele Nächte: In kleinen Gruppen mussten wir einen umfassenden Bericht über ein von uns ausgewähltes Land erstellen, inklusive Statistiken und ökonomischen Analysen. Wir waren gefordert, ein Dokument zu erstellen, wie es eine Landesabteilung der Weltbank vorlegen würde. Dazu mussten wir riesige Tabellen auswerten, Fachzeitschriften durcharbeiten, Interviews führen, Diagramme basteln und Texte schreiben.

Gemeinsam mit einer Österreicherin und einem Amerikaner wählte ich Bolivien, was dazu führte, dass ich vermutlich besser informiert war über die Geschicke des Landes als die meisten Bolivianer selbst, es sei denn, sie arbeiteten in Regierungsgebäuden. Boliviens Geschichte ist reich an Niederlagen und Verlusten: Nach dem Pazifikkrieg am Ende des neunzehnten Jahrhunderts musste es seine Pazifikprovinzen an Chile abgeben. Seitdem hat das Land keinen Zugang mehr zum Meer, was den Handel und die Wirtschaft lähmt. Genauso wie die Nachbarstaaten durchlebte Bolivien den typischen Wechsel von Linksregierungen, Militärdiktaturen und voreiligen marktwirtschaftlichen Reformern. Nur hat das Land bis heute keinen inneren Frieden gefunden: Präsident Morales muss die Einheit gegen Geschäftsleute und Großgrundbesitzer aus dem Tiefland verteidigen, die sich vom armen Altiplano, der Hochebene rund um La Paz, trennen wollen. Dazu kommt eine riesige Schattenwirtschaft.

Offiziell gehört das Elendsviertel, in dem ich an diesem Tag angekommen war, gar nicht mehr zu La Paz, sondern zu El Alto, das sich in den Achtzigerjahren abgespalten und heute fast eine Million Einwohner hat. Viele Experten betrachten es als die zurückgebliebenste Großstadt der Welt. Neun von zehn Menschen in El Alto sind Analphabeten, sieben von zehn leben unter der bolivianischen Armutsgrenze. Die Landflucht lässt die Stadt, in der jeder zweite Bewohner minderjährig ist, weiter rasant wachsen. Fast alle Menschen hier sind Indios, einige von ihnen Quechua, die meisten Aymara, und zwar aus jenem Stamm, dem auch Präsident Morales angehört, der erste Indio im höchsten Staatsamt.

Je höher, desto ärmer – nach dieser Regel funktioniert das Leben in diesem Ballungsgebiet. Die Oberschicht von La Paz hat sich dagegen ganz unten, am anderen Ende des Tals niedergelassen, fast tausend Meter tiefer, geschützt vor Winden und eiskalten Nächten. Von hier oben, wo viele Menschen unter chronischer Höhenkrankheit leiden, sieht es aus, als könnte man auf die Einfamilienhäuser hinabspucken.

Um mich herum lagen überall leere Plastikflaschen, Tüten und sonstiger Unrat. Die Menschen, die an mir vorbeigingen, schauten mich an, als käme ich von einem anderen Planeten. So ähnlich fühlte ich mich auch. Mitten über den Platz lief eine verrostete Eisenbahnschiene, und über hohe Masten zog sich eine Starkstromleitung. Ein Bus versuchte sich hupend einen Weg durch die Menge zu bahnen, unterstützt von einem Polizisten in Armeeuniform, hohen schwarzen Stiefeln und orangefarbener Schutzweste. In der Luft hing ein Geruch, der sich aus Fäulnis, Essensdunst und Fäkalien zusammensetzte.

Ich bewegte mich noch etwas zwischen den Marktständen und Bretterbuden, vor denen Familien an offenen Feuerstellen ihr Mittagessen zubereiteten. Danach näherte ich mich der Brüstung auf der östlichen Seite des Platzes.

»*Hola* Fremder!« Eine junge Frau mit struppigem Haar taumelte mir entgegen, sie hatte keine Zähne mehr im Mund. Ich winkte verhalten zurück. Auf einer Bank hinter ihr saßen ein paar junge Männer. Ihre Gesichter waren von Schmutz überzogen, sie starrten ins Leere und gaben seltsame Laute von sich.

Zwei von ihnen versuchten ebenfalls, mich zu grüßen, brachten aber keine vernünftigen Worte heraus. Vor ihnen standen leere Lackdosen, in der Hand hielten sie Plastikbeutel, die sie immer wieder an ihr Gesicht führten. Jede Dosis trug dazu bei, ihr Gehirn zu zersetzen. Für diese Menschen gab es keine Zukunft. Ich fühlte mich ratlos, und mir stiegen Tränen in die Augen.

Hinter dieser elenden Gruppe ragte eine mindestens zehn Meter hohe Säule in den Himmel, auf der eine bronzene Jesusstatue mit Dornenkranz thronte, die rechte Hand ausgestreckt, als wolle sie den Süchtigen einen Segen spenden. In vertikaler Richtung waren die Worte »*Paz y Unión*«, Friede und Einheit, auf Metallplatten angebracht. Etwas weiter unten steckten zwei Sträuße mit frischen weißen und rosafarbenen Fuchsien in gelben Benzincontainern, darüber konnte ich lesen:

Sie nennen mich nicht Maestro
Sie sagen zu mir nicht Señor
Genauso wenig bin ich Doktor
Und kann kein Professor sein
Menschenfischer bin ich.
Jesus Christus der Einzige!

Ich näherte mich der Säule. Offenbar hatte der Menschenfischer hier oben seine Angel noch nicht ausgeworfen.

Plötzlich öffnete sich vor mir jener gewaltige Blick aus dem Film, wegen dem ich hierher gefahren war. Der Hang fiel unter mir steil ab, Treppenstufen stürzten zwischen engen Häuserzeilen mehrere Hundert Meter in die Tiefe. Zum Talkessel hin lösten sich die einzelnen Dächer in das riesige bräunliche Häusergemenge von La Paz auf. Die Stadt wirkte von hier oben wie ein trockenes Feld, die schmalen Straßen wie Bewässerungsrinnen. Einzelne Hochhäuser mit Leuchtreklame wucherten wie Unkraut aus der Erde.

Jenseits des Talkessels stiegen die Hänge wieder an, zunächst noch von Häusern besetzt, dann von blanken, grünlich-braunen Böden, aus denen sich die schneebedeckten Felsgipfel erhoben. Sie umringten La Paz wie eine zackige Burgmauer und schienen es vor Eindringlingen zu beschützen. Ein Flugzeug senkte sich einer Raubmöwe gleich im Sturzflug zwischen den fünf Gipfeln des Illimani-Massivs auf die Stadt herab. Das Eis schmilzt dort oben nie, und ich verstand, warum die Inka in den für sie unerreichbaren Höhen die Heimat ihrer Götter vermuteten.

Ich suchte nach einem Bus, um möglichst schnell wieder nach La Paz zu gelangen.

Einen Tag später näherte ich mich mit gepacktem Rucksack dem Busbahnhof. Ein Ticket für die ganze Strecke nach Uyuni, meinem nächsten Ziel, gab es nicht, dafür eines nach Oruro, einer Provinzstadt südöstlich von La Paz.

»Da musst du umsteigen, das wird schon klappen«, beschied mir der Angestellte der Busgesellschaft Trans Paraíso, während er mein Wechselgeld zählte. Ich suchte das Ausgangstor mit der richtigen Nummer, zahlte die für die Benutzung des Terminals fällige Gebühr von fünfzig Centavos und bestieg einen recht modernen Reisebus, der voll besetzt zu sein schien.

»Setz dich hier hin«, deutete der Busfahrer auf den Platz neben ihm, der tatsächlich noch frei war.

So fuhren wir aus der Stadt hinaus, ich fühlte mich wie ein streikender Reiseleiter und genoss den Panoramablick. Die Straße zog sich wie ein Strich durch die Landschaft, ganz so, als führen wir durch den amerikanischen Westen. Der Himmel war dunkelblau, der Teer holprig. Immer wieder schimpfte der Fahrer, weil ein langsamer Kleinlaster die Spur blockierte. Eine richtige Autobahn, fiel mir ein, hatte ich schon seit Panama nicht mehr gesehen.

Aus meinem Hochsitz blickte ich auf einen orangefarbenen VW-Käfer hinab, der uns entgegenkam, so klein wie ein Spielzeugauto. Auf beiden Seiten der Straße erhoben sich rundliche Hügel, die mit trockenen Büschen und Gräsern bewachsen waren. Auf den Weiden grasten Lamas und Alpakas. Wolkenstreifen hingen über dem Horizont, so gerade wie die Notenlinien einer Partitur.

Als wir Oruro erreichten, war es früher Abend. An fast jedem Schalter warben Schilder für Fahrten nach Uyuni, dem Ausgangspunkt für die Tour über den riesigen Salzsee, die mich nach Chile bringen sollte.

Als ich nachfragte, stellte sich heraus, dass alle Busse ausverkauft waren. Es war Samstag, die Menschen hatten in der Stadt Besorgungen gemacht und wollten nicht nur sich, sondern auch Kühlschränke, Fernseher und Kinderspielzeug in die verlassenen Städte und Ortschaften des Altiplano bringen. In drei Wochen war Weihnachten.

»Zwei Plätze im Nachtbus nach Potosí hätten wir noch«, informierte mich eine junge Dame am letzten Schalter. Ich überlegte kurz: Sollte ich eine Hotelnacht in Oruro verbringen und am nächsten Tag weiterreisen oder einfach diesen Umweg nehmen? Ich hatte Potosí eigentlich nicht eingeplant, entschied mich aber doch für den Besuch in der Bergwerksstadt. Im Bus quetschte ich mich auf einen Fensterplatz und rollte meinen Anorak zusammen, um ihn als Kissen zu benutzen. Ich schlief sofort ein, wachte aber bald wieder auf. Das Gefährt war immer noch nicht abgefahren. Ich hörte Geschrei und beobachtete, wie der Fahrer und immer neue Passagiere weitere Kartons in den Bauch des Busses luden. Erst wenn das letzte Ticket verkauft ist, fährt ein Bus in Bolivien los. Bald war es so weit.

Als wir nach acht Stunden in Potosí ankamen, war es gerade hell geworden. Der Busterminal lag außerhalb der Stadt, und ich verhandelte mit einem Taxifahrer, dass er mich für eine bestimmte Summe in die Innenstadt bringen sollte. Es war Sonntag, und alle Geschäfte hatten geschlossen. Zwischen den bunten Häusern sah ich nur einzelne Menschen auf den Straßen.

Auch Potosí ist eine sehr arme Stadt im ärmsten Land Südamerikas, schafft es aber ziemlich gut, diese Tatsache vor den Besuchern zu verstecken. Seit ein paar Jahren kommen immer mehr Touristen und bringen Geld mit, das in die Renovierung der historischen Gebäude gesteckt wird. Auch die UNESCO hilft aus, seit sie die Stadt mit ihren Kolonialbauten zum Weltkulturerbe erklärt hat.

Nachdem ich meinen Rucksack in einem Hostel hinterlegt hatte, wanderte ich durch die Straßen und stieß nach einer Weile auf den Palast der Provinzregierung, genauso gelb angestrichen wie der Palacio Quemado in La Paz. Ein zehn Meter langer, überdachter Balkon aus grün bemaltem Holz mit den feinen, für die Kolonialzeit typischen Schnitzereien hing an der Fassade. An der Ecke stand eine alte Frau mit langen Zöpfen, die Lotterielose verkaufte: »*Chico, por favor*«, bitte, Junge, bettelte sie. Ich wusste nicht, ob ich als Ausländer gewinnberechtigt war, und ging weiter.

Der Zeitungskiosk, ebenfalls hellgelb angestrichen und mit dem Logo des Regionalblatts *El Potosí* versehen, war verrammelt. Ich schaute nach links, und mit einem Mal öffnete sich mir der Blick auf den Cerro Rico. So nah schien der »reiche Berg«, ein unheimliches kegelförmiges Wesen mit zahllosen Furchen, als könnte man ihn von der Straße aus anfassen. Über die Jahrhunderte hinweg hat er unermessliche materielle Schätze ausgespuckt und viele menschliche Körper für immer verschluckt. Ein kühler Windstoß zog vom Gebirge her durch die Calle Lanzo und wirbelte Blätter auf.

Seit mehr als fünfhundert Jahren schürfen die Menschen im Cerro nach Silber und Zinn. Erst waren es die Spanier, danach die Indios als deren Sklaven. Vermutlich acht Millionen sind bei Unfällen im Berg oder an den Folgen des Giftstaubs gestorben. Zeitweise hatten es die Kolonialherrscher mit Sklaven aus Afrika versucht. Die starben zu schnell, wegen der Kälte und der Höhenluft – die Innenstadt von Potosí liegt viertausend Meter über dem Meeresspiegel, der Berggipfel auf fünftausend Metern.

Heute arbeiten die Bolivianer immerhin auf eigene Rechnung. Die hohen Preise für Bodenschätze auf dem Weltmarkt haben einen neuen Boom ausgelöst. Vielleicht ist das der Fluch, der über dem Berg und der Stadt lastet: Die Menschen müssen den Cerro Rico erst ganz abtragen, bis er in sich zusammenfällt. Sie müssen ihn vom Erdboden verschwinden lassen, um die Erinnerung an dieses Höllenwesen zu löschen und Frieden finden zu können. Ich wendete mich schaudernd ab.

»Im Berg lässt sich heutzutage mehr Geld verdienen als mit irgendeiner anderen Tätigkeit in Potosí«, erklärte mir Mario Escobar, ein früherer Bergmann, der heute als Touristenführer arbeitet und mit dem ich am nächsten Tag in einem Kleinbus zum Cerro Rico hinauffuhr. »Insgesamt arbeiten momentan rund zehntausend Männer dort, und die wenigsten haben eine Lizenz, geschweige denn eine Ausbildung für das, was sie tun. Kontrollen gibt es nicht.«

In der Nähe eines Markts mussten wir umsteigen. Mario besorgte auf diesem mehrere Beutel Kokablätter, Dynamitstangen und zwei Flaschen reinen Alkohols.

»Das sind Mitbringsel für die Bergleute, die wir besuchen.«

Am Fuß des Berges angelangt, stapften wir zwischen blauen Schubkarren und freiliegenden Stromkabeln auf einem Schotterweg aufwärts. An einem Kiosk standen ein paar Bergleute mit staubigen Gesichtern und tranken Bier.

»Die haben gerade ihre Nachtschicht beendet«, sagte Mario. Anschließend deutete er auf ein kleines Loch im Berg. »Wir gehen jetzt rein. Setz deinen Helm auf!«

Einige Schritte weiter standen wir mitten in einem dunklen, feuchten Stollen. Es roch modrig und salzig. Die Lichtkegel unserer Stirnlampen tanzten wie Tennisbälle vor uns her. Vorsichtig setzte ich einen Fuß vor den anderen, bis ich mich an den holprigen Untergrund gewöhnt hatte. Immer wieder musste ich in die Knie gehen, um nicht die Decke zu schrammen.

Ein Hämmern hallte durch den schmalen Stollen, ziemlich leise, ganz so, als käme es aus mehreren Kilometern Tiefe. Der Boden fiel inzwischen steil ab. Wir nahmen eine Abzweigung. Mario schaltete seine Lampe aus und forderte mich auf, dasselbe zu tun. »Jetzt merkst du, was totale Dunkelheit ist. Die gibt es nur tief unten im Berg.« Kein noch so kleiner Lichtschimmer drang zu uns. Selbst wenn ich meine Hand ein paar Zentimeter vor die Augen führte, sah ich sie nicht. Schon nach ein paar Sekunden verlor ich die Orientierung und wusste nicht mehr, wo rechts und links, oben und unten war.

»So muss es sich in einem Grab anfühlen«, sagte ich.

»Ja, aber da wirst du nicht mehr merken, dass es dunkel ist.«

Wir schalteten die Lampen wieder ein und stiegen weiter hinab, in die Richtung, aus der das Gehämmer zu uns drang. »Wir sind jetzt schon mindestens fünfhundert Meter unter der Oberfläche«, sagte Mario. Vor uns schien ein schwaches Licht auf. Wir bogen um zwei Ecken, danach hörten wir eine Stimme.

»*Hola*«, rief Mario, »können wir zu euch kommen? Ich habe einen deutschen Touristen dabei, der ist in Ordnung.«

»Klar doch.« Die Antwort war so dumpf, als spräche das Gestein zu uns. Wir stemmten uns mit den Füßen an der Wand ab und zogen uns durch ein schmales Loch. Mario leuchtete mir. Oben angekommen, trafen wir auf zwei Jugendliche, die eine Zündschnur an eine Sprengladung aus mehreren, aneinandergebundenen Dynamitstangen legten. Beide hatten dicke Backen.

»Da stopfen sie die Kokablätter hinein, aus denen sie den ganzen Tag den Saft saugen«, erklärte Mario. »Das vertreibt den Hunger, die Müdigkeit und wahrscheinlich auch die Angst.«

Wir reichten den jungen Bergarbeitern einen Teil unserer Mitbringsel. Die Lunte war jetzt lang genug, wir stiegen mit einem der beiden wieder nach unten. Der zweite blieb oben, um die Ladung zu zünden. Wir warteten kurz, bis er hinter uns her sprang. Dabei bedeutete er uns, die Ohren zuzuhalten. Es krachte laut, Steine rieselten von der Decke. Eine Stille folgte, die genauso vollständig war wie zuvor die Dunkelheit.

Wir blickten auf, und ich freute mich, dass die Decke über uns hielt, sonst wäre das mein letzter Tag gewesen. Ich unterhielt mich kurz mit einem der Sprengmeister. »Wonach sucht ihr hier?«, fragte ich.

»Wir haben eine Zinkspur gefunden. Das könnte etwas werden, aber es ist noch nicht ganz sicher.«

»Wie lange arbeitet ihr heute schon?«

»Wir sind gerade erst runtergekommen. Eigentlich gehen wir noch in die Schule, haben aber gerade Ferien. Das ist ein guter Job hier unten. Da verdienst du mindestens doppelt so viel wie in einem Kiosk oder auf dem Markt. Unser Vater arbeitet auch hier«, sagte der Junge, der keinen Helm, sondern eine Baseballkappe der New York Yankees trug.

»Und was macht ihr mit dem Geld?«

»Klamotten kaufen, Musik oder so.«

Ein Ferienjob mit Lebensgefahr, nicht nur wegen der Grubenunglücke, sondern wegen des tödlichen Staubs, der sich auf die Lungen legt und sich erst viel später bemerkbar macht. Ich kam mir auf einmal ziemlich fehl am Platz vor und fragte mich, was mich hierher getrieben hatte. Interesse? Anteilnahme? Sensationsgier? Wahrscheinlich alles zusammen.

»Silber wird nur noch ganz oben abgebaut«, erläuterte Mario, der hinter mir stand. »Hier unten geht es um weniger wertvolle Metalle. Das lohnt sich trotzdem. Um ans Silber zu kommen, musst du erst viele Jahre ganz unten im Berg dienen und dich langsam nach oben arbeiten. Vorausgesetzt, du lebst lange genug. Ein Bergmann wird kaum älter als fünfzig.«

Wir stiegen auf einem anderen Weg zurück ans Tageslicht. Mario leuchtete in eine Nische. Ich erschrak, als zwei rote Augen aufschienen. Kurz darauf erkannte ich eine seltsame Figur aus Gips, grau angemalt und mit Luftschlangen als Haaren, einer Zigarette im Mundwinkel, einem Plastikbecher in der Hand und einem steil aufragenden langen Penis.

»Das ist der Onkel, wie wir ihn nennen, der vertreibt die bösen Geister aus dem Berg. Wir bringen ihm regelmäßig Opfergaben«, klärte mich Mario auf. Als weitere Gabe steckte er ihm eine Kippe in den Mund und zündete sie an. Danach füllte er den Becher mit Alkohol.

»Damit das Opfer wirkt, müssen wir jetzt trinken«, sagte er, nahm einen kräftigen Schluck und reichte mir die Flasche. Glücklicherweise genügte auch ein kleiner Schluck, um die Götter friedlich zu stimmen. Den restlichen Alkohol sprenkelte Mario über die Gipsfigur.

Wenig später begegneten wir einem Bekannten von Mario, einem Kumpel in staubiger Kluft, dessen rechter Arm verstümmelt war.

»Der hat sich vor ein paar Jahren die Hand weggesprengt«, erzählte mein Führer, während es weiter bergauf ging. »Als es passierte, war er betrunken. Eigentlich ist es verpönt, während der Arbeit zu trinken, erst hinterher wird alles nachgeholt. Bier können sich nur die Kumpels leisten, die beim Silber arbeiten, die anderen trinken diesen puren Billigalkohol, den wir Whisky nennen.«

Wir erreichten endlich das Tageslicht.

Jetzt war es wirklich an der Zeit für Uyuni. Um mich für die Fahrt im Nachtbus zu stärken, ging ich vorher in ein Restaurant, das als eines der besseren in Potosí gilt. Ich wollte den Warnungen meines Reiseführers folgen und in dieser Gegend keine Snacks an Straßenständen, sondern nur gründlich durchgekochte Mahlzeiten zu mir nehmen.

Ich trank ein Glas Rotwein aus Tarija, einem kleinen Städtchen an der Grenze zu Argentinien, und bestellte *Pique macho,* angebratenes, scharf gewürztes Rindfleisch, vermischt mit Gemüse, Kartoffeln, Zwiebeln und Paprika. Nach einer ziemlich langen Wartezeit brachte mir der Kellner eine riesige Portion in einem tiefen Teller. Obenauf lagen die beiden Hälften eines hart gekochten Eis.

Ich aß recht schnell und schleppte meinen Rucksack mit vollem Magen zur Busstation. Das gelbe angerostete Gefährt stand schon abfahrbereit am Straßenrand. Ich zwängte mich zwischen vier andere Passagiere auf die Rückbank, weil alle anderen Plätze besetzt waren. Draußen war es dunkel geworden, nur die Straßenlaternen und Reklameschilder erhellten die Nacht.

Schräg vor mir stillte eine Mutter ihr kleines Baby, neben ihr setzte ein alter Mann mit tiefen Falten im Gesicht eine Schnapsflasche an den Mund. Zwei Kinder kauerten auf dem Boden. Der Fahrer und sein Assistent stiegen mit müden Augen über ausgestreckte Beine durch den Gang, um die Fahrkarten einzusammeln.

Zehn Stunden sollte die Reise dauern, nicht ein einziger Kilometer der Straße war geteert, und von der kargen, weiten Landschaft würde ich in der Nacht nichts mitbekommen. Der Bus ruckelte los, aus der Stadt hinaus, und schon nach wenigen Minuten war kein Licht mehr zu sehen. Die Fahrgäste unterhielten sich eifrig, aber in dem Durcheinander von Stimmen verstand ich fast nichts.

Die Reifen rollten monoton auf dem steinigen Untergrund. Ich dachte zurück an die jungen Minenarbeiter in Potosí, deren Lungen auch an diesem Abend den Kampf gegen den Staub verlieren würden.

Immer wieder döste ich auf meinem unbequemen Sitz ein. Mein Magen fühlte sich seltsam an. Ich bekam leichte Krämpfe, in meiner Kehle stieg ein säuerlicher Geschmack auf. Ich trank einen kräftigen Schluck Wasser aus meiner Flasche, aber der Geschmack blieb. Mir wurde schwindlig, ich konnte kaum noch aufrecht sitzen. Der Bus schwankte.

Um mich ausstrecken zu können und die Krämpfe abzuwehren, legte ich mich wie zwei andere Passagiere, die keinen Sitz mehr bekommen hatten, flach in den Gang und schlief wieder ein.

Als ich dieses Mal aufwachte, sprang ich hoch, stolperte über Köpfe und Beine nach vorne und bat den Fahrer, anzuhalten. Er bremste scharf und öffnete die Tür. Ich übergab mich am Straßenrand, danach ging die Fahrt mit schmerzendem Magen weiter.

»Das wird schon«, tröstete mich der Busfahrer.

»Hier, nimm etwas, da fühlst du dich gleich besser«, sagte sein Kollege und reichte mir einen Plastikbeutel mit Kokablättern.

Ich steckte ein paar der Blätter in den Mund und kaute darauf herum. Erst merkte ich nichts, dann fühlte ich, dass sich mein Magen entkrampfte. Mit gekrümmten Knien zwängte ich mich zwischen die beiden Vordersitze auf den Boden, neben den langen Knüppel der Gangschaltung.

Auf einmal krachte es. Der Bus schlingerte, ein lautes, schleifendes Geräusch war zu hören, die Bremsen quietschten. Ich setzte mich auf. Köpfe schlugen dumpf auf die dünnen Polster der Vordersitze. Kinder schrien auf.

»So ein Mist«, fluchte der Fahrer, nachdem er den Bus mühsam zum Stehen gebracht hatte. »Da muss ein Reifen geplatzt sein.«

Er zog eine Stablampe hinter seinem Sitz hervor, schob mich beiseite und stieg mit dem Beifahrer aus. Hinten im Fahrgastraum war lautes Geschimpfe zu hören, aber niemand schien verletzt zu sein. »Alle aussteigen, ihr seid zu schwer!«, rief der Fahrer in den dunklen Bus hinein.

»Eine Frechheit, bei euch funktioniert doch nie etwas!«, antwortete eine heisere, wütende Männerstimme, begleitet von zustimmendem Murmeln. Wieder schrien Kinder, und ein Passagier nach dem anderen stieg folgsam auf die Schotterstraße hinab, die nur wenige Zentimeter breiter war als unser Bus.

Die Männer nutzten die Gelegenheit, in das dunkle Feld zu pinkeln. Der Beifahrer zog Werkzeug hervor, der Fahrer schleppte von hinten einen Ersatzreifen heran, der so schmal war, als sei er für eine Limousine gemacht, nicht für einen Überlandbus mit dreißig Passagieren.

Bis auf das Knarzen des Metalls und das Schnaufen des Busfahrers herrschte Stille. Erst als ein dumpfes Motorgeräusch zu vernehmen war und sich zwei Lichtstreifen durch die Dunkelheit vor uns zogen, wurde wieder gemurmelt. Vögel schlugen mit ihren Flügeln und krähten entrüstet. Die Lichter gehörten zu einem Kleintransporter, der sich näherte und ein paar Meter vor uns stehen blieb.

Die Straße war viel zu eng für die beiden Fahrzeuge. Der kleine Laster mit den kräftigen Strahlern schien unseren angeschlagenen Bus mit dem fahlen Standlicht herausfordernd anzustarren, wie ein Boxer, der zum entscheidenden Haken ausholt. Nichts geschah. Schließlich stieg ein Mann in einem blauen Overall aus dem Laster, der erst verärgert grummelte, schließlich aber unserem Fahrer seine Hilfe anbot. Zu dritt hatten die Männer den Reifen in ein paar Minuten ausgetauscht.

»Wird schon halten«, sagte der Lasterfahrer und stieg wieder ein.

»Danke, und gute Fahrt«, rief unser Busfahrer und wandte sich wieder uns zu. »Alle einsteigen, weiter geht's!«

Als wir in Uyuni ankamen, war es drei Uhr morgens und aufgrund der Höhe eisig kalt. Am ersten Hotel klingelte ich und klopfte an die Eingangstür, aber es dauerte eine Weile, bis jemand reagierte. Schließlich ging ein Licht an, und schlurfende Schritte waren zu vernehmen. Ein alter Mann sperrte erst die Tür, dann das Rollgitter auf, das er wortlos nach oben schob, ohne sich an dem lauten Rattern zu stören.

Es war noch ein Zimmer frei. Ich schlief sofort ein, aber es dauerte nicht lange, bis die Magenkrämpfe mich wieder weckten.

Um sieben Uhr klopfte es heftig an meiner Tür. Eine Frau von der Agentur, bei der ich eine der Jeepsafaris über den Salar, den größten Salzsee der Erde, gebucht hatte, wollte sicherstellen, dass ich abfahrtbereit sei. Es gibt nicht viele Hotels in Uyuni, da war ich leicht zu finden.

»Außerdem bekomme ich noch Geld von Ihnen«, sagte sie. Als ich nicht antwortete, musterte sie mich und fragte: »Alles in Ordnung?«

»Ja, passt schon, nur ein bisschen Magenweh.«

»Na, dann machen Sie sich in Ruhe fertig. Ich warte unten in der Lobby.«

Sicherheitshalber suchte ich noch einmal das Bad auf und spritzte mir kaltes Wasser ins Gesicht. Danach warf ich mir einen Pullover über, zog meine Sporthose an und ging nach unten.

»Na, Sie sehen wirklich nicht gut aus«, sagte die Frau. »Wollen wir noch schnell zur Apotheke?« Einerseits schien sie sich um ihre Einnahmen zu sorgen, andererseits regte sich offenbar ihr Mutterinstinkt.

»Wäre vielleicht nicht schlecht«, antwortete ich.

Die Stadt bestand aus nicht viel mehr als einer Kreuzung, an der unter einem gelben Glockenturm und einem rot-weiß gestrichenen Sendemasten einige Reisebüros, zwei Internetcafés und Gemüseläden auf Kunden warteten.

In der kleinen Apotheke, die am Ortstrand lag, versuchte ich mein Problem zu schildern. Die Verkäuferin unterbrach mich.

»Man sieht Ihnen an, worum es geht. Wir haben hier einen Arzt.«

Sie führte mich durch eine Seitentür in ein Behandlungszimmer, dessen Wände hellblau getüncht waren. Nach einer kurzen Untersuchung erklärte der junge freundliche Doktor, dass ich eine Lebensmittelvergiftung hätte.

»Ich kann Sie so nicht gehen lassen, Sie müssen überwacht werden. Wir haben hier ein kleines Krankenhaus, da ist ein Bett frei.«

Klein war das Krankenhaus wirklich, vielleicht das kleinste der Welt: Es bestand aus einem Raum mit drei Betten, versteckt im Hin terhof der Apotheke. Neben mir lag ein Junge mit einem Gipsbein, das dritte Bett war leer.

Der Arzt kam mit einer Schwester, die mir Kanülen an beide Arme legte. Durch diese sollten eine Salzlösung, Vitamine und Nährstoffe in meinen Körper fließen. Die besorgte Frau von der Agentur tauchte im Zimmer auf.

»Das wird nichts mit dem jungen Mann«, beschied ihr der Arzt. »Der bleibt erst einmal liegen.«

Die beiden unterhielten sich noch eine Weile, während ich langsam wegdöste. Als ich fiebrig und verstört wieder aufwachte, platzte die fünfköpfige Familie des Jungen neben mir ins Zimmer mit Blumen und kleinen Geschenken. Die Gesichter verschwammen, ich schlief wieder ein.

Einen Tag und eine Nacht verbrachte ich im Hospital von Uyuni. Am nächsten Morgen erklärte mich der Arzt für transportfähig. Ich beglich die Rechnung von achtzig Dollar. Die Frau von der Reiseagentur war schon über meine Genesung informiert und kam, um mich abzuholen: »Ich habe Ihnen für die Fahrt heute einen Platz besorgt, damit Sie doch noch weiterkommen. Aber erst müssen Sie sich noch einen Ausreisestempel geben lassen, da drüben bei der Polizei.«

In einer muffligen Amtsstube stempelte ein Beamter meinen Pass, nachdem ich die fällige Gebühr bezahlt hatte. Die Grenze nach Chile liegt zwar zweihundert Kilometer weit weg von Uyuni, aber in der Gebirgswüste gibt es keinen richtigen Grenzposten. Und die chilenischen Beamten empfangen nicht gern Besucher mit lückenhaften Dokumenten aus einem Nachbarland, das sie für ihr eigenes Drogenproblem verantwortlich machen. Bolivien ist der zweitgrößte Kokainproduzent der Welt, aber der Rohstoff wird in großen Mengen nach Chile geschmuggelt und dort in hochmodernen Geheimlabors verarbeitet.

Ich salutierte Präsident Evo Morales, dessen Porträt über der Ausgangstür hing – ein mutiger, aber leider manchmal irrationaler Mann. Danach holte ich meinen Rucksack aus dem Hotel und schleppte ihn zum Abfahrtsort. Dort stand schon ein schwerer, khakifarbener Toyota-Jeep, an dessen Antenne eine kleine bolivianische Flagge hing. Am Kotflügel lehnte ein dunkelhäutiger Mann mit Basketballmütze, der sich mit zwei jungen, rundlichen Mädchen unterhielt.

»*Hola chico*«, grüßte er. »Ich bin Juan, und die Mädels, das sind für die nächsten Tage deine Begleiterinnen.« Sie hießen Jamila und Denise.

»Wir sind noch nicht vollzählig, es kommen noch ein paar mehr«, sagte Jamila.

Die beiden sahen mit ihrem Make-up und den Designersonnenbrillen alles andere als abenteuerlustig aus. Es kam noch besser: Zwei Damen mit kleinen Köfferchen, eine im mittleren Alter und ebenfalls rundlich, die zweite hager und schon grauhaarig, näherten sich. Dahinter folgte ein junger, amerikanisch wirkender Mann in weiten Jogginghosen und Basketballstiefeln.

»Wir sind alle eine Familie«, sagte Denise und lächelte mich an.

Die ältere Dame hieß Mausal und war die Oma der beiden Mädchen und des jungen Mannes; die zweite Frau, Ruzena, war deren Mutter. Mausal lebte in La Paz in einem Villenviertel und behauptete, flüchtig mit dem General bekannt zu sein, der Che Guevara erschossen hat. Für die Weihnachtsferien hatte sie ihre Tochter und die drei Enkel eingeladen, die schon vor vielen Jahren nach Florida ausgewandert waren. »Ab und zu müssen wir mal kommen, sonst wird uns Bolivien fremd«, sagte Ruzena. Ihre Kinder lächelten gequält.

Juan lud noch einige Kisten mit Gemüse, Brot und Fleisch in den kurzen Kofferraum, dann ratterten wir los, hinaus aus Uyuni, entlang einer Eisenbahnschiene. Schon am Ortsrand hatte sich eine Staubschicht über die Windschutzscheibe gelegt. Ich fühlte mich in dem grauen Jeep mit seiner spärlichen Ausstattung wie auf einer militärischen Erkundungstour, wobei meine Mitinsassen eher einer Kaffeefahrt entsprungen zu sein schienen. Neben Juan sitzend, nahm ich das pausenlose Geplapper der Familie hinter mir bald nicht mehr wahr.

Vor dem Horizont lag eine lange, flache Hügelkette, die aus der Ferne aussah wie ein gestrandeter Walfisch. »Das sind gefährliche Vulkane, und dahinter liegt die Grenze«, erklärte Juan. »Gleich beginnt der Salzsee.«

Die Luft flimmerte in der Hitze und verschwamm mit dem Boden zu einer spiegelnden Schicht. Auf einmal tauchten viele dunkle Punkte auf und bewegten sich in einer Staubwolke auf uns zu: eine Lamaherde aus mindestens hundert Tieren. Ihre langen Hälse nach vorne reckend, galoppierten sie an uns vorbei. Manche waren braun, andere schwarz, und zwischendrin staksten unbeholfen ein paar schwarz weiß gescheckte Lamajungen.

Hinter der Herde liefen ein Junge und ein Mädchen in bunten Kleidern. Sie riefen den Lamas zu und trieben sie mit ihren Gerten an, wenn eines aus der Herde auswich oder stehen blieb, um unter den Steinen nach Gras zu suchen. »Die werden bald geschoren«, erklärte Juan.

Unsere Reisegesellschaft hatte sich zweigeteilt: Ich ließ mir von Juan das bolivianische Landleben erklären, während die Geschwister hinter mir zankten. Bald erreichten wir das Dorf Colchani. Wir hielten kurz an einem kleinen Markt, auf dem ältere Frauen Pullis aus Lamawolle, bunte Filzhüte und Schals an die wenigen durchreisenden Touristen verkauften. Ansonsten wirkte das Dorf menschenleer. Nur am Dorfrand beobachtete ich einige Männer in blauen Overalls, die aufgehäuftes Salz in weiße Säcke füllten und einen orangefarbenen Laster damit beluden.

Hinter Colchani beginnt er, der Salar de Uyuni mit seinen zwölftausend Quadratkilometern, der Fläche nach vierzigmal so groß wie München. Im Durchschnitt ist die Salzschicht sieben Meter tief, was eine Salzmenge von rund zehn Milliarden Tonnen ergibt, von der die Bolivianer jedes Jahr nur 25 000 Tonnen abbauen. In dem Tempo wird das Salz noch mindestens 400 000 Jahre reichen – ein Gut also, um das sich die Welt vorerst keine Sorgen machen muss.

Auf der Oberfläche des Salzsees hatte sich eine feuchte, wässrige Schicht gebildet. Unser Jeep schlitterte dahin, immer geradeaus. »Bremsen kann man hier nicht«, sagte Juan. »Das ist wie Glatteis.«

Aus dem Fond hörte ich, wie Denise und ihre Schwester Jamila besorgt tuschelten. »Bitte langsam«, rief Ruzena, als Juan kurz auf das Gaspedal drückte. Ihr einziger Sohn Martin schaute aus dem Fenster, peinlich berührt von seinen ängstlichen weiblichen Verwandten.

Ich lehnte mich zurück und schloss meine Augen. Trotz Sonnenbrille war das gleißende Licht der Sonnenstrahlen, die sich auf der Salzschicht spiegelten, kaum zu ertragen. Die Welt vor uns hatte sich in einem grellen, weißen Dunst aufgelöst.

Als ich die Augen wieder öffnete, sah ich eine lange Bremsspur auf dem Salz. Etwas weiter vorne stand etwas, das ich kurz für eine Fata Morgana hielt: ein Kiosk, mitten auf einem Salzsee? Dann erschrak ich. Das war kein Kiosk, sondern ein Jeep, der umgestürzt war. Juan ließ den Motor auslaufen, wir blieben stehen.

Vor wenigen Minuten erst musste sich hier ein schwerer Unfall ereignet haben. Auf dem Boden lagen drei Verletzte. Mitglieder einer Reisegruppe, die kurz vor uns angekommen war, schützten sie mit Tüchern vor dem Sonnenlicht. Rechts neben dem umgestürzten Jeep schaute ein Arm unter einer Decke hervor. Dort hielt niemand mehr ein Tuch. Unter dunkelblauem Himmel floss rotes Blut auf das Salz.

Erst erstarrte ich, schließlich überlegte ich, ob ich irgendetwas tun konnte. Ich kramte meine Reiseapotheke hervor.

»Nein, die dürfen gar nichts kriegen, bis ein Arzt kommt«, lehnte eine junge Frau, offenbar Amerikanerin, meine verzweifelte Gabe ab. »Ich bin Medizinstudentin. Diese Menschen sterben, aber ich kann das nicht verhindern. Ich bräuchte eine professionelle Ausrüstung. Wenn ich einen Fehler begehe, bin ich dran.«

Neben uns sprach Juan hektisch mit einem verwirrt dreinblickenden Mann in einem verschwitzten Hemd. Schließlich reichte er diesem sein Handy. Die Schwestern hielten sich die Hände vor den Mund und wandten sich ab, der Junge starrte auf die Opfer. Die ganze Szenerie hatte etwas Unwirkliches, schien gestellt zu sein.

Ich schaute genauer hin. Eine Frau lag mit aufgerissenem Gesicht auf dem Salz und blutete aus ihrem offenen Schädel. Die amerikanische Medizinstudentin schrie, der Körper der verletzten Frau zuckte mehrfach und lag dann still auf dem Salz.

Sie war vor unseren Augen gestorben. Ich bekreuzigte mich. Mein Magen drehte Loopings. Juan stand noch immer neben dem verwirrten Mann, der nach Alkohol roch und zu weinen anfing.

»Der hat das Auto gefahren«, sagte Juan. »Wir haben mit meinem Satellitentelefon erst bei der Polizei angerufen, danach bei ihm zu Hause, in Cochabamba. Es ist seine Frau, die gerade gestorben ist. Dort hinten unter der Decke liegt sein Vater. Auch die Mutter ist verletzt.« Er deutete auf eine weitere Person, die regungslos unter den Tüchern der Touristen lag. »Nur seine Schwester hat nichts abbekommen, die geht dort hinten allein auf den Salzsee hinaus.«

»Wie ist das passiert?«

»Sie wollten den Verwandten der Frau einen Weihnachtsbesuch abstatten, in einem Bergdorf auf der anderen Seite des Salzsees. Angeblich ist bei voller Fahrt ein Reifen geplatzt. Alle sind aus dem Jeep geschleudert worden, außer dem Fahrer und seiner Schwester. Er war angeschnallt, und sie saß hinten in der Mitte.«

Inzwischen standen drei weitere Jeeps mit Touristen rund um die Unfallstelle. Alle starrten auf die Leichen, niemand konnte helfen.

»Lasst uns weiterfahren«, sagte Juan.

»Wann kommt denn endlich ein Krankenwagen?«, fragte ich.

»Das kann dauern, der Aufwand ist ziemlich groß, und niemand bezahlt. Vergiss nicht, wir sind hier in Bolivien.«

Ich fühlte mich seltsam. Einen Tag lang hatte ich mit einer harmlosen Lebensmittelvergiftung ein Krankenbett blockiert, unter liebevoller Pflege eines gut ausgebildeten Arztes und einer Krankenschwester. Jetzt starben auf dem Salzsee Menschen, ohne dass jemand reagierte. Zwei Stunden sollte es dauern, erfuhren wir später, bis ein Polizeiwagen die Unfallstelle erreichte, in dem ein Arzt saß, aber ohne Notfallausrüstung. Ein Krankenwagen erschien nicht.

Wir setzten unsere Fahrt durch die schmerzhaft schöne Landschaft fort. Der Himmel war noch immer dunkelblau, nur über dem Horizont hatte sich eine Wolkenkette angesammelt, als fahre dort eine riesige Lokomotive, deren Dampf der Fahrtwind nach hinten blies.

»Schau!«, rief Juan und riss mich aus meinen Gedanken.

Das Bild hatte sich verändert. Vor uns stieg ein brauner Hügel aus dem Salzsee. Lange Stacheln ragten aus ihm hervor.

»Das ist Incahuasi«, sagte Juan, »das Haus der Inka. Die Einheimischen sagen auch Fischerinsel dazu.« Wir näherten uns diesem seltsamen Gebilde.

Zu Fischen gibt es in einem Salzsee nichts, aber die Insel hatte tatsächlich mehrere Buchten und einen Steg, ganz so, als würden dort Boote anlegen und nicht Touristenjeeps. Die Stacheln entpuppten sich als ein Wald aus Säulenkakteen, die bis zu zehn Meter hoch in die Luft ragten. Wir hielten an der Westseite.

Fast die ganze Strecke nach dem Unfall hatten die Familienmitglieder hinter mir geschwiegen. Jetzt stiegen sie aus und unterhielten sich über das schreckliche Ereignis. Juan öffnete die Heckklappe, um sie als Ersatz für eine Arbeitsplatte zu benutzen. Darauf schnippelte er Tomaten und Gurken für unser Mittagessen. Hinter dem Jeep baute er windgeschützt einen Grill auf und heizte ihn an. Aus einer Kühltruhe holte er mehrere, noch leicht blutige Koteletts und legte sie auf den Rost.

Ich brachte keine Nahrung hinunter. Stattdessen trank ich Cola aus einer großen Plastikflasche und betrat die Insel, um mir die mächtigen Kakteen genauer anzuschauen.

Ein schmaler Weg führte bergan, hinauf zum höchsten Punkt der Insel, den ich nach einer halben Stunde erreicht hatte. In alle Richtungen öffnete sich die riesige Fläche des Salzsees. Die Kakteen standen still wie Zinnsoldaten um mich herum und schienen mich aus ihren stachligen Visieren genau zu beobachten. Manche von ihnen bestanden nur aus einer einzigen Säule, andere verzweigten sich in der oberen Hälfte, als hätten sie ihre Arme ausgestreckt, um mich drohend abzuwehren.

Am späteren Nachmittag bogen wir vom Salzsee auf eine Schotterstraße, die uns einen steilen Hang hinauf zu unserer Unterkunft führte, einer Hütte, die aus quaderförmigen Salzblöcken errichtet war. Bald wurde es dunkel. Die Bolivianerinnen aus meinem Jeep beschwerten sich bei Juan über fehlenden Komfort.

»Das war mit der Agentur anders abgesprochen«, schimpfte die Mutter. »Ich sehe gar nicht ein, dass wir für den Preis zu sechst in einem Zimmer schlafen sollen!«

Ich setzte mich auf einen Mauervorsprung und betrachtete die Sterne. Weit entfernt von jeder menschlichen Lichtquelle funkelten sie in dieser kalten, klaren Nacht, als stritten sie um das glitzerndste Abendkleid. Als ich in die Salzhütte zurückkehrte, um mich auf meine Pritsche zu legen, schlief die bolivianische Familie schon. Die Oma schnarchte.

Nach jenem Abend fuhren wir noch zwei weitere Tage durch die Wüste, vorbei an türkisfarbenen Lagunen, auf denen Flamingos tanzten, an Vulkanen aus feuerrotem Gestein, die drohend auf uns herabblickten, an dampfenden Geysiren, aus denen siedend heißes Wasser sprudelte, und an Felsbrocken, die der beständige Wind zu surrealistischen Figuren geformt hatte. Dazwischen führte uns der Weg immer wieder mehrere Stunden durch eine immer gleiche Dünenlandschaft. Eine Weile wirkte das beruhigend auf mich, dann aber wehrten sich meine Sinne gegen die Monotonie. Ich wollte raus aus dem Jeep, konnte aber nicht.

Am letzten Morgen der Wüstentour, wir hatten das schreckliche Erlebnis auf dem Salzsee verdrängt, planschten wir morgens in einer heißen Quelle. Der Staub von drei Tagen in der Salzwüste löste sich, und ein wohltuendes Kribbeln zog durch meine Glieder, die von der Nacht noch steif waren.

Zwei Stunden später setzte Juan mich am Grenzposten nach Chile ab. Auf einer Anhöhe stand ein Container, über dem eine bolivianische Flagge wehte, die an einem langen Holzpfahl befestigt war. Dort musste ich hinein, um meinen Ausreisestempel vorzuzeigen. Über die Schotterstraße streckte sich eine Schranke, daneben stand ein grünes Schild mit der Aufschrift »República de Chile« und dem blau-roten Staatswappen.

»*Adiós*, und danke für alles!«, verabschiedete ich mich erst von Juan und dann von der anstrengenden Familie, der ich mich trotz allem Gezeter nach drei Tagen im Jeep fast schon zugehörig fühlte. Wir umarmten uns, küssten uns auf die Wangen und luden uns gegenseitig zu Besuchen ein. Dann schulterte ich meinen Rucksack und duckte mich unter der Schranke durch. Wieder lag ein neues Land vor mir.

16
Weihnachten in Valparaíso

Bei der Einreise nach Chile bewegte ich mich von einer wirtschaftlich rückständigen in eine andere, modernere Welt. Nur wenige Kilometer fuhren wir in einem modernen Kleinbus auf einer Schotterpiste, dann begann, oben im Gebirge und weit entfernt von jeder Ortschaft, eine frisch geteerte Straße. Sie hatte einen blütenweiß gezogenen Mittelstreifen und leuchtende Verkehrsschilder, die Lastwagenfahrer vor hohem Gefälle warnten. Ohne eine einzige Kurve fiel die Straße steil in das Wüstenbecken hinab, in dem San Pedro de Atacama lag, die erste Stadt in Chile.

Wir kamen schnell voran, und ich fühlte, wie meine Lungen sich öffneten, obwohl ich mich in den vier Wochen, die ich in den Anden oberhalb von dreieinhalbtausend Metern verbrachte, an die Höhenluft gewöhnt hatte. Jetzt aber saugte mein Körper schon im Bus den Sauerstoff aus der Luft auf, als handle es sich um eine süchtig machende Droge. In einer Stunde verloren wir zweitausend Höhenmeter, die Strecke ging immer geradeaus. Das einzige hörbare Fahrgeräusch war das regelmäßige Pumpen der hydraulischen Bremsen. Im Radio lief leise Musik.

Kurz vor San Pedro erreichten wir die chilenische Zollstation, ein modernes Gebäude aus Holz, Glas und Metall. Alle Passagiere des Kleinbusses mussten aussteigen und sich anstellen, um die aufwendige chilenische Einreiseprozedur über sich ergehen zu lassen. Erst durchsuchten die Grenzbeamten jeden einzelnen Rucksack nach Kokablättern und frischen Nahrungsmitteln, deren Einfuhr streng verboten ist. Anschließend mussten wir uns noch einmal anstellen, an einem Schalter mit einer Glasscheibe, hinter der ein Beamter in blauer Uniform an einem Flachbildschirm die Strichcodes der Reisepässe scannte. Als das beendet war, nahm ich meinen Rucksack wieder entgegen und durfte mich als offiziell zugelassener Besucher der stolzen Republik Chile fühlen.

Ich freute mich auf das Land. Während meines Studiums hatte ich viele fröhliche Chilenen kennengelernt, die von ihrer Heimat schwärmten und Fotos von roten Wüstenbergen, blauen Seen und weißen Berggipfeln zeigten. Auch in den volkswirtschaftlichen Seminaren der Universität war Chile immer wieder ein Thema: Amerikanische Ökonomen schreiben sich das Verdienst zu, die Reformen in den Siebzigerjahren gesteuert und damit den relativen Wohlstand im Land ermöglicht zu haben. Der Haken daran ist, dass der damalige Diktator Augusto Pinochet dafür über Zehntausende von Leichen ging. Profitiert hat von den Reformen vor allem die Oberschicht, während der ärmere Teil der Bevölkerung bis heute kaum Fortschritte gemacht hat. Am Rand der großen Städte gibt es ähnliche Slums wie in den Nachbarländern.

In San Pedro angekommen, suchte ich mir einen Geldautomaten, danach setzte ich mich in den Innenhof eines Restaurants mit Korbstühlen und einer Bar, die die gesamte Palette westlicher Alkoholika führte. Eine freundlich lächelnde Kellnerin brachte mir die Speisekarte. Als ich den Preis für einen Teller Pasta und eine Flasche Wasser sah, erschrak ich: Meine Low-Budget-Reise war zum ersten Mal seit Mexiko wieder vorbei. Während die Küche mein Essen zubereitete, ging ich schnell in den nebenan gelegenen Internetshop und setzte mich an einen Computer.

Ich hatte ein Problem: Christian, ein guter Freund von mir, wartete schon seit einem Tag in Santiago auf mich, der Hauptstadt Chiles. Wir hatten geplant, von dort gemeinsam ans Meer zu fahren, nach Valparaíso. Er selbst war vor eineinhalb Jahren nach Buenos Aires ausgewandert und arbeitete in Argentinien als freier Journalist für deutsche Zeitungen. Auch für ihn war es der erste Besuch in Chile, und er fand es sicher nicht besonders aufregend, allein in Santiago herumzuhängen. Es war wenige Tage vor Heiligabend. In meinem Postfach fand ich eine E-Mail von ihm, in der er sich keine Mühe gab, seinen Ärger zu verbergen. »Wäre schon schön, wenn du bald kommst, ist nicht allzu spannend hier. Wie du weißt, habe ich nur ein paar Tage frei.«

Es war schwierig gewesen, sich überhaupt mit mir zu verabreden, weil ich mich nicht auf Termine festlegen wollte – das musste ich zugeben. Zeit war für mich seit Alaska eine Größe, die nur dann relevant wurde, wenn ich einen Bus erwischen musste.

»Jetzt habe ich auch noch einen Tag in Bolivien wegen einer Lebensmittelvergiftung verloren«, schrieb ich ihm von San Pedro aus wahrheitsgemäß zurück und hoffte, dass er mir glauben würde.

Nach dem Essen schlenderte ich durch das Dorf. Auf der anderen Seite des Platzes stand die Iglesia de San Pedro, eine vor kurzem renovierte Kirche mit einem einladenden, blau angemalten Portal und einem Dach aus Kaktusstämmen.

Der einzige Bus nach Santiago ging in einer Stunde. Die Wartezeit brachte ich damit zu, ein paar Notizen in mein Reisetagebuch zu schreiben. Als der Bus vorfuhr, ahnte ich, dass eine der komfortabelsten Reisestrecken seit Langem vor mir liegen würde. Ich stieg ein und suchte nach meinen nummerierten Sitzplatz. Die Klimaanlage lief, die Sessel ließen sich zurückklappen und jeder Platz hatte seine eigene Leselampe. Als wir losfuhren, fühlte ich mich, als glitte ich auf Luftkissen dahin, so gut war die Federung im Vergleich zu den Bussen, in denen ich in den vergangenen Monaten unterwegs gewesen war. Jetzt ging es von San Pedro hinab in die Hafenstadt Antofagasta.

In Calama, dem einzigen größeren Ort auf der Strecke, stiegen einige Bergleute ein, die in den Kupferminen gearbeitet hatten, an denen wir vorbeigekommen waren. Sie setzten sich in die letzte Reihe, unterhielten sich laut und prosteten sich mit Bier und Tequila zu. Dem Busfahrer gefiel das nicht. Kurz vor Antofagasta hielt er, um Polizisten an Bord zu lassen, die mit grimmigen Gesichtern den Alkohol konfiszierten und dazu noch die Taschen der anderen Passagiere durchsuchten.

Ein strenges Land mit strengen Gesetzen, dachte ich mir. Offenbar musste ich mich umstellen, von der Verrücktheit und Magie Kolumbiens, Ecuadors und Boliviens auf ein Leben, in dem Ordnung und Sauberkeit wichtig sind. Kurz nach Antofagasta weitete sich die Panamericana – zum ersten Mal seit Panama – wieder zu einer vierspurigen Autobahn aus, mit Leitplanken, die in der Sonne glänzten, und elektronischen Anzeigen für die Geschwindigkeitsbegrenzung.

Ich lehnte mich zurück, schaute mal rechts hinaus auf den Pazifik, mal nach links hinüber auf Weinberge und grüne Hügel. Irgendwo dort hinten, schon auf argentinischer Seite, erhob sich zwischen den verschneiten Gipfeln der Küstenkordillere der Aconcagua. Er misst eine Höhe von 6957 Metern und ist der höchste Berg auf der gesamten amerikanischen Landmasse. Direkt hinter mir saß ein deutsches Paar. Die junge Frau telefonierte hektisch mit ihrer Mutter, weil sie per E-Mail die Ergebnisse ihrer Lehramtsprüfung bekommen hatte, aber das Attachement nicht öffnen konnte.

»Und wenn ich durchgefallen bin?«, fragte sie danach ihren Freund. Es klang, als würde sie gleich in Tränen ausbrechen. »Was ist dann? Dann war alles umsonst!«

Am nächsten Morgen erreichten wir Santiago. Christian wartete am Terminal, wir begrüßten uns mit einer kräftigen Umarmung. Ein Jahr lang hatten wir uns nicht gesehen. Er trug ein orangefarbenes Shirt und eine seiner typischen Schirmmützen, unter der sich sein kahler Schädel verbarg.

»*Hola*«, rief er, »wie geht's? Gut schaust du aus!«

»Danke. Passt alles. Nur mein Rücken ist von der langen Busfahrt verspannt.«

»Keine Sorge, nach Valparaíso sind es nur zwei Stunden.«

Die Tickets hatte Christian schon gelöst. Weil es zuletzt etwas hektisch und anstrengend geworden war, freute ich mich, mal wieder mit einem Menschen zu reisen, den ich schon vor meiner Reise gekannt hatte und dem ich mein Leben nicht komplett neu erklären musste.

Der Vorschlag, nach Valparaíso zu fahren, war von mir gekommen. Den märchenhaften Namen der Stadt, das »Tal des Paradieses«, fand ich schon immer faszinierend. Dazu hatten sich Aufnahmen aus dem Film *Die lange Reise des jungen Che* in meinem Gedächtnis eingeprägt, in denen die Kamera über kleine und bunte Häuser schwebt, die sich an steilen, holprigen Gassen entlang zum Meer hinabziehen. Da wollte ich hin.

Früher war Valparaíso ein wichtiger Handelsstützpunkt, der regelmäßig Piraten anlockte. Als vor rund hundertfünfzig Jahren an der amerikanischen Westküste der Goldrausch ausbrach, wuchs die Stadt unaufhaltsam. Damals gab es den Panamakanal noch nicht, und alle Schiffe mussten Kap Hoorn umrunden. Im Paradiestal siedelten sich Banken an, Reeder, Kontore und die Halbwelt, die in solchen Hafenstädten heimisch ist.

Passagierschiffe aus Europa brachten ehrliche Händler genauso mit wie Halunken. Es ließen sich eben gute Geschäfte machen, bei Tageslicht und im Verborgenen. Sting hat jener Zeit im Leben der Stadt ein Lied gewidmet, »Valparaíso«, in dem er von einem Seemann singt, der auf dem gefährlichen Weg um Kap Hoorn an seine verflossene Liebe denkt.

Bis heute ist hier die chilenische Flotte in jenem Hafen stationiert, in dem an einem sonnigen Septembertag im Jahr 1973 der Militärputsch gegen Salvador Allende begann. Noch am selben Tag übernahm General Pinochet die Macht. Beide, Allende und Pinochet, sind Söhne der Stadt, liegen in Valparaíso begraben und spalten noch immer das Land.

Die Chilenen leben in einem Dilemma: Einerseits sind sie stolz darauf, dass ihr Land als Wirtschaftswunderkind Südamerikas gilt, zumindest den Zahlen nach. Andererseits räumen sie ein, dass sie den vergleichsweise hohen Lebensstandard der vermeintlich modernen Wirtschaftspolitik ihres Diktators zu verdanken haben. Und sie wissen, dass sie dafür zu teuer bezahlt haben.

Die finsteren Zeiten hat die Stadt nach und nach von sich abgeschüttelt und ein neues Leben begonnen als Hort der Kultur, der Bildung und der Bohemiens, die durch die Gassen schlendern und erleuchtet wirken, als hätten sie gerade noch mit dem Dichter Pablo Neruda in der Casa La Sebastiana einen Tee getrunken.

Christian und ich wohnten in einem Hostel mit dem wundervollen Namen Luna Sonrisa, der »lächelnde Mond«, in einer steilen Gasse auf dem Cerro Alegre gelegen, einem der fünf Hügel, über die sich Valparaíso erstreckt. Ich blickte von dort hinab zum Hafen am Pazifik und fühlte mich nach San Francisco zurückversetzt. Valparaíso ist eine ärmere, aber noch viel schönere Version der nordamerikanischen Stadt.

Wir begannen einen Spaziergang durch die steilen, fröhlich-bunten Gassen. Vor einem Haus standen zwei alte Toshiba-Fernseher zwischen Sonnenblumen. Auf deren Bildschirmen stand mit einem Filzstift etwas geschrieben, das sich in etwa so übersetzen lässt: »Lebe dein Leben – schalte den Fernseher aus.« In einem Laden namens »Supertienda Gabi y Leonora« kaufte ich eine Dose Sprite. Als wir in der Hitze des Nachmittags das Wohnhaus von Pablo Neruda erreicht hatten, war es schon geschlossen. Neruda hat die wundervollsten Liebesgedichte der vergangenen hundert Jahre geschrieben. Leider hören sie sich, wie zum Beispiel *Schöne,* in deutscher Übersetzung kitschig an:

Schöne, wie im kühlen Gestein
das Wasser des Quells als ein üppiger Blitz
aus Gischt entspringt
so ist das Lächeln in deinem Gesicht
du Schöne.

Neruda hatte Ende der Sechzigerjahre für die Kommunistische Partei selbst Präsident werden wollen, unterstützte dann aber Salvador Allende, der ihn nach einem Wahlsieg als Botschafter nach Paris schickte. Kurz vor dem Militärputsch kehrte er schwerkrank nach Valparaíso zurück. »Schaut euch um, hier ist nur eine Sache, die euch gefährlich werden kann, die Poesie«, sagte er Pinochets Soldaten, als sie sein Haus durchsuchten. Nachdem der Diktator ihn zum Staatsfeind erklärt hatte und seine Häuser zerstören ließ, versteckten ihn Freunde in einem Keller in Valparaíso. Elf Tage nach Pinochets Machtübernahme starb er an einer Herzattacke.

Wir gingen wieder hinab in die Stadt, vorbei an ärmlichen Bretterbuden, die zwischen gepflegten bunt angemalten Häuschen mit niedlichen Vorgärten standen. An einigen Fenstern klebten gemütlich dreinblickende Nikoläuse. Mir fiel ein, dass es das erste Weihnachten war, das ich nicht zu Hause in Oberbayern verbringen sollte, nicht in meiner Familie mit meinen acht kleineren Geschwistern. Michael, der Jüngste, gerade vierzehn Jahre alt, hatte mir in einer E-Mail mitgeteilt, dass er sehr enttäuscht sei: »Nächstes Jahr musst du unbedingt wieder dabei sein!«

Irgendwo hatte Christian gelesen, dass in den Folterkammern des alten Gefängnisses von Valparaíso ein Kulturzentrum untergebracht sei. Wir waren so viele Hügel hinauf- und hinabgestiegen, dass wir uns ein Taxi suchten, um dorthin zu kommen.

»Ins Gefängnis?«, fragte der Fahrer.

»Ja, in das alte Gefängnis«, antwortete Christian.

Wir fuhren erst am Hafen entlang, in dem riesige Kräne die verschiedenfarbigen Container von einem Frachter auf den Kai hievten. Danach stieg die Straße steil an, und die Aussicht auf das blaue Meer und die bunte Stadt wurde immer prachtvoller. Am Ende der Bucht erhoben sich die Hotelbunker des Luxusferienorts Viña del Mar, der auch in Katalogen deutscher Pauschalreiseveranstalter zu finden ist. Wir folgten einer Kurve nach der anderen. Christian und ich schauten uns verblüfft an, weil wir angenommen hatten, das Gefängnis liege mitten in der Stadt.

Ein paar Minuten fuhren wir noch, schließlich blieb der Taxifahrer vor einem modernen Flachbau stehen, der von einer hohen Mauer und dickem Stacheldraht umzogen war. Vor der Sperre stand eine Schlange von Menschen mit Geschenken in der Hand.

»Gefängnis«, rief der Taxifahrer.

»Das war ein Missverständnis, wir müssen zurück in die Stadt«, antwortete Christian. Wir standen vor dem gegenwärtigen Gefängnis von Valparaíso. Der Fahrer, so stellte sich heraus, wusste gar nichts vom alten Gefängnis, weshalb wir versuchten, ihn mit unseren Stadtplänen dorthin zu lotsen. Als wir endlich dort ankamen, fanden wir ein verrammeltes Gebäude vor. Außer ein paar zerfetzten Plakaten war von einem Kulturzentrum nichts zu erkennen.

Wir schlenderten noch etwas durch die Straßen und kehrten zu unserem Hostel zurück. Dort lernten wir Christina und Astrid kennen, zwei deutsche Studentinnen, die in unserem Schlafraum wohnten, und Giles und Fiona, ein Paar aus Irland.

»Wollen wir nicht morgen zusammen Weihnachten feiern?«, fragte Christina. Alle waren einverstanden, und wir verteilten die Aufgaben:

Die Mädchen sollten am nächsten Tag das Essen besorgen, die beiden Iren die Nachspeise, Christian und ich den Wein.

Es wurde ein schönes Fest. Christina bereitete in der Küche im Keller des Hostels eine Gemüselasagne mit frischem Salat zu. Während des Festmahls hörten wir deutsche Weihnachtslieder, die ich aus dem Internet heruntergeladen hatte: »Alle Jahre wieder«, gesungen von den Regensburger Domspatzen, »Stille Nacht«, interpretiert von Heintje, und einige Songs aus Rolf Zuckowskis schrammeligem Gesamtwerk für Kinder. Später gestalteten wir den Aufenthaltsraum in eine Disco um und tanzten ausgelassen. Längst waren auch andere Backpacker, die im Hostel wohnten, dazugekommen. Christian schenkte mir eine spanischsprachige Anthologie der Gedichte Pablo Nerudas.

Am nächsten Tag brachen wir auf und fuhren von Valparaíso durch feuchte und fruchtbare Täler nach Puerto Montt. Dort mieteten wir ein Auto, um mit der Fähre auf die Insel Chiloé überzusetzen, die nicht weit vom Festland entfernt im Pazifik liegt. Wir nahmen ein Zimmer in Ancud, dem ersten größeren Ort auf Chiloé. Unser Hostel lag direkt am Golf von Quetalmahue, unter dem massiven Fort San Antonio, von dem aus spanische Späher einst die Schiffsroute von Kap Hoorn nach Valparaíso überwachten. Es regnete fast den ganzen Tag.

Als am späten Nachmittag die ersten Sonnenstrahlen durch die dicke Wolkenschicht drangen, unternahmen wir einen Ausflug zum Leuchtturm Corona. Wir fuhren an Wiesen mit hohen Gräsern vorbei. Immer weiter öffnete sich unser Blick auf den Pazifik, dessen regelmäßige, flache Wellen dumpf auf die Felsen tief unter uns schlugen. Die Straße war eng, und an einem Anstieg setzte ich das Auto in den Morast. Auf der feuchten Mischung aus Laub und Erde drehten die Reifen durch. Christian stieg aus, zwei chilenische Bauern näherten sich.

»Braucht ihr Hilfe?«

»Ja.«

»Schlechtes Auto.«

»Gehört nicht uns, haben wir gemietet.«

»Wo kommt ihr her?«

»Deutschland.«

»Weit weg. Setz dich rein, vorsichtig anfahren, wir schieben.«

Nach einem kräftigen Ruck gerieten wir wieder in Bewegung. Bald darauf erreichten wir eine Bucht mit einem Aussichtspunkt. Ein paar Fischer säuberten ihre Boote und legten Netze zum Trocknen aus. Ich blickte hinaus aufs Meer. Kalt zog der Wind durch meine Nylonjacke. Schräg gegenüber, auf der anderen Seite der Bucht, schien sich etwas zu bewegen. Ich nahm mein Fernglas, das ich in einem Wal-Mart in Oregon gekauft hatte, und stellte scharf.

Rund hundert Meter Luftlinie entfernt von uns saß eine Pinguinfamilie auf dem blanken Stein. Ich hielt die Luft an und wollte es nicht glauben. Zum ersten Mal in meinem Leben sah ich frei lebende Pinguine. Es waren nicht die großen, stolzen Kaiserpinguine aus der Antarktis, sondern die kleineren Magellanpinguine, die sich im Winter bis nach Peru und Brasilien vorarbeiten. Aber egal welche Art, ich liebe Pinguine. Schon als Kind habe ich durch das dicke Glas im Tierpark Hellabrunn gestarrt und ihnen beim Schwimmen zugesehen. Sie nun in ihrem natürlichen Lebensraum vor mir zu sehen war großartig.

Auf dem Rückweg überfuhr Christian kurz vor einem Bauernhof eine weiße Katze. Ich schaute mich um, die Katze hob noch ein Hinterbein. Dann war sie tot. Ich halte nicht viel von Katzen, aber sie zu überfahren ist nicht schön. Christian verzog das Gesicht. »*Shit*, das war jetzt nicht so toll.«

»Nein, finde ich auch. Arme Katze.«

»Ist es eigentlich strafbar, Tiere zu überfahren?«

»Keine Ahnung. Vielleicht hängt es davon ab, ob sie jemandem gehören? »

»Fahren wir weiter.«

Wir begingen also Fahrerflucht. Beschämt dachten wir an die Familie, die vermutlich auf dem Hof wohnte.

Am nächsten Tag unternahmen wir eine Fahrt an die Südspitze der Insel. Ich war noch nie in Irland, aber so stelle ich es mir vor: Rollende dunkelgrüne Hügel, durch die sich schmale Straßen ziehen. Grasende Kühe. Dörfer, deren Einwohner sich von nichts aus der Ruhe bringen lassen. Auf Chiloé arbeiten viele Menschen für Hungerlöhne auf Lachsfarmen, in denen die Fische mit chemischen Mitteln aufgezüchtet werden. Etwas mehr Geld bringen Seealgen, die als Delikatesse nach Japan exportiert werden, und die Holzwirtschaft.

In den Orten, die wir auf dem Weg nach unten passierten, standen Kirchen aus Holz mit Fresken deutscher Künstler, errichtet von bayerischen Jesuitenpatern, die das Volk der Chonos missionierten. Die Namen der Orte sprechen noch ihre Sprache: Vilcún, Huillinco, Ichuac und Quellón, jene kleine Stadt an der Südspitze, die wir nach zweieinhalb Stunden Fahrt durch den Nieselregen erreichten. Mit seinen niedrigen, windschiefen Häusern, den kleinen Geschäften und schlechten Straßen wirkte Quellón tatsächlich so, als würde hier die Welt aufhören und man ins Leere stürzen, wenn man weiterfährt. Wie manche Orte in Alaska hat es etwas Vorläufiges, ganz so, als seien die Menschen nur auf der Durchreise und als gehöre das Land in Wirklichkeit der Natur, die es sich je nach Laune jederzeit zurückholen könnte.

Wir stiegen kurz aus, um ein Sandwich zu kaufen, und fuhren anschließend mit unserem kleinen Renault hinaus Richtung Quellón Viejo, dem alten Teil des Ortes, einer Fischersiedlung. Die Panamericana verengte sich zu einer Schotterstraße. In mir stieg die Spannung, denn das Ende dieser 25 000 Kilometer langen Straße war das offizielle Ziel meiner Unternehmung.

Meine Reise sollte allerdings noch weitergehen. In Alaska war ich am nördlichsten Punkt Nordamerikas losgefahren, meinen inneren Frieden würde ich – so vermutete ich zumindest – erst finden, wenn ich auch den südlichsten Punkt Südamerikas erreicht hatte.

Nach einer Viertelstunde lief die Piste schnurgerade auf das Meer zu und endete im Strandkies. Ich könnte das Auto ins Wasser fahren, dachte ich mir, das wäre die richtige Art, diese Ankunft zu feiern. Stattdessen stieg ich aus, entledigte mich meiner Jeans und schritt in meinen schwarzen, in China gefälschten Calvin-Klein-Shorts ans Wasser. Hier im Süden hatte der Pazifik höchstens zehn Grad Celsius. Ich hielt die Luft an, lief ins Wasser und tauchte unter. Die Besatzung eines Fischerboots schaute mir zu. Ich flüchtete vor der Kälte ans Ufer.

Da stand ich zitternd in meinen nassen Boxershorts und blickte auf ein ziemlich hohes Denkmal. Eine Art Zirkel, der auf einem steinernen Kompass stand. Die Kompassnadel war mit Graffiti beschmiert. Im Kreis waren Bronzetafeln angeordnet, eine für jedes Land, durch das die Panamericana führt, von Fairbanks bis nach Quellón. Kanada haben sie weggelassen, weil es nie offiziell der internationalen Vereinigung beigetreten ist, die sich um die Straße kümmert.

»Ich find's großartig, dass du das gemacht hast. Eine Reise fürs Leben«, sagte Christian.

Mir fiel nichts ein, was ich hätte sagen können. Ich war leer. Wirklich vorbei war meine Reise noch nicht.

Wir hatten vergessen, eine Champagnerflasche mitzunehmen, um zu feiern. Christian fuhr schnell zurück in die Stadt. Während er einkaufte, spielte ich, auf einer Bank sitzend, die schönsten Augenblicke meiner Reise in einer Diashow vor meinem inneren Auge ab. Schon in den vergangenen Wochen hatten mich Menschen, die ich auf der Reise getroffen hatte, gefragt, wo es mir denn am besten gefallen habe. Alaska, Kanada, Nicaragua, Kolumbien? Ich wusste es nicht und weiß es bis heute nicht.

Ich war noch nicht weit mit meiner Rückschau gekommen, da hörte ich Christian hupen. Er stieg aus und reichte mir den Champagner. Ich ließ den Korken knallen und versprudelte die halbe Flasche. Dann tranken wir. Zwei dicke amerikanische Touristinnen starrten uns mit verständnislosen Blicken an.

17
Abschied mit Delfinen

Es war drei Uhr nachts und ziemlich kalt, als der Reisebus mich in El Chaltén absetzte. Auf der Straße war es dunkel, bis auf eine einzelne, flackernde Laterne und den schwachen Lichtkegel, der durch die Fenster eines kleinen Pubs auf den Bordstein fiel. Ein paar Leute in dicken Jacken standen vor der Tür und rauchten. In Patagonien war Sommer, aber das hat nicht viel zu sagen in diesem unberechenbaren Landstrich im Süden des Kontinents, in dem sich die Wetterverhältnisse aller vier Jahreszeiten oft genug in einem einzigen Tag vereinen.

Ich begann nach einer Unterkunft zu suchen.

»Wisst ihr, wo hier was frei ist?«, fragte ich die jungen Raucher.

»Nein. Ist ziemlich ausgebucht, und um diese Uhrzeit hat alles zu.«

Keine guten Aussichten. Rund ein Dutzend anderer Backpacker waren mit mir ausgestiegen und standen genauso ratlos in der Nacht herum. Alle kamen aus Israel, das hatte ich dem pausenlosen hebräischen Geplauder im Bus entnehmen können. In Nord- und Mittelamerika stellten die Nordeuropäer die größte Gruppe unter den Backpackern. Hier in Südamerika waren es mit weitem Abstand die Israelis.

Die Tour quer durch den Kontinent hat bei ihnen Tradition: Nach dem dreijährigen Wehrdienst, den die jungen Frauen und Männer ausnahmslos absolvieren müssen, gehen sie monatelang auf Reisen – und weil das teuer ist, schleppen sie ihre Rucksäcke durch eher günstige Weltgegenden wie Südostasien oder eben Lateinamerika. In Chile und Argentinien gibt es sogar Hostels mit hebräischen Werbetafeln und Restaurants, die den jungen Touristen koscheres Essen anbieten.

Der Bus war längst davongefahren, niemand wusste weiter. Ich läutete an der Tür eines kleinen, allein stehenden Hotels. Nichts geschah.

Es begann zu regnen, das hatte gerade noch gefehlt. Und es hätte mich nicht gewundert, wenn dichtes Schneetreiben eingesetzt hätte. Unter der flackernden Straßenlaterne sprach mich einer der Israelis an. Er war klein, sein schwarzes Haar zerzaust, und er trug einen dünnen Vollbart.

»Zwei von uns gehen gerade durch den Ort und schauen, ob noch was frei ist«, sagte er.

»Da bin ich gespannt«, antwortete ich. »Ich glaube, ich baue schon mal mein Zelt auf.«

»Warte erst mal ab. Ich bin übrigens Eran.« Er reichte mir seine Hand.

»Und ich heiße Robert.«

Zwei junge israelische Frauen traten achselzuckend in unseren kleinen Lichtkegel und sagten ein paar Worte auf Hebräisch zu mir. Mein Gesprächspartner übersetzte. »Du hattest recht. Keine Chance, alles ausgebucht.« Wir machten uns einander bekannt. Die Mädchen hießen Yael und Arava. Zu der Gruppe gehörte noch ein weiterer junger Mann namens Ran, groß und kräftig gewachsen, ebenfalls mit dunklen Haaren und einem Vollbart.

»Dann müssen wir wohl auch unsere Zelte aufbauen«, sagte Eran.

Ein eisiger Windstoß fegte über die breite, holprige Straße. Im Schein unserer Stirnlampen steckten wir die Zeltstangen in das nasse Gras auf einem brachliegenden Grundstück. Schemenhaft waren zwei nahe gelegene Häuser zu erkennen. Ich schlief nicht sofort ein, dafür war ich zu erschöpft, sondern ließ die letzten Wochen meiner Reise erneut vor meinem inneren Auge ablaufen.

Wie zuvor schon den ganzen Kontinent, hatte ich auch Patagonien bislang der Länge nach durchreist, jene riesige Fläche, die südlich des Río Colorado beginnt, bis hinunter zur Magellanstraße reicht und keine genauen Grenzen hat. Ich war mit Christian noch von Chile aus über die argentinische Grenze gefahren, und wir hatten zwei Tage im Urlaubsort Bariloche verbracht, mitten in einer verwunschenen Seenlandschaft gelegen und jahrzehntelang Refugium für alte Nazis, die nach dem Krieg aus Deutschland in diese Abgeschiedenheit geflohen waren.

Von dort fuhr ich allein weiter nach El Bolsón, einer alten Hippiestadt, einstmals ein Schwerpunkt des Widerstands gegen die argentinische Militärdiktatur. Auf der Plaza Pagano entdeckte ich eine holzgeschnitzte Tafel mit dem Hinweis, hier sei eine »nicht-nukleare Zone«. Daneben befand sich ein Wandgemälde mit fantastischen Gestalten: ein hellgrüner Schmetterling mit weiblichem Körper flog über menschliche Gesichter mit großen Augen, die sich aus dunkelgrünen Büschen und feurigem Gestein lösten. Bunte Vögel schwirrten zwischen Bäumen umher. In den Achtzigerjahren hätte das ganze Kunstwerk wunderbar auf das Parteiprogramm der Grünen gepasst.

Über dem hellblau abgebildeten Gebirge stand:

En el otoño el colibri se fue a viajar
En la primavera volvió
Yo lo reconoci porque le faltaba un dedo
Me puse muy contento cuando lo vi regresar.

Im Herbst ist der Kolibri zu seiner Reise aufgebrochen
Im Frühjahr ist er zurückgekommen
Ich erkannte ihn wieder, weil ihm ein Zeh gefehlt hatte
Das machte mich überglücklich.

Im nördlichen Teil wirkt Patagonien noch lange nicht so karg und leer wie später im Süden. Unter Bäumen am Ufer eines klaren Gewässers liegend, fühlte ich mich wie an einem Alpensee, nur dass hier die felsigen Berge auch im Sommer vom Weiß der Gletscherzungen bedeckt waren. Auf dem Weg nach Süden hielt ich immer wieder in kleinen Dörfern am Gebirgsrand an, wanderte über von Blumen bestandene Wiesen und blickte in weite, menschenleere Täler, durch die sich kristallklare Gebirgsflüsse schlängelten. Es war Ende Dezember, und ich genoss die Wärme.

Meine letzte Station vor jener kalten Nacht in El Chaltén war Esquel am oberen Ende des fruchtbaren Chubut-Tals. Dort hatten sich vor über hundert Jahren jene strenggläubigen Siedler aus Wales niedergelassen, die Bruce Chatwin in seinem berühmten Buch *In Patagonien* beschreibt. Meine Mutter hatte es mir geschenkt, als ich zwölf Jahre alt war, so wie viele andere Romane und Erzählungen, die Reisen schilderten und sich am anderen Ende der Welt abspielten. Heute beschwert sie sich darüber, dass ich immer so lange weg bin.

In Esquel bestieg ich den Bus, der mich über die endlos lange Ruta 40 durch die patagonische Leere nach Süden brachte. Am Lago Moreno, dem größten See Argentiniens, musste ich umsteigen. Fortan saßen Eran und Arava hinter mir, die ich in jener fröstelnden Nacht kennenlernen sollte.

Am Morgen nach der langen Busfahrt wachte ich mit starren Gliedern in meinem Zelt auf. Es war sechs Uhr morgens – und Silvester. Draußen wurde es gerade hell. Wolken verdeckten den Blick auf die Berge. In diesem Moment steckte auch Yael ihr Gesicht aus dem Zelt, blickte zum grauen Himmel und entschied, es sei wohl das Beste, weiterzuschlafen. Ich zog mich stattdessen an und begann, nach einer Unterkunft für uns alle zu suchen.

Wir verteilten uns schließlich zu fünft auf drei Stockbetten im Nebengebäude eines Bauernhofs, etwas versetzt von der Avenida San Martin gelegen. Geführt wurde er von einer zahnlosen Señora. Die Avenida San Martin hatte keine andere Funktion, als Bergsteiger und Trekker mit Unterkünften, Ausrüstungen und Nahrungsmitteln zu versorgen.

»Willst du mit uns ein paar Touren machen?«, fragte Eran.

»Ja, klar, gern.«

»Bist du fit?«

»Auch das. Hoffe ich zumindest.«

Die Israelis waren schon seit ein paar Wochen zu viert unterwegs und schienen sich über ein neues Gesicht in ihrer Runde zu freuen.

»Magst du auch mit uns essen?«, fragte Yael. »Wir werden Reis und Gemüse kochen, dazu gibt es eine scharfe israelische Soße.«

Dagegen hatte ich nichts einzuwenden.

Zwei Stunden später brutzelten auf dem alten Gasherd in unserer zugigen Herberge mehrere Pfannen und Töpfe gleichzeitig. Für mich blieb nichts anderes zu tun, als den langen Holztisch zu decken und die Köche mit lustigen Geschichten aus Alaska, Mexiko und Panama zu unterhalten. Schon nach kurzer Zeit kam ich mir vor, als hätte mich eine ganze Familie adoptiert.

»Lasst mich wenigstens abspülen!«, warf ich zwischendurch ein.

»Wenn du unbedingt willst, aber ich helfe dir dabei«, sagte Yael.

Abends feierten wir in der Bar, vor der wir mit dem Bus angekommen waren, den Jahreswechsel. Das heißt, ich feierte Neujahr, und die Israelis, deren Neujahrsfest Rosh Hashana meistens in den September fällt, leisteten mir höflich Gesellschaft.

Am Neujahrstag begannen wir unter leichtem Nieselregen eine dreitägige Wanderung. Wir stiegen zwischen Dornbüschen und Latschenkiefern einen steinigen Pfad hinauf zu einem türkisfarbenen Gletschersee. Er war umgeben von Bergen, einer davon der Cerro Fitzroy, jener berühmte Gipfel, der wie seine Nachbarn nur für absolute Profikletterer zu erklimmen ist.

Robert FitzRoy war der Name des ersten Steuermanns auf der »HMS Beagle«, mit der Charles Darwin im Jahr 1831 um Kap Hoorn segelte. In Patagonien ist FitzRoy eine Art Held, weil er half, das Land zu vermessen, und viele Gegenden mit Darwin als erster Weißer betrat.

Früher, bei den Tehuelche-Indianern, die bis auf ein paar versprengte Familien längst ausgestorben sind, hieß der spitz zulaufende Fels *Chaltén,* der »rauchende Berg«. Auch am Tag unseres Besuchs verhüllten zwei Wolken seine Spitze, obwohl der Himmel sonst blau war, ganz so, als handle es sich um einen Fabrikschlot.

Auf dem Gletscher unterhalb des Cerro Torre kletterten wir unter Anleitung eines Führers, ausgerüstet mit Helm, Eispickeln und Steigeisen. Über uns schwebte ein Kondor mit seinen weiten Schwingen. Als es zu schneien begann, kehrten wir wegen der schlechten Sicht um. Am dritten Tag kilometerlanger Wanderungen, wir waren von Regengüssen durchnässt und von scharfen Winden gepeitscht, reichte es den Frauen. Wir stiegen ab.

Für mich war es die anstrengendste Unternehmung seit der Besteigung des Cotopaxi, aber mit einem entscheidenden Unterschied: So schroff, spitz und bedrohlich die südlichsten Felsenmassive der Anden auch sind, sie beginnen fast auf Meereshöhe. Das heißt: Die Luft enthält selbst auf den höchsten Gipfeln noch genug Sauerstoff, um unbeschwert zu atmen. Der Fitzroy beispielsweise misst 3405 Meter – da beginnt der Kegel des Cotopaxi gerade erst, sich aus der ecuadorianischen Hochebene zu lösen.

Zurück in El Chaltén, hatte ich das Gefühl, wieder für mich reisen zu wollen. Den Bus nach El Calafate, der einzigen Stadt im äußersten Südwesten Argentiniens, nahmen wir noch gemeinsam, dann sollten sich unsere Wege trennen.

Lange war El Calafate ein abgeschiedener Ort in der endlosen Weite der Steppe. In den letzten zwanzig Jahren ist es dann unter Argentiniern in Mode gekommen, hier Urlaub zu machen. Néstor Kirchner, der frühere Präsident, und seine Frau Cristina, die gegenwärtige Präsidentin – sie stammen aus der patagonischen Provinz Santa Cruz –, besitzen hier ein Ferienhaus auf einem weitläufigen Grund, nur zwei Straßen von meinem Hostel entfernt. Ein Mitarbeiter an der Rezeption beschrieb mir den Weg dorthin.

»Die beiden sind vollkommen korrupt«, sagte er. »Erst haben sie sich die Stimmen hier in der Provinz erkauft, dann das System aufs ganze Land übertragen.«

Für den nächsten Nachmittag buchte ich mir ein Ticket, um mit dem Bus zum Gletscher Perito Moreno zu gelangen, eine halbe Stunde von El Calafate entfernt. Wir fuhren auf einer jener schnurgeraden Landstraßen mit gelbem Mittelstreifen, danach durch ein paar enge Kurven in Richtung der Berge, die immer weiter zurückzuweichen schienen.

Als der Bus das untere Ende der Gletscherzunge erreicht hatte, bot sich mir eines der wundersamsten Schauspiele meiner Reise: Eine Eiswand ragte etwa fünfzig Meter aus dem Wasser auf, durchsetzt von dem Geröll, das der Gletscher auf seinem Weg ins Tal mit sich gerissen hatte. Von einer Anhöhe aus öffnete sich der Blick auf das zackige Eismeer mit seinen zahllosen Schluchten und Türmen, die wie geheimnisvolle Kathedralen aussahen. Der Busfahrer erläuterte über das Bordmikrofon die geologischen Besonderheiten von Perito Moreno: »Er ist einer der wenigen Gletscher der Welt, die sich noch bewegen und immer weiter ausdehnen. Über die Jahre hinweg wiederholt sich das immer gleiche Schauspiel: Er schiebt sich bis zum gegenüberliegenden Ufer des Lago Argentino, wo sich die Eismassen auftürmen. Das vergleichsweise warme Wasser des Sees höhlt ihn schleichend von unten aus. In der warmen Jahreszeit stürzt die Zunge in einem großen Spektakel polternd ein, und das Spiel beginnt von Neuem.« Wir stiegen aus, und wie die anderen Besucher machte ich ein Foto nach dem anderen, als könne mir die Kamera helfen, die Schönheit des Gletschers zu begreifen. Inzwischen kalbt der Perito Moreno allerdings nicht mehr nur im Sommer, erstmals seit 1917 brach im Juli 2008 ein mächtiger Teil der Eismasse während der Winterzeit ab.

Zurück in El Calafate beschloss ich, mir für ein oder zwei Tage ein Auto zu leihen, um die Gegend selbstständig zu erkunden. In einer kleinen Nebenstraße mietete ich bei Nunatak-Rent-a-Car einen Fiat. Der Firmenname klang, als befände ich mich wieder in einem Eskimodorf in Alaska. Die Weite Patagoniens erinnerte mich ohnehin sehr an den nördlichen Ausgangspunkt meiner Reise.

Luis, der Chef der Autovermietung, rollte eine detaillierte Karte vor mir aus. Ich hatte ihn gefragt, ob es denn in der Nähe eine typische argentinische Estancia gebe, nicht für Touristen hergerichtet, sondern ein altes Landgut mit zehntausend Schafen und Hunderten von Rindern, wie es in Patagonien üblich ist.

»Ja, da gibt es einige«, sagte er und beugte seinen grauhaarigen Kopf über die Karte. »Hier, an dieser Straße, liegt die Estancia La Lamita, da kenne ich den Besitzer. Aber es kann sein, dass er momentan nicht da ist. Vielleicht ist es besser, wenn du noch ein Stück weiterfährst. Das Gehöft Santa Margerita gehört einem Deutschen. Der freut sich, wenn du kommst. Oder du fährst nach Río Mitre. Da kommen zwar ab und zu Touristen vorbei, aber dafür kriegst du dort etwas zu essen und kannst sogar übernachten.«

Luis kannte sich offenbar aus. Ich notierte mir die Namen und erkundigte mich nach einem zweiten Ziel. »Ich würde auch gern eines der Reservate der Tehuelche besuchen«, sagte ich.

»Damit kennt sich meine Frau Maria besser aus.«

»Es gibt nur noch zwei oder drei, und in denen leben auch nicht mehr viele Indianer«, erläuterte Maria, die zu uns getreten war, als sie ihren Namen hörte. »An der Landstraße Richtung Río Gallegos, drei Stunden von hier entfernt, kommt irgendwann ein Ort namens La Esperanza. Dort gibt es eine Abzweigung.« Sie malte mit einem Bleistift in die Karte hinein. »Wenn du eine halbe Stunde auf der Schotterstraße weiterfährst, erreichst du Camuso Aike. Aber sei zurückhaltend, oft freuen sie sich nicht über unangemeldeten Besuch.«

Das Ehepaar servierte mir einen Kaffee und war begeistert, dass ich mich so sehr für ihren Landstrich interessierte. »Die meisten Leute kommen nur vorbei, um den Gletscher zu besuchen, kaufen in der Stadt unsere Schokolade, die zugegebenermaßen sehr gut ist, und verschwinden wieder.« Ich war also ein Unikat: Schokolade schmeckt mir nicht, und ich wollte länger bleiben.

Mit meinem Fiat, dessen Chassis wegen der vielen Schotterstraßen höhergesetzt war, legte ich zuerst den längeren Weg zurück, den zu den Tehuelche. Bevor die westlichen Eroberer kamen, beherrschten sie fast das gesamte Gebiet des heutigen Patagoniens. Sie lebten von der Jagd auf Guanacaos, wilde Lamas, und auf Nandus, laufende Vögel. Felsmalereien zeugen bis heute von ihrer außergewöhnlichen Kunstfertigkeit.

Drei Stunden lang folgte ich Marias Beschreibungen auf einer Provinzstraße in Richtung Osten. Es herrschte so wenig Verkehr, dass die entgegenkommenden Fahrer mich mit Lichthupen begrüßten. Hinter einem Stacheldrahtzaun am linken Straßenrand schauten mir zwei Guanacaos neugierig entgegen. Als ich anhielt, liefen sie wie schüchterne Kinder ins Feld davon. Die Nandus ließen es da ruhiger angehen: Wenn sie das Motorengeräusch hörten, plusterten sie sich kurz auf, pickten dann aber gemütlich weiter nach Körnern und Insekten auf dem kargen Boden.

Immer wieder musste ich Pässe überwinden, unter denen sich das Land bis zum Horizont öffnete, ohne dass eine einzige Ansiedlung zu sehen war. Die Farbtöne wechselten von pastellfarbenem Gelb zu schmutzigem Orange, durchsetzt von hellem Grün und übergehend in ein nebliges Grau, aus dem die Gebirgszüge mit ihren weißen Gletscherzungen emporstiegen. Darüber öffnete sich das tiefe Blau des weitesten Himmels, den ich jemals gesehen hatte.

In regelmäßigen Abständen mahnten Schilder die Autofahrer in höflicher Sprache: »Bitte folgen Sie den Vorschlägen des Straßenpersonals!« Da kein Straßenpersonal zu sehen war, wusste ich auch nicht, welchen Vorschlägen ich folgen sollte. Kurz vor La Esperanza entdeckte ich einen Bus am Straßenrand, der komplett gelb angemalt war, sogar die Fensterscheiben. Ich hielt an und untersuchte das Gefährt, das zu einer Behausung umgebaut war, wie ich durch eine eingeschlagene Scheibe erkennen konnte. Alle Sitze fehlten, auf dem Boden lagen eine Packung Marlboro und eine leere Tüte Reis, dazu ein einzelner Schuh. Die Fenster waren von innen abgedichtet, und ins Dach hatte jemand eine Abzugshaube geschnitten, ganz so, als würde in dem Bus gekocht. Kein Mensch war zu sehen.

Ich fand das alles unheimlich und fühlte mich an den jungen Abenteurer Chris McCandless erinnert, der in einem alten Bus verhungerte, nachdem er im Denali National Park in Alaska die Orientierung verloren hatte.

La Esperanza war eher eine Straßenkreuzung mit hübschem Namen – zu übersetzen mit »die Hoffnung« – als ein Dorf. Zwei Tankstellen gab es, ein Hotel und ein heruntergekommenes Bordell namens *El Zorro,* »der Fuchs«. Der Besitzer des Hotels erklärte mir den weiteren Weg nach Camuso Aike.

»Mit wem willst du denn dort sprechen?«, fragte er.

»Weiß ich nicht. Wollte mir das einfach mal anschauen.«

»Erkundige dich nach einer Frau namens Bianca O'McColl. Sie spricht Spanisch und wird dich herumführen. Richte ihr bitte einen Gruß von mir aus.«

Eine halbe Stunde später erreichte ich das Reservat. Als ich in diese Ansammlung weit auseinander liegender Wellblechhütten hineinfuhr, wurde ich traurig. Die Nachfahren jener Menschen, die sich einst das ganze Land untertan gemacht hatten, lebten in den schäbigsten Unterkünften, die ich mir vorstellen konnte. Zwei Jungen mit vor Schmutz starrenden Gesichtern und löchrigen Klamotten ritten an mir vorbei. Immerhin lachten sie. Das Schulgebäude wirkte unbenutzt. Ein trostloses Bild, das der einsetzende Regen nur noch hoffnungsloser machte.

Ich ging auf eine Hütte zu, deren Schornstein qualmte. Ein Hund und drei Kinder kamen mir entgegen, darauf folgte deren Vater, ein Mann mittleren Alters mit vielen Zahnlücken und glasigem Blick. Er trug ein Jeanshemd und ein rotes Halstuch.

»*Buenas tardes*«, rief ich. »Darf ich kurz stören?«

»Ja?«

»Ich bin auf der Suche nach Bianca.«

Er deutete den Weg hinunter. »Zwei Häuser weiter!«

Aus dieser Richtung war ein lautes, regelmäßiges, dumpfes Geräusch zu hören, als hacke jemand Holz. Eine abgemagerte Katze strich um meine Beine.

Ich fuhr weiter zur Hütte. Es handelte sich um einen Verschlag aus Blech, kleiner als ein Wohnwagen; vor Löchern, die eigentlich für Fenster vorgesehen waren, war engmaschiger Draht gehängt. Ein Mädchen mit eitrigen Pickeln im Gesicht kam freundlich lächelnd auf mich zu.

»Ich suche nach Bianca«, sagte ich.

»Das ist meine Großtante. Sie ist leider nicht da. Mama«, rief sie in die Blechhütte hinein, »da ist ein Mann, der Bianca sprechen will.«

Eine rundliche Frau mit einem langen, braunen Zopf näherte sich gemächlich. »Sie ist in der Stadt. Kommt erst übermorgen wieder.«

»In welcher Stadt denn?«

»Río Gallegos.«

Das lag mehr als dreihundert Kilometer entfernt.

»Was wollten Sie denn von ihr?«, fragte sie.

»Etwas über die Tehuelche erfahren.«

»Ach, da können Sie auch mit mir reden.«

Neugierig schauten zwei ungekämmte kleine Jungen mit rotzverschmierten Gesichtern aus der Hütte heraus, deuteten auf mich und lachten.

»Still!«, fuhr ihre Mutter sie an. »Wie Sie sehen, haben wir es hier nicht ganz leicht. Bianca, meine Tante, kümmert sich seit vielen Jahren darum, uns Tehuelche in Argentinien Gehör zu verschaffen, aber unsere Landsleute haben andere Probleme. Immerhin bekamen wir irgendwann dieses Land zugewiesen. Nur leider gibt es bei uns kaum Tehuelche, die sich mit dem Ackerbau auskennen. Die Nahrungsmittel kaufen wir in Gallegos mit dem Geld, das die Regierung uns zahlt. Der letzte Stolz, der uns geblieben ist, sind unsere Pferde.«

Ich war verwundert über ihre Offenheit einem Fremden gegenüber.

»Reicht das Geld denn?«

»Wir kommen über die Runden mit der staatlichen Unterstützung, aber sie ist eine teuflische Sache. Die Politiker wollen damit nur Stimmen holen und ihr schlechtes Gewissen reinwaschen. Uns lähmt sie. Die Männer haben keinen Anreiz mehr, eine Arbeit anzunehmen. Sie trinken lieber oder sitzen vor dem Fernseher.«

Sie seufzte. Es klang, als wüsste sie dies aus eigener Erfahrung. »Die Kinder ziehen in die Städte, sobald sie alt genug sind, leben in Armut und vermischen sich mit der Unterschicht. Oft geraten sie in schlechte Kreise, Wenn das so weitergeht, gibt es bald keinen einzigen Tehuelche mehr in Argentinien.«

Für einen kurzen Moment wurde ich also Zeuge des Niedergangs eines stolzen Volkes, das von den westlichen Einwanderern seiner Lebensenergie beraubt worden war und über die Jahrhunderte hinweg seine Mythen vergessen hatte. Nicht einmal jener Stolz war zu spüren, den die Eskimos in Alaska oder die Navajos in Arizona trotz aller widrigen Umstände behalten haben. Hier herrschte Trostlosigkeit. Es war ein Ort ohne Zukunft. Ich fuhr zurück auf die Landstraße, verfolgt von misstrauischen Blicken und zwei kläffenden Hunden, die erst nach ein paar Hundert Metern kehrtmachten.

Leichte Wolken schwebten in mosaikartigen Formationen über der Ebene. Mein Ausflug, den ich mit einem großartigen Gefühl der

Freiheit in El Calafate begonnen hatte, endete in Ratlosigkeit. Warum hat niemand etwas für diese Menschen getan? Warum wehrten sie sich nicht gegen den Niedergang? Jetzt schien es dafür zu spät zu sein.

Ich nahm die Abzweigung zur Estancia Río Mitre, die Luis mir empfohlen hatte. Mein Plan: Ein paar Tage auf einem Gutshof wohnen, die Natur genießen, zwischendurch reiten und wandern. Das würde mir auch Zeit geben, mich innerlich auf meine Rückkehr vorzubereiten. Zehn Tage hatte ich noch, dann ging mein Flug von Punta Arenas an der Südspitze des Kontinents über Santiago de Chile und Buenos Aires zurück nach München. Ein seltsames Gefühl: Nicht mehr lange, dann würde ich tagsüber in einem Büro sitzen und den grauen deutschen Winterhimmel nur durch ein Fenster sehen.

Ich parkte meinen Fiat vor dem Haupthaus der Estancia, das auf einer kleinen Anhöhe stand. In der Abendsonne öffnete sich der Blick über stoppelige Felder und grasende Schafherden. Die meisten Büsche und Gräser, die hier wuchsen, gibt es nur in der argentinischen Pampa: Sie haben sich über die Jahrtausende den starken Winden und dem mageren, steinigen Boden angepasst.

»Herein«, rief mir eine Frauenstimme entgegen, als ich den Gastraum betrat. »Willkommen auf Río Mitre!«

Das Interieur aus Holz erinnerte an eine deutsche Bauernstube. Auf einem Tisch lagen ein paar zerfledderte historische Bücher, hinten in der Ecke sprachen ein junger Mann und eine weitere junge Frau lebhaft miteinander. Über ihnen hing der knöcherne Schädel eines toten Pferdes von der Decke.

»Ich bin Gisela«, sagte die Frau, die mich begrüßt hatte, und trat aus dem schattigen Türbogen hervor, der offenbar zur Küche führte.

»Setz dich, wo du möchtest!«

»Gern. Habt ihr etwas zu essen?« Ich war nach dem langen Tag auf der Landstraße ziemlich hungrig.

»Ja, ich mache dir ein frisches Steak, wenn du möchtest. Ist von einem Rind, das wir gestern erst geschlachtet haben.«

Während ich das Fleisch auf dem Grill bruzzeln hörte, unterhielt ich mich mit Gisela und ihrem Freund Lukas, der hinten im Gastraum gesessen hatte. Im Sommer arbeiteten sie gemeinsam auf der Estancia. Lukas kümmerte sich um die Schafe und die handwerklichen Arbeiten, Gisela um Verwaltung und Küche. Jetzt stand auch Gianina von dem Tisch auf, die dritte Helferin auf der Estancia, und gesellte sich zu uns. Sie betreute im Sommer Tagesgäste, die reiten oder sich die Gegend anschauen wollten.

»Ich studiere in Buenos Aires Jura«, erzählte Gianina. »Das hier ist der perfekte Ort, um mich von der lauten Stadt und den Büchern zu erholen.«

»Wir drei halten den Laden hier am Laufen«, erzählte Lukas. »Der Besitzer ist meistens in der Stadt. Seine Frau hat dort ein Schokoladengeschäft, das ziemlich gut läuft. Da hat er keine Lust mehr auf das harte Leben hier draußen. Und du?«

»Ich bin auf einer langen Reise, von Alaska bis hierher.«

Lukas, Gianina und Gisela, die gerade mit einem Teller in der Hand aus der Küche kam, starrten mich an. »Was? Aus Alaska?«

»Ja, ich bin schon ein paar Monate unterwegs.«

»Das musst du uns alles erzählen. Aber jetzt iss erst einmal dein Steak.«

Während ich das Fleisch kaute und dazu ein Glas Rotwein trank, liefen endlose Textdurchsagen im Radio: »Ernesto Martin, bitte finden Sie sich spätestens am nächsten Montag im Finanzamt von Río Gallegos ein.« Die nächsten richteten sich an Julio Binares und Luis Dalmirante – und so ging es weiter.

»Was sind das denn für seltsame Nachrichten?«, fragte ich Lukas.

»Die Sendung läuft zweimal am Tag. Das sind Aufforderungen von Behörden. Hier draußen hat niemand ein Telefon, und die Post muss man selbst in der Stadt abholen. Nur übers Radio sind die Gauchos in der Pampa zu erreichen.«

»Ja, das ist schon ein anderes Leben hier«, sagte Gisela. »Willst du hier auch übernachten?«

»Wenn ihr eine Unterkunft für mich habt, gern.«

»Siehst du da hinten auf dem Feld die kleine Hütte unter dem Windrad? Da kannst du dich einquartieren. Ist nicht gerade komfortabel, aber sehr ruhig.«

Das war genau das, was ich suchte. Vorher musste ich allerdings zurück nach El Calafate, um bei Maria und Luis das Auto zurückzugeben, Proviant einzukaufen und meine Sachen im Hostel zu packen.

»Soll ich dich morgen früh abholen? Ich muss eh nach El Calafate«, bot Gisela an.

»Ja, das wäre großartig!« Ich hatte gar nicht daran gedacht, wie ich wieder hierherkommen sollte.

Mit der in Argentinien nicht unüblichen Verspätung von fast zwei Stunden fuhr Gisela am nächsten Tag in einem klapprigen, weißen Jetta am Hostel vor. Auf Río Mitre begrüßten Gianina und Lukas mich mit dem landesüblichen Wangenkuss. Wieder hatte ich eine Familie gefunden, diesmal eine argentinische. Fünf Tage lang blieb ich auf der Estancia. Abends saßen wir zu viert auf der Veranda und schauten der Sonne beim Untergehen zu. Nachts betrachtete ich die Sterne, die in Patagonien so klar strahlen wie nirgendwo sonst auf der Welt.

Am zweiten Morgen weckte mich ein blökendes Schaf, das die Tür zur Hütte mit seinen Hörnern aufgestoßen und es sich vor dem kleinen Ofen, den ich jeden Abend einheizte, bequem gemacht hatte. Ich ging mit Lukas ausreiten, weit hinaus in die Pampa. Wir galoppierten über weite Flächen, mal auf sumpfigem, dann wieder auf trockenem Boden, und auch nach einer halben Stunde war die Estancia noch als kleiner Punkt am Ende der flachen Felder zu erkennen. Ich jubelte innerlich – und flog in einem hohen Bogen vom Pferd. Mein Hinterkopf schlug im Gras auf, mir wurde schwarz vor Augen. Ich versuchte, mich aufzurappeln, schwankte und fiel wieder hin. Etwas verschwommen sah ich, dass Lukas heranritt.

Mein Schädel brummte zwar, aber irgendwie schaffte ich es, wieder in den Sattel zu klettern, und wir machten uns in etwas gemächlicherem Tempo auf den Weg zurück. Den Rest des Tages schlief ich, den Schmerz gelindert mit zwei Aspirintabletten aus meiner Reiseapotheke. Um ein echter Gaucho zu werden, musste ich noch etwas üben.

Die Tage gingen viel zu schnell vorüber. »Ich weiß, du kommst wieder«, sagte Lukas zum Abschied. »Wir brauchen hier immer Hilfe.«

Von El Calafate musste ich zurück über die Grenze nach Chile, um weiter nach Süden zu gelangen. Ich verbrachte einen Tag im Hafenstädtchen Puerto Natales und wanderte im Torres-del-Paine-Nationalpark, nahm alles aber nur noch durch einen seidenen Schleier war. Meine Sinne waren überlastet. In kurzer Zeit hatte ich zu viele schöne Dinge gesehen und erlebt. Die sieben großartigsten Monate meines Lebens lagen hinter mir.

Die letzte Busfahrt meiner Reise führte mich hinunter nach Punta Arenas an der Magellanstraße. Dort endet der öffentliche Straßenverkehr, und ich musste einen Taxifahrer bitten, mich über die Schotterstraße ans Fuerte Bulnes zu bringen, den südlichsten Punkt der amerikanischen Landmasse, der auf befestigten Wegen erreichbar ist. Dort angekommen, stieg ich gegen den kalten Wind eine kleine Böschung zum Meeresufer hinab. Am Horizont kam nur noch die Antarktis.

Zwei Delfine sprangen aus dem Wasser, als wollten sie mich hier unten begrüßen. Erst stiegen mir Tränen in die Augen, dann lächelte ich still.

Es war an der Zeit, heimzukehren.

Die Erkundung der Welt

Dieter Kreutzkamp
Das Blockhaus am Denali
Leben in Alaska

Auf das Angebot einer Freundin, ihr Blockhaus am majestätischen Mount Denali für eine Auszeit zu nutzen, folgen Dieter Kreutzkamp und seine Frau Juliana dem Ruf der Wildnis.

Carmen Rohrbach
Im Reich der Königin von Saba
Auf Karawanenwegen im Jemen

Nach Erfahrungen auf allen Kontinenten beschließt Carmen Rohrbach, sich den großen Traum ihrer Kindheit zu erfüllen: Allein durch den geheimnisvollen Jemen, mit viel Intuition und wachem Blick.

Fergus Fleming / Annabel Merullo
Legendäre Expeditionen
50 Originalberichte

Die großen Entdecker der Geschichte in Originalberichten und -illustrationen: eine buntgemischte Gruppe aus Forschern, Seefahrern, Wanderern und Abenteurern, die Außerordentliches leisteten.

MALIK NATIONAL GEOGRAPHIC

10/1004/05/35